地球の歩き方 W29

世界の映画の舞台&ロケ地

422作品の物語の聖地を
旅の雑学とともに歩こう

World's Filming Location

地球の歩き方編集室

CONTENTS ＼全422作品／
世界の映画の舞台&ロケ地

※物語の舞台とロケ地が異なる場合は、舞台の場所を優先して並べています。

 ## ヨーロッパ 074　西ヨーロッパ

🎬 アメリカ 136　北アメリカ

本書の使い方

国名

外務省の略称表記を掲載。一部を除き「共和国」を省略。

エリア

世界をヨーロッパ・アメリカ・アジア・アフリカ・大洋州の5つのエリアに分類し、ページ内で紹介する作品の舞台の国名を表示。

写真・キャプション

映画で見られる景色にできるだけ近い写真をメインに掲載。サブでその他のロケ地やその土地についての補足写真を挿入。写真が舞台のものかロケ地のものなのかなど、詳細はキャプションで確認を。

舞台・ロケ地

舞台となった場所名とそれを有するエリア名を表記。舞台とロケ地が異なる場合は、舞台の場所を優先。その後ろに注釈としてロケ地名を表示。

作品名

邦題と英題。英題はアメリカ版のタイトルを表記。

本文

映画のあらすじと舞台やロケ地について解説。

More Info

舞台やロケ地に関する補足説明や作品のこぼれ話などを紹介。

Access

最寄りの駅・都市・空港からの所要時間、おすすめの行き方を表示。入国に関する注意事項も。

豆知識

ページ内で掲載の作品に関する雑学を知って、より楽しく作品知識を増やそう。

ヨーロッパ
南ヨーロッパ スペイン ギリシャ

ギリシャ

カロカイリ島（架空の島）●撮影はスコペロス島

マンマ・ミーア！
Mamma Mia!

ミュージカル／恋愛／コメディ

大ヒット・ブロードウェイ・ミュージカルを映画化！ ABBAの軽快なヒット曲にのせて展開する最高にハッピーな物語。舞台は、エーゲ海に浮かぶ架空の島カロカイリ島。女手ひとつでヴィラを経営する未婚の母ドナは、ひとり娘のソフィと仲良く暮らしていた。結婚を間近に控えたソフィは、母の日記を盗み見て知った父親の可能性がある3人の男性を結婚式に招待するが……。

絵葉書のように美しいギリシャの風景も魅力の本作。撮影が行われたのはエーゲ海北西部にあるスコペロス島。ロケ地を巡るなら、ソフィが恋人と歌ったカスタニビーチと、ロマンティックな結婚式の舞台となった岩山の上のアギオス・イオアニス教会が外せない。

More Info

撮影はスコペロス島以外でも行われた。3人の父親候補が初めて会う港のシーンは、スコペロス島の西隣にあるスキアトス島で撮られたほか、ギリシリア本土のダモウチャリビーチで撮った景色も、スコペロス島やスキアトス島でのシーンに組み合わせている。

Access

スコペロス島へはスキアトス島よりフェリーで約30分。スコペロス島には船着場が2ヶ所あるが、どちらからでもカスタニビーチまで車で約25分。そこからアギオス・イオアニス教会がある岩山へは車で約25分。

1 この映画をきっかけに人気の観光地となったスコペロス島　2 岩山の上のアギオス・イオアニス教会。断崖に刻まれた198段の階段が教会へと通じている

Cinema Data
監督／フィリダ・ロイド
出演／メリル・ストリープ　アマンダ・セイフライドほか
公開／2008年／製作／アメリカ／上映時間／109分／発売元／NBCユニバーサル・エンターテイメント／Blu-ray 2075円(税込)、DVD 1572円(税込)

Cinema Data

作品の基本データ。原則として、監督名、出演者名、世界で初めて公開された年、製作国、上映時間に加え、一部の作品は2023年4月時点でのBlurayやDVDの販売価格、配信状況や商品写真なども掲載。

ジャンル

ドラマ・ファンタジー・SF・アクション・コメディ・アドベンチャー・ミステリー・サスペンス・恋愛・歴史・ロードムービーなど作品のジャンルを表示。

※「ドラマ」は「ヒューマンドラマ」を指します。コミカルな作風のものは「コメディ」としています。

豆知識 2018年には「マンマ・ミーア」の数年後の設定と過去のドナの青春時代を描く続編「マンマ・ミーア！ ヒア・ウィー・ゴー！」が公開された。その作品でのおもな撮影はクロアチアをはじめヨーロッパで行われた。　125

掲載作品について
●絶景が魅力の映画をはじめ、その土地の生活・文化・歴史などを垣間見られる作品をピックアップしています。
●2023年4月現在、訪れるのが難しい国や都市が舞台の映画も含みます。作品を通じて多くの国を巡り、いつか旅ができるようになればと願いを込めて。

映画の世界を体験するには
物語から漂うその国の空気と
匂いを感じることが大切

映画コメンテーターでありタレントとしても活躍
するLiLiCoさん。世界中の映画についての知識
をもつ彼女の視点から、故郷スウェーデンの
作品をはじめ、数々の映画の舞台やロケ地に
まつわるお話をうかがった。

映画コメンテーター
LiLiCoさん

✿ 映画の世界を"ごっこ"体験できる場所

—絶景本や聖地本があふれている昨今ですが、
『地球の歩き方』として今回やりたいのは、"物
語の世界を旅する"ことなんです。

　ロケ地がテーマだと結構難しいですよね。
最近の映画ってほとんどブルーバックで撮っ
てるし。この間も大手映画会社のスタジオに
行ったんですが、セットも何もなくて空っぽ
なんですよ。それに以前『ナルニア国物語』
（❶）が撮影されたニュージーランドに行きま
したが、ただの草原で。映画のような風景が
あるわけじゃないんですよね。

—そういう場所ではかなり想像力が必要です

ね。LiLiCoさんが実際に訪れて映画の世界を味
わえると思った場所はありますか？

　いわゆる"ごっこ"体験ができる作品だと
『ジュリエットからの手紙』（❷）かな。舞台
のヴェローナには『ロミオとジュリエット』
（P.117）のジュリエットの生家といわれる場所
があるんですが、世界中の恋に悩む女性たち
が壁にジュリエットへの相談の手紙を貼って
いくんですよ。その場所はひと目で「ここで
撮ったんだ」ってわかりますね。物語に出て
きた手紙に返事を書く"ジュリエットの秘書"
も実在していて、何語でも対応してくれるん
です。私も手紙を出しましたが、2～3週間で
ちゃんと返事が来ましたよ。

Cinema Data

❶ナルニア国物語
疎開先の屋敷のクローゼットからナルニア
の世界に導かれたイギリスの子供たちの
冒険物語。ニュージーランドのフロックヒ
ルのほか、チェコの国立公園アドルシュ
パフ・テプリツェ奇岩群もロケ地となった。
監督：アンドリュー・アダムソン（第1作、第2作）
　　　マイケル・アプテッド（第3作）
出演：ウィリアム・モーズリー
　　　アナ・ポップルウェルほか
公開：2005年／製作：アメリカ
上映時間：406分（3作品トータル）

❷ジュリエットからの手紙
『ロミオとジュリエット』の舞台となったイ
タリアのヴェローナを訪れたアメリカ人女
性ソフィは、ジュリエットへ宛てた恋の悩
みの手紙への返信を行う"ジュリエットの
秘書"に出会い、手伝うことになり……。
監督：ゲイリー・ウィニック
出演：アマンダ・セイフライド
　　　クリストファー・イーガンほか
公開：2010年
製作：アメリカ
上映時間：105分

❸プリティ・ウーマン
実業家エドワードは、娼婦のヴィヴィアン
に1週間のアシスタント契約をもちかける。
エレガントに変身していく彼女に、エドワー
ドは惹かれていくが……。ロデオ・ドライ
ブでの買い物シーンは全女性の憧れ！
監督：ゲイリー・マーシャル
出演：リチャード・ギア
　　　ジュリア・ロバーツほか
公開：1990年
製作：アメリカ
上映時間：119分

―そんなふうに主人公気分が味わえるロケ地は気分が上がりますね。

　ロデオ・ドライブも『プリティ・ウーマン』(**3**)ごっこが楽しめる場所です。私、あの作品で主人公を馬鹿にしてきた店員たちをギャフンと言わせるシーンがすごく好きなんです。私自身、昔いじめられてたし、家も貧乏で、「日本で芸能人になりたい」って言ったら鼻で笑われたこともあるけど、今は仕事もうまくいって毎日楽しいから、成功して見返す気持ちよさがわかるんですよね。

―ヒロインの気持ちに共感できるとロケ地をより楽しめそうですね。ロデオ・ドライブの突き当たりには主人公たちが泊まったホテルもあるし、ハリウッドも近いし、あの周辺には夢が詰まっていますよね。

　実は、私はロケ地に行くより、監督や役者にインタビューするほうが好きなんです。仕事が忙しいからプライベートで旅行をすることもほとんどありませんが、ハリウッドのコダック・シアター（現称：ドルビー・シアター）でのアカデミー賞授賞式だけは、唯一行きたいと思った場所で。自腹で行って、自分でカメラを回して『王様のブランチ』で放送したんです。ブリーチャーシート（抽選で当たった人が座れる特等席）には毎年申し込むけど、全然当たらないんですよね。でも、普通に行っても巨大オスカー像とかレッドカーペットが見られるのでワクワクします。毎年「次期大統領にジャック・ニコルソンを」って書いたプラカードを持ったファンがいるのもおもしろいし。朝6時くらいから行かないと一番前の場所が取れないし、どんどん人が押し寄せてくるから、柵にベルトで体を縛りつけて場所を確保するんですが、運がよければプロデューサーとかに声をかけられたりします。受賞パーティ後にはオスカー像をもらった人たちが酔っ払って出てくるから、

「Show us!」って叫んだら近くまで来てくれたり。私、『リトル・ミス・サンシャイン』(P.143)の脚本家のオスカー像を触りましたもん。あと、クリント・イーストウッドとスティーヴン・スピルバーグがリムジンを待ちながら何かしゃべっているのを見たり。そういうのが好きなんですよね。

ロケ地は実際に行くととても断片的

―ハリウッドは見どころも多いと思います。

　会場の近くにあるマリリン・モンローやチャップリンが描かれた壁画はすてきだと思うし、『デイ・アフター・トゥモロー』(**4**)で竜巻に吹き飛ばされそうになっていたキャピタル・レコードのビルがちゃんとあるのを見ると、「実際は無事でよかった」って思ったり（笑）。そういうのが見られると楽しいですね。

―映画で見た場所を実際に見るとうれしくなりますね。LiLiCoさんの故郷スウェーデンの有名なロケ地についても聞かせてください。

　『ミレニアム ドラゴン・タトゥーの女』(**5**)は、ストックホルムで撮っていますね。アメリカ版のデヴィッド・フィンチャー監督の『ドラゴン・タトゥーの女』(**6**)はウプサラですが、どちらもスウェーデンで撮っています。ただ、撮影された建物はそれぞれ離れていて、ロケ地を巡る地図やツアーもあるくらい。例えば、スルッセンからフェリーで15分くらい行くと、右側に主人公が勤める雑誌社の鏡張りのビルが見えますが、映画みたいに、ほかのシーンの場所とつながっているわけでないので、とても断片的なんですよね。

―断片的でもその場所から映画の雰囲気を感じられるとうれしいですが。

　あんなドロドロの世界をストックホルムで堪能してください、とはなかなか言えないですが（笑）。実際、治安は悪いですね。私も日が落ち

4 デイ・アフター・トゥモロー
温暖化により崩壊していく地球。NYは豪雨と高潮で水没、LAを巨大な竜巻が襲い、東京では雹が降る。そして氷河期のような、絶対零度の世界を迎えようとしていた。リアルなテーマを投げかけた衝撃作！
監督：ローランド・エメリッヒ
出演：デニス・クエイド
　　　ジェイク・ギレンホールほか
公開：2004年
製作：アメリカ
上映時間：124分

5 ミレニアム ドラゴン・タトゥーの女
敏腕ジャーナリストのミカエルのもとに、40年前にスウェーデンの孤島で起きた未解決の少女失踪事件の調査依頼が舞い込む。天才ハッカーでもある調査員リベットとともに事件の真相に迫る……。
監督：ニールス・アルデン・オプレヴ
出演：ミカエル・ニクヴィスト
　　　ノオミ・ラパスほか
公開：2009年
製作：スウェーデン、デンマーク、ドイツ
上映時間：153分

6 ドラゴン・タトゥーの女
スウェーデン映画『ミレニアム ドラゴン・タトゥーの女』のハリウッド・リメイク版。大筋のストーリーは同じだが、言語や役者、撮影場所などの違いにより、原版とは異なる雰囲気が味わえる。
監督：デヴィッド・フィンチャー／出演：ダニエル・クレイグ、ルーニー・マーラほか
公開：2011年／製作：アメリカ、スウェーデン、イギリス、ドイツ／上映時間：158分
発売・販売元：ソニー・ピクチャーズ エンタテインメント／Blu-ray 2381円（税別）

夕方のスルッセンでは『ミレニアム』の空気が感じられるかも？

てからはひとりでは出歩かないです。主人公が走り回るシーンが撮られたスルッセンは、夕方ならあの雰囲気が味わえるかも。日中はもっと晴れていて明るくていいところなんですよ。10年前くらいから工事中だから、あと数年ですごくきれいになるんじゃないかな。

舞台とロケ地が違う作品も少なくない

——物語の舞台とロケ地が違う場合も少なくありません。LiLiCoさんが、いい意味で「だまされた！」と思った作品はありますか？

　『ミッドサマー』(7)ですね。内容は衝撃的だけど空気が懐かしくて、アリ・アスター監督に「やっぱりスウェーデンっていいでしょ？」って言ったら、「あれはハンガリーで撮ったんだよ」って返されて、すごくショックでした。物語に出てくる村も撮影用に造ったらしくて。でも、完璧にスウェーデンなんですよ。

——LiLiCoさんが言うと説得力がありますね。それだけ忠実にスウェーデンの風景として映し出されていたんだなって。

　夏至祭では本当にああいう白い洋服を着て花冠を被って、左右でテーブルを挟むように並んで食事をするんです。映画みたいに崖から飛び降りたりはしませんが(笑)。私、監督に「よくもスウェーデン人が愛する伝統的な祭りをあんなにぐちゃぐちゃにしてくれたわね！」って言ったら、笑ってくれました。

——森や色鮮やかな花冠など、美しい自然が恐ろしく見えてくる衝撃的な作品ですよね。

　スウェーデン人は、大地から生えてくるものには知恵が詰まっていると考えていて、花をつんで自分の頭に載せたら、知恵が移ると思っているんですよ。だからあの作品は見た目以上に深い映画で、背景の文化をよく知るともっと怖いんです。

——そういう知識を教えてもらえるのはうれしいですね。ほかにもご存じの裏話があれば教えてもらいたいです。

　『ミッドサマー』はたぶん、スウェーデン人が働かないからハンガリーで撮ったんだろうな、とか(笑)。でも、『ミレニアム』はスウェーデンで原作の本がめちゃくちゃ売れたから、いろんな許可が下りて撮影できたんだろうなとか。どうしてスウェーデンであんな分厚い本が売れるかわかりますか？　それはIKEAが流行るのと同じ理由なんですよ。スウェーデン人は夏が大好きだから、冬に極夜になって暗くなると気分もブルーになってくる。それで、冬は家の中でどうやって快適に過ごすかがテーマになってくるんです。だから家具を買って快適な空間をつくったり、分厚い本を読んで時間をつぶすんですね。『ミレニアム』がスウェーデンでベストセラーになった背景には、そんな事情があるんです。

うそのない空気や匂いが大切

——原作がそんなに人気だと、映画化したときの評判が気になるところですが。

　最初は主演のノオミ・ラパスはどうなっていわれていましたが、本当にすばらしかった！あの生々しさが原作者も求めていたものだと思います。デヴィッド・フィンチャー監督のアメリカ版はだいぶわかりやすくなっているんですが、ダニエル・クレイグはカッコよすぎるしルーニー・マーラはきれいすぎるんですよね。光も計算されてるし、ハリウッドハリウッドしている。でも、スウェーデンの映画って自然光

Cinema Data

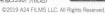

7 ミッドサマー

妹の無理心中で家族を失ったダニーは、大学で民俗学を研究する恋人や友人たちとスウェーデン奥地の村で開催される「90年に一度の祝祭」に参加するが、驚きの風習に恐慌し、心をかき乱されていく。

監督：アリ・アスター／出演：フローレンス・ピュー、ジャック・レイナーほか／製作：アメリカ、スウェーデン／上映時間：147分
発売・販売元：TCエンタテインメント
Blu-ray通常版5390円（税込）

©2019 A24 FILMS LLC. All Rights Reserved.

8 やかまし村の子どもたち

アストリッド・リンドグレーンによる児童文学を映画化。スウェーデンの片田舎にある集落「やかまし村」に暮らす3家族の子供たちの暮らしを描いた作品。村のモデルはスモーランド地方といわれている。

監督：ラッセ・ハルストレム
出演：リンダ・ベリーストレム、アンナ・サーリーン、ヘンリク・ラーソンほか
公開：1986年
製作：スウェーデン
上映時間：90分

9 サヨナライツカ

1975年のバンコク。日本から赴任してきたエリートビジネスマンの豊は、日本に婚約者がいるにもかかわらず、自由気ままでミステリアスな女性・沓子と出会い、溺れていく。原作は辻仁成の恋愛小説。

監督：イ・ジェハン／出演：中山美穂、西島秀俊、石田ゆり子ほか／公開：2010年
製作：韓国／製作：中山美穂、西島秀俊、石田ゆり子ほか／公開：2010年
発売元：アスミック／フジテレビジョン／販売元：アミューズソフト／Blu-ray5280円（税込）、DVD4378円（税込）※Blu-ray&DVD発売中

©2009 CJ Entertainment Inc. All Rights Reserved.

で撮るんですよ。それにノオミ・ラパスの生々しさが加わって、匂いまで伝わってくるんです。あの感じはスウェーデンの役者でスウェーデンで撮るしかないなと思うんですよね。

――独特な空気の作品ですよね。スウェーデンのひとつの表情を垣間見た気分になりました。

スウェーデンだけでもいろんな映画がありますからね。都心で撮影された『ミレニアム』とは真逆ですが、『やかまし村の子どもたち』（8）とか『ロッタちゃん』シリーズ（P.109）の雰囲気が好きなら、田舎のほうに行ってみるのもいいですね。

――その国や町の空気を感じられる映画はとても魅力的ですよね。

例えば、アジアといっても、韓国、中国、日本では全然違いますよね。違う国のふりをして撮ってもすぐにわかっちゃう。やっぱり空気が違うから。その点で、アジア映画では、『サヨナライツカ』（9）は空気がよかった。匂いにうそがないんですよね。あの作品の匂いはエロかったし、上半身裸の西島秀俊さんが見えるあの小さな窓が欲しいと思いましたもん（笑）。

成功へとつながったロケ地での思い出

――作品の紹介で、ロケ地となったマンダリン・オリエンタル・バンコクに行かれたとか。

そうなんです。番組で西島秀俊さんと行ったとてもいい思い出です。あのホテルも見たし、トゥクトゥクにも乗りましたよ。当時、私はまだバラエティをあまりやっていなくて、ディレクターに「やりたいようにやっていいよ」って言われて、ホテルのベッドに「カモーン！」って言って西島さんを引きずり込んだりして。そこで"野獣LiLiCo"のキャラクターが生まれたんです。

――その後のキャリアにつながる思い出ですね。

ほかにも映画関係者の方とロケ地に行ったときのエピソードがあれば聞かせてください。

『ブルークラッシュ』（10）が撮影されたオアフ島のノースショアに、この作品を撮影したドン・キングという世界的な水中カメラマンと行ったこともあります。ただ、シーズンオフに行ったので、もうね、波ひとつない！ でも、空いた時間に泳いでいたら海亀に合ったんですよ。水中から顔を出したら、ちょうど目の前に顔を出した海亀がいて、目が合って絶叫しました。だって顔しか見えないから『E.T.』（P.159）かと思ったんですよ！ 慌ててビーチに駆け込んでディレクターたちに報告したら「あんなに近くで海亀が見られるなんて絶対にいいことがありますよ！」って言われて。しかもその後、海亀が友達の海亀を連れて私を見に来たんです。それを見て「私は売れる！」って確信しましたね。それまではハワイに興味がなかったんですが、この体験からハワイが好きになりました。それ以来、仕事もうまくいったので、海亀が助けてくれたのかなって思って、小っちゃい亀のアイテムをコレクションするようになったんです。

――LiLiCoさんが、映画から漂う空気に敏感なのは、世界中の国々を訪れていることも理由なのではと思います。その国の空気を感じるために、旅先で意識していることを教えてください。

どこの国に行っても朝のラッシュを一緒に歩いてその国の人の歩くスピードを知ることと、あとは、スーパーに行くこと。その町の匂いを感じられるし、物価もわかるし、おもしろいお菓子が絶対あるので、それをおみやげにしたり。あとは、"困ることを楽しむ"。標識とかに書かれている言葉がわからなくて現地の人に聞いたりして。やっぱり人とつながりたいんですよね。

10 ブルークラッシュ

ハワイ・オアフ島のノースショア。サーファーのアンは、3年前の大会で溺れて以来、高い波に挑む勇気を失っていたが、再び10mを超える波と勝負する最も高度で危険な大会に出場することを決める。

監督：ジョン・ストックウェル／出演：ケイト・ボスワース、ミシェル・ロドリゲスほか／公開：2002年／製作：アメリカ／上映時間：104分／発売元：NBCユニバーサル・エンターテイメント／Blu-ray 2075円（税込）、DVD 1572円（税込）

LiLiCo（リリコ）

Profile

1970年、スウェーデン・ストックホルム生まれ。スウェーデン人の父と日本人の母をもつ。18歳で来日し、翌年から芸能活動をスタート。TBS『王様のブランチ』に出演するほか、ラジオやイベントにも出演。アニメの声優やナレーション、女優などマルチに活躍する映画コメンテーター。

旅した町や出会った人々の
記憶が混ざり合い
リアリティのある物語が生まれる

スタジオジブリの作品の多くは、架空の世界が舞台にもかかわらず、そのリアリティのある描写から、実在する場所を"ジブリのような風景"と捉える人が少なくない。作品世界はどのように創造されるのか？ モデルとなった場所はあるのか？ スタジオジブリ広報部スーパーバイザーの西岡純一さんに尋ねた。

西岡純一（にしおか・じゅんいち）

Profile

1960年、熊本県生まれ。九州大学工学部を卒業後、外資系石油会社に勤務。1999年、スタジオジブリへ入社し、宮﨑、高畑両監督の製作現場のかたわらで、広報・宣伝業務に携わる。現在、スタジオジブリの広報・学芸のスーパーバイザーを務めている。

スタジオジブリ 広報部スーパーバイザー
西岡純一さん

🎬 宮﨑駿監督の映画づくりは
不思議で独特

—ジブリ作品のなかでも今回本書で紹介させていただくのは宮﨑駿監督による4作品（P.60-67）。どれも架空の世界が舞台ですが、作品世界はどのように創られていくのでしょうか？

宮﨑監督は、脳が普通の人の何倍もの容量があって、いろんなものを頭に入れているんです。本や文献、写真、旅もするし、若い頃は映画もたくさん観ていたし。作品を作るときは、その意識の深い湖に釣り糸を垂らすと何かが引っかかってくるらしいんです。それがイメージとなって、シーンがいくつも浮かんできて、イメージボードに起こしていく。すると、ちゃんと全部のシーンが出てくる話ができあがるんです。シナリオは作らず、20～30分の絵コンテができたら製作に入ってどんどん絵を作り始める。結末を決めずに作画作業と並行して絵コンテを1年かけて描くんです。作り始めたら撤回できないから、絵コンテでは無駄にならないように、本当にこれが最善なのかを頭を悩ませながら描いていますね。こんな不思議な作り方をしているのは、世界でも宮﨑監督だけじゃないかな。

—結末が決まっていないとなると現場の皆さんはドキドキですね。

でも、宮﨑監督は民主的な監督なので、ちゃんと周りのスタッフの意見を聞くんです。有名なエピソードとしては、『千と千尋の神隠し』（ **1** ）はもともと、千尋がハクと光の中に入っ

ていく別のエンディングがあったのですが、スタッフに「それはないんじゃない」って言われたからあっさり引っ込めて、それで今のエンディングになったんです。

🎬 意識に残っている風景がふっと出てくる

—ジブリ作品の舞台は、多くの人が興味をもっているので問い合わせも多いのでは？

高畑勲監督の『おもひでぽろぽろ』（ **2** ）なら上野から寝台列車で山形まで行ってとか、『耳をすませば』（ **3** ）は聖蹟桜ヶ丘とか、舞台がはっきりしていますが、宮﨑監督の作品は基本はファンタジーが多いので、『紅の豚』（ **4** ）はアドリア海の話だけど、実際にはポルコの隠れ家もジーナのホテルもないから「舞台」とは言えないんです。

—ロケハンに行った場所や資料にした場所が"舞台"と捉えられるのかと思います。

"宮﨑監督とロケハン"の話になると、ジブリ作品ではありませんが、テレビアニメ『アルプスの少女ハイジ』の頃にまで遡ります。日本人にとってまだ海外旅行が一般的じゃなかった1970年代にスイスに行って、それがものすごく役に立ったそうなんです。でも、ジブリになってから監督が改めてロケハンに行ったのは、『紅の豚』のときくらい。しかも、行ったのはイタリアのローマと山岳都市で、結局その作品には直接は生かされてないんじゃないか。それ以外の作品では、過去に行った場所から、「あそこを舞台にしよう」ということが多いです。

『もののけ姫』(P.64) では、屋久島へのスタッフのロケハンに監督も同行していますが、監督はその前にも屋久島へは行ったことがあります。ちなみに、『もののけ姫』は、白神山地や製鉄が盛んだった中国地方のタタラ場の資料も参考にしています。

— 原作があるものは、どのように舞台を設定していますか?

1970年代に『長くつ下のピッピ』の作者に製作許諾をもらうためスウェーデンに行ったとき、ストックホルムに滞在しながらゴットランド島と周辺を回ったそうです。そのときの印象が強かったらしく、10年以上経って『魔女の宅急便』(P.62) を作るときに、「これはストックホルムとゴットランド島のヴィスビューが合うんじゃないか」ってなって、スタッフにロケハンに行かせたそうです。『ハウルの動く城』(P.66) はイギリスの小説が原作ですが、製作する数年前にフランスのアルザス地方のコルマールに招待されて、その町の雰囲気が物語に合うなって思ったそうです。ただ、それだけではなく、海にはイタリアのイメージも入ってるし、グループで旅した中央アジアの雪山も風景に混ざっていますね。『魔女の宅急便』でも、鈴木さん(鈴木敏夫プロデューサー)が言ってますが、スコットランドのアラン島や、宮﨑監督が『母をたずねて三千里』の頃に行ったジェノヴァやパリ、サンフランシスコの風景もミックスされているようです。

— ジブリになってからは、旅の記憶がその後の作品に影響しているんですね。

旅を通して意識に残っているものが、作品を作るときにふっと出てくるようです。『崖の上のポニョ』(5) は、社員旅行で行って気に入った広島の鞆の浦が、『千と千尋』は道後温泉の神の湯とかも影響しています。最近だと数年前に社員旅行で栃木のほうに行って、大谷石地下採掘場跡

に入ったり、渡良瀬遊水池に行ったりしました。その時に見たイメージがこれから作る作品に登場するかもしれないですね。仕事場では旅好きなスタッフは多いし、宮﨑監督も話好きだからよく旅の話をしていますね。ヴェネツィアから帰ったときは、カフェでコーヒーを飲んでいた青年の話をしながら、「かっこよくコーヒー飲んでるんだよ」ってスケッチを見せてくれました。

心の目で描いた風景や人物が
架空の世界にリアリティをもたせる

— 風景だけでなく、旅先で会った人の動きも作品に取り込まれていそうですね。

『ハウル』に出てくるキャラクターも出会った人の特徴が取り入れられています。人の動きは歩き方ひとつとっても個性があって、それを思い浮かべながら描くからリアリティが生まれる。リアリティでいうなら、テレビアニメの『ハイジ』や『母をたずねて三千里』、『赤毛のアン』の頃に、高畑監督から日常生活をきちんと描くことを学んだのは大きいと思います。外国が舞台の作品では、その国に行って風俗や文化をきちんと観察して描いているのですが、限界がある。日本人は日本を舞台に作るべきとも言ってます。

— 以前、宮﨑監督が何かのインタビューで「心の中に自分の夕日をもっているかが大事」と仰っていたのが印象に残っています。

ときどき美術のスタッフを呼んでスタジオの

『ハウルの動く城』には中央アジアの雪山の風景が混ざっている

『もののけ姫』のエミシの村は白神山地を参考にしている

屋上で夕焼けを見たりしますよ。監督は「写真を見ながら描くな、心の目で見ろ」って言いますね。あと、そのインタビューは『天空の城ラピュタ』(P.60)の美術監督の山本二三さんのことだと思います。長崎出身の山本さんが描くと南の湿気の多い夕日なんです。ところが『となりのトトロ』(⑥)の美術監督の秋田出身の男鹿和雄さんが描くと、澄んだ空気のなかの鮮やかな夕日になる。出身地によってずいぶんと違うんです。ちなみに、『トトロ』は舞台が関東の設定で本来赤土なんですが、男鹿さんが描くと東北の黒土なんですよ。

―その土地らしさは緑の描写にも感じます。

男鹿さんがすべて名のある植物として描き分けているからでしょうね。宮﨑監督は照葉樹林文化にとても興味があって、『もののけ姫』なんかは照葉樹林文化そのものを描いていますね。照葉樹林って手を入れなければうっそうとした森が生い茂る生命力があるんです。日本は豊かな国で、山にはどんぐりが落ちていて、木の実もなっていて、それを食べて生きていけるし、水も豊富にある。宮﨑監督は、人は何を食べてどうやって生きて死んでいくかを、その文化とともに考えているそうです。だから、どうしても緑をいい加減に描きたくない。男鹿さんは、植物や自然が大好きな人。そういう人たちときちんと緑を描くことを大切にしているのは、ジブリ作品の特徴ですね。

作品をきっかけに旅に出て異文化に触れてもらえたらうれしい

―公式サイトで書かれている場所以外に、作品の舞台とうわさされる場所がありますが。

最近は鈴木さんが『トトロ』は狭山丘陵とか所沢がモデルになったって公言しています。あと、世間では、石の廃墟と緑とか、光が水に差す風景はよく「ジブリっぽい」といわれているみたい

ですね(笑)。ファンの方々が楽しんで喜んでくれているのなら、(たとえ参考にしていない場所でも)ありがたいことだと思っていますが、ジブリが運営していると勘違いさせるようなものは、線引きをしなきゃと思います。『魔女の宅急便』のパン屋なんていくらでも似せられるし、調べると本当にたくさんあるみたいです(笑)。

―台湾の九份が『千と千尋』の舞台という話もよく聞きますが実際どうでしょうか?

問い合わせが何度もあったので、宮﨑監督本人に確認したことがあるんですが「行ったことはない」と言われました(笑)。

―いろんな場所が"ジブリっぽい"とうわさされることについてはどう思われますか?

僕が個人的に感じているのは、今、若い人が海外に行きたがらなくなっていますよね。でも、異文化と触れ合わないと他人を理解できなくなって閉塞感に包まれてしまうし、偶然の出会いとか、空気とか、匂いとかが経験として体の中に入ってこない。旅で異なる文化や価値観に触れ合うことはものすごく推進したいので、ジブリに限らずアニメーション作品がそうした行動に導く一つのきっかけに役立っているとしたらうれしいことです。それに、作品の舞台に限らず、各地の大切な風景が壊されずに残っていくことは文化的にも社会的にもいいことだと思うので、話題になることで地元の方に限らず「残したい」という気持ちになってくださるといいなと思います。

Cinema Data

④紅の豚
ファシスト党が台頭する1930年代のイタリア。真っ赤な飛行艇で、空賊相手に賞金稼ぎをする元空軍パイロットのポルコ・ロッソは、呪いにより豚の姿となっていた。
原作・脚本・監督：宮﨑駿
出演：森山周一郎、加藤登紀子ほか
公開：1992年
製作：日本
上映時間：93分

⑤崖の上のポニョ
海辺の小さな町の崖の上にある家に暮らす少年・宗介は、海岸で魚の女の子・ポニョに出会う。一度は海に連れ戻されたポニョだったが、魔法を使って人間に変身し……。
原作・脚本・監督：宮﨑駿
出演：山口智子、長嶋一茂、天海祐希ほか
公開：2008年
製作：日本
上映時間：101分

⑥となりのトトロ
昭和30年代。大学で考古学を研究する父とともに田舎に引っ越した、小学生のサツキと4歳のメイ。3人が暮らし始めたのはお化け屋敷のような一軒家で……。
原作・脚本・監督：宮﨑駿
出演：日高のり子、坂本千夏ほか
公開：1988年
製作：日本
上映時間：86分

ファンタジーの舞台となった
あの場所へ

イギリスの歴史ある風景に
幻想的な魔法の世界が重なる

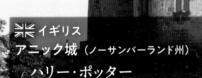

🇬🇧 イギリス
アニック城（ノーサンバーランド州）

ハリー・ポッター
Harry Potter

`ファンタジー` `アドベンチャー`

　J・K・ローリングのファンタジー小説『ハリー・ポッター』シリーズを映画化。2001年に公開された第1作『賢者の石』をはじめ、10年をかけ全8作が製作された。ロンドン郊外に暮らす、額に稲妻形の傷をもつ少年ハリー・ポッターは、11歳の誕生日にホグワーツ魔法魔術学校の入学許可証を受け取る。自分が魔法使いだと知ったハリーは、ホグワーツに入学。ロンやハーマイオニーと親友になり、学校で起こる不思議な事件に立ち向かう。

　人気シリーズの撮影地には多くの観光地から熱烈なオファーが殺到したが、メインとなるホグワーツ城にはおもにアニック城が外観として、ダラム大聖堂（P.19）が内観として使用された。アニック城は、ウィンザー城に次ぎイングランドで2番目に大きな居住城で、城の一部には現在も公爵とその家族が住んでいる。一般公開される夏になると、毎年多くの『ハリー・ポッター』ファンが世界中から訪れ、物語の世界に思いをはせている。

✈ Access
エディンバラより電車とバスで約1時間30分。

ほうきの授業のシーンもこの城で撮影された

ハリー・ポッター シリーズ

Cinema Data

ハリー・ポッターと賢者の石
Harry Potter and the Sorcerer's Stone

監督：クリス・コロンバス
出演：ダニエル・ラドクリフ、ルパート・グリント、エマ・ワトソンほか
公開：2001年／製作：アメリカ、イギリス／上映時間：152分

ハリー・ポッターと秘密の部屋
Harry Potter and the Chamber of Secrets

監督：クリス・コロンバス
出演：ダニエル・ラドクリフ、ルパート・グリント、エマ・ワトソンほか
公開：2002年／製作：アメリカ、イギリス／上映時間：161分

ハリー・ポッターと アズカバンの囚人
Harry Potter and the Prisoner of Azkaban

監督：アルフォンソ・キュアロン
出演：ダニエル・ラドクリフ、ルパート・グリント、エマ・ワトソンほか
公開：2004年／製作：アメリカ、イギリス／上映時間：142分

ハリー・ポッターと炎のゴブレット
Harry Potter and the Goblet of Fire

監督：マイク・ニューウェル
出演：ダニエル・ラドクリフ、ルパート・グリント、エマ・ワトソンほか
公開：2005年／製作：アメリカ、イギリス／上映時間：157分

ハリー・ポッターと不死鳥の騎士団
Harry Potter and the Order of The Phoenix

監督：デヴィッド・イェーツ
出演：ダニエル・ラドクリフ、ルパート・グリント、エマ・ワトソンほか
公開：2007年／製作：アメリカ、イギリス／上映時間：138分

ハリー・ポッターと謎のプリンス
Harry Potter and the Half-Blood Prince

監督：デヴィッド・イェーツ
出演：ダニエル・ラドクリフ、ルパート・グリント、エマ・ワトソンほか
公開：2009年／製作：アメリカ、イギリス／上映時間：153分

ハリー・ポッターと死の秘宝 PART1
Harry Potter and the Deathly Hallows Part1

監督：デヴィッド・イェーツ
出演：ダニエル・ラドクリフ、ルパート・グリント、エマ・ワトソンほか
公開：2010年／製作：アメリカ、イギリス／上映時間：146分

ハリー・ポッターと死の秘宝 PART2
Harry Potter and the Deathly Hallows Part2

監督：デヴィッド・イェーツ
出演：ダニエル・ラドクリフ、ルパート・グリント、エマ・ワトソンほか
公開：2011年／製作：アメリカ、イギリス／上映時間：130分

発売元：ワーナー・ブラザース ホーム
エンターテイメント／販売元：NBCユ
ニバーサル・エンターテイメント／デ
ジタル配信中、8-Film Blu-rayセット
1万3200円(税込)、8-Film DVDセット
1万1000円(税込)

オックスフォード大学（オックスフォードシャー州）
クライストチャーチ・カレッジ　ザ・グレート・ホール

ホグワーツ魔法魔術学校の多くのシーンは、世界有数の名門大学として名高い、オックスフォード大学のいくつかの場所で撮影されており、それぞれ徒歩で巡ることができる。物語のなかでも重要な場所である食堂のシーンが撮影されたのは、クライストチャーチ校。見学には事前の予約が必要となる。

✈ **Access**
「オックスフォード」駅より徒歩約15分。

オックスフォード大学　ボドリアン図書館

複数の図書館で構成されているオックスフォード大学のボドリアン図書館。映画の図書館でのシーンは、そのなかでも最も古いデューク・ハンフリー図書館で、『炎のゴブレット』でのダンスの練習シーンはディヴィニティスクールで撮影された。

✈ **Access**
クライストチャーチ校より徒歩約10分。

オックスフォード大学　ニューカレッジ

『炎のゴブレット』で、マルフォイが白イタチに変えられるシーンは、ニューカレッジの中庭で撮影された。彼が登った樫の木は"マルフォイの木"の通称で知られる。また、中庭に面した美しい回廊もホグワーツの廊下として登場する。

✈ **Access**
ボドリアン図書館より徒歩約5分。

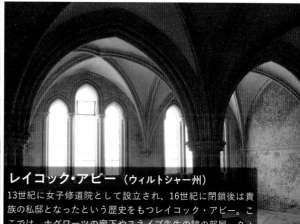

レイコック・アビー （ウィルトシャー州）

13世紀に女子修道院として設立され、16世紀に閉鎖後は貴族の私邸となったという歴史をもつレイコック・アビー。ここでは、ホグワーツの廊下やスネイプ先生の鏡の部屋、クィレル先生やスネイプ先生の授業のシーンの撮影が行われた。

✈ Access
「チッパンハム」駅より車で約13分。

ダラム大聖堂 （ダラム州）

『賢者の石』でハリーが雪のなかフクロウを飛ばすシーンや、『秘密の部屋』でロンがなめくじを吐くシーンなど、ホグワーツの多くの場面が撮られたダラム大聖堂は、ダラム城とともにイギリスで初めて世界遺産に登録された場所のひとつ。

✈ Access
「ダラム」駅より徒歩約13分。

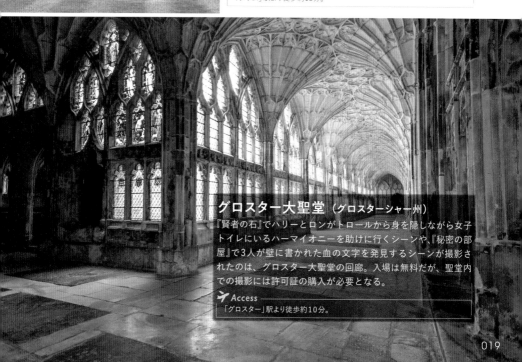

グロスター大聖堂 （グロスターシャー州）

『賢者の石』でハリーとロンがトロールから身を隠しながら女子トイレにいるハーマイオニーを助けに行くシーンや、『秘密の部屋』で3人が壁に書かれた血の文字を発見するシーンが撮影されたのは、グロスター大聖堂の回廊。入場は無料だが、聖堂内での撮影には許可証の購入が必要となる。

✈ Access
「グロスター」駅より徒歩約10分。

1 アーチ型の屋根が美しい駅構内　2 セント・パンクラス駅（左）
とキングス・クロス駅（右）　3「9と4分の3番線」でハリーごっこ

キングス・クロス駅（ロンドン）

ホグワーツ魔法魔術学校へ通う生徒が乗車するホグワーツ特急の始発駅として一躍有名になったキングス・クロス駅は、ロンドンの主要ターミナル駅のひとつで、1852年に開業した歴史的に重要な建造物でもある。2005年に大規模な改築がされたが、ホグワーツ特急が発着する「9と4分の3番線」の標識は残され、その下にはハリーたちが荷物を運んだカートが壁にめり込む形で置かれている。物語の世界を感じるこの場所では、魔法学校の制服のマフラーの貸し出しもあり、登場人物になりきった写真を撮ることができる。また、すぐ隣には公式のショップもあり、駅構内の一角がテーマパークのようににぎわっている。ちなみに「9と4分の3番線」のシーンは、実際には4番線と5番線のホームを9番線と10番線に置き換えて撮影されたそう。また、『秘密の部屋』では、キングス・クロス駅の外観として、隣接するセント・パンクラス駅が使用されている。

✈ Access

地下鉄「キングス・クロス・セント・パンクラス」駅よりすぐ。

レドンホール
マーケット（ロンドン）

マグル（人間）界からパブ「漏れ鍋」を通じて魔法道具の店が集まるダイアゴン横丁へ。「漏れ鍋」がある設定として登場するのは、ロンドンのグレイスチャーチ通りにあるビクトリア様式の屋内型市場レドンホールマーケット。金融街シティ・オブ・ロンドンにあるロンドン最古の市場のひとつとして知られている。

✈ Access
地下鉄「モニュメント」駅より徒歩約4分。

グレンフィナン
高架橋（スコットランド）

ハリーたちがホグワーツ魔法魔術学校へ向かう際に通る、21の美しいアーチが特徴の橋は、スコットランド北西部ハイランドにある1901年建造のグレンフィナン高架橋。なお、ホグワーツ特急のモデルとなったといわれている列車「ジャコバイト号」は、予約制で乗車可能だ。

✈ Access
「グレンフィナン」駅より車で約5分。

ゴースランド駅
（ノースヨークシャー州）

ホグワーツ魔法魔術学校の最寄り駅であるホグズミード駅のロケ地となったのは、ノース・ヨークシャー・ムーアズ鉄道のゴースランド駅。駅があるノース・ヨーク・ムーアズ国立公園は、ヘザーの花に覆われた紫の大地をはじめドラマチックな風景が見られることで人気がある。

✈ Access
「ピカリング」駅より保存鉄道で約50分。

ニュージーランドの大地に広がる
魔力を秘めた指輪の物語の世界

🇬🇧 ニュージーランド

ホビット映画セット（マタマタ）

ロード・オブ・ザ・リング

The Lord of the Rings

ファンタジー　アドベンチャー

　世界中で大ベストセラーとなったJ・R・R・トールキンの小説『指輪物語』が原作の冒険ファンタジー3部作。ホビット族が暮らすホビット庄で平穏に暮らす青年フロドは、養父ビルボが残した指輪を手に入れるが、それは世界を滅ぼす魔力を秘めた禁断の指輪だった。フロドは指輪を破壊するため、人間やエルフ、ドワーフの各種族から集まった仲間たちと滅びの山へ冒険の旅に出る。

　壮大な景色も魅力のひとつとなっているこの映画シリーズ。ロケ地はニュージーランドの北島と南島に点在している。そのひとつが、北島の玄関口オークランドから南に車で200kmほどの町マタマタ。広大な牧場敷地内に造られたホビット庄の撮影セットが今なお残されており、小さな家々が並ぶ風景は今にもホビットたちが飛び出してきそうだ。ちなみに、マタマタにはホビットが住んでいそうな雰囲気のファンシーな観光案内所があり、映画関連のグッズや本などを販売している。

✈ **Access**
P22-25で紹介する場所に行くには、ロケ地を巡る現地ツアーに参加するのがおすすめ。

ロード・オブ・ザ・リング 3部作

Cinema Data

ロード・オブ・ザ・リング

The Lord of the Rings: The Fellowship of the Ring

監督：ピーター・ジャクソン／出演：イライジャ・ウッド、イアン・マッケランほか
公開：2001年／製作：アメリカ、ニュージーランド／上映時間：178分

ロード・オブ・ザ・リング／二つの塔

The Lord of the Rings: The Two Towers

監督：ピーター・ジャクソン／出演：イライジャ・ウッド、イアン・マッケランほか
公開：2002年／製作：アメリカ、ニュージーランド／上映時間：179分

ロード・オブ・ザ・リング／王の帰還

The Lord of the Rings: The Return of the King

監督：ピーター・ジャクソン／出演：イライジャ・ウッド、イアン・マッケランほか
公開：2003年／製作：アメリカ、ニュージーランド／上映時間：201分

発売元：ワーナー・ブラザース ホームエンターテイメント
販売元：NBCユニバーサル・エンターテイメント
『ロード・オブ・ザ・リング/王の帰還』デジタル配信中、
Blu-ray 2619円(税込)、DVD 1572円(税込)

石の階段と緑のドアが目印のビルボとフロドの家

ナウルホエ山

指輪を破壊できる唯一の場所・滅びの
山として登場するのは、北島の世界遺
産トンガリロ国立公園内にあるナウ
ルホエ山。標高2291mの成層火山で、
トンガリロ複合火山を構成する一峰。

アロー川

フロドたちを狙う追手が馬の形をした
激流に流される、ブルイネンの浅瀬の
シーンが撮影されたのは、南島の南部
にある町クイーンズタウンからおよそ
20km北東を流れるアロー川。

マウント・サンデー

シリーズ第2部と第3部の舞台のひとつ、ローハンの王都エドラスの撮影は、南島中部の高原地帯にあるマウント・サンデーにセットを建て行われたが、私有地のため撮影後に撤去された。

カワラウ川

大河アンドゥインとして登場したのは、南島のクイーンズタウンを流れるカワラウ川。ワカティプ湖が源流の長さ60kmの川で、映画さながらのラフティングやバンジージャンプもできる。

世界各地の美しい映像で綴られる
5人の勇者の愛と復讐の冒険物語

■ インド

チャンド・バオリーの階段井戸（ラージャスターン州）

落下の王国
The Fall

ファンタジー　アドベンチャー

　撮影中の事故で重傷を負ったうえ、恋人を主演俳優に奪われ、人生に絶望するスタントマンのロイは、入院先の病院で純真無垢な少女に出会う。少女を利用し、薬剤室から自殺のための薬を手に入れようと考えたロイは、彼女の気を引くため壮大な物語を語り始める。それは、暴君に立ち向かう５人の勇者たちの愛と復讐の冒険物語だった。

　13の世界遺産を含む24ヵ国以上で撮影された幻想的な風景にのせて綴られる物語は、どのシーンを切り取っても絵になるが、なかでも物語のクライマックスである、石造りの階段から真っ黒な鎧を身に纏った敵兵が湧いて出てくるシーンは印象的。この場面は、ジャイプル近郊のアバーネリー村に9世紀に造られた井戸チャンド・バオリーで撮影されている。13階建て深さ約30mのインドで最も深く大きな階段井戸であり、幾何学的な構造は目を見張る美しさだが、同時に音もなく忍び寄る敵兵の不気味さを効果的に演出している。

➤ **Access**
ジャイプル市街より車で約2時間。

Cinema Data 監督：ターセム・シン
出演：カティンカ・アンタルー、リー・ペイスほか
公開：2006年／製作：インド、イギリス、アメリカ／上映時間：118分

🇮🇳 インド
シティ・パレス (ジャイプル)

勇者のひとりであるインド人が美しい妻と暮らしていた場所は、ジャイプルにある旧藩王の宮殿。エキゾチックな壁や色鮮やかな扉が魅力的に映る。

🇮🇹 イタリア
カンピドリオ広場 (ローマ)

爆発物専門家ルイジの故郷は、ミケランジェロ設計のカンピドリオ広場。門前払いされた教会は、広場の隣にあるアラコエリのサンタ・マリア聖堂。

🇮🇩 インドネシア
グヌンカウイ遺跡 (バリ島)

総督への復讐を誓う一行は、精霊に導かれバリ島のウブドの緑の棚田へ。ミステリアスなケチャダンスのシーンはグヌンカウイ遺跡で撮影された。

仮面の山賊が双子の弟と死刑直前にスペイン総督から逃亡し別れたのは、チェコの首都プラハにあるカレル橋。橋の欄干には30体の彫刻が並ぶ。

🇨🇿 チェコ
カレル橋 (プラハ)

英国人の博物学者チャールズ・ダーウィンの拠点として登場するのは、エコパルケとその隣にあるカルロス・タイス植物園の美しい温室。

🇦🇷 アルゼンチン
エコパルケ (ブエノスアイレス)

ケチャにより霊者の体に浮かび上がった地図に従い5人は世界を巡る。そのひとつには世界遺産の「中国南方カルスト」に含まれる桂林がある。

🇨🇳 中国
桂林 (広西チワン族自治区)

🇮🇳 **インド**
ファテープル・スィークリー (アーグラー)

5人の勇者と霊者が、総督に捕まった山賊の弟の救出のため向かったのは、世界遺産ファテープル・スィークリーの巨大な砂岩の宮門・ブランド門。

🇮🇳 **インド**
アーグラー城塞 (アーグラー)

山賊が総督の婚約者に秘密を打ち明け愛を語ったのは、アーグラー城塞内にある一般謁見の間ディワーニ・アームと貴賓謁見の間ディワーネ・カース。

🇮🇳 **インド**
スタクナゴンパ (ラダック)

ケチャと地図の場面で一瞬映るスタクナゴンパ。16世紀後半に岩山の上に建てられたチベット仏教系の僧院を背景に、馬に乗った5人が駆けていく。

宮門の中では霊者が敵兵をコテンパンにしていた！　映画ではブランド門の先には、山賊の弟が捕らえられた城としてアクバル廟が登場する。

🇮🇳 **インド**
アクバル廟 (アーグラー)

青い町 (P.216) にある悪の総督の城はメヘラーンガル城。映画では城内にチャンド・バオリーの階段井戸 (P.26) やファテープル・スィークリーがある設定。

🇮🇳 **インド**
メヘラーンガル城 (ジャイプル)

🎥 **本作で出てきた絶景はあの作品でも登場！**

▶ケチャの踊りに合わせて浮かび上がる旅先、エジプトのギザのピラミッドと中国の万里の長城は『最高の人生の見つけ方』で主人公たちが訪れた場所 (P.48～51)。

▶山賊の弟が処刑された城の内部として映るのは『007/ロシアより愛をこめて』のロケ地でもあるトルコのアヤソフィア (P.36)。

▶5人の勇者たちが精霊と出会った湖は『きっと、うまくいく』のラストシーンでも使われたインドのパンゴン湖 (P.215)。

▶勇者たちの隠れ家として登場した水上宮殿はインドの「タージ・レイク・パレス」。『007/オクトパシー』でも登場している (P.38)。

▶オウディアス総督の城があるのは"ブルー・シティ"と呼ばれるインドのジョードプル。『ダージリン急行』で3兄弟が訪れた青い町 (P.216)。

中国

武陵源（湖南省張家界市）

アバター
Avatar

SF　アドベンチャー　アクション

『ターミネーター』や『タイタニック』など、数々のヒット作品を生み出したジェームズ・キャメロン監督による大ヒットSFアクション。衛星パンドラの大地に、地球のエネルギー問題の解決の鍵となる希少鉱物が眠っていることを知った人類は、発掘を試みようとするが、その地は先住民ナヴィ族に守られていた。人間たちは、地球人と先住民ナヴィ族のDNAを掛け合わせた人造生命体"アバター"を操り、ナヴィ族との接触を図るが……。

物語の着想を得た場所といわれているのが、中国湖南省張家界市にある自然保護区の武陵源。200mを超える岩の柱が林立する幻想的な風景は作品世界のイメージにぴったりで、映画公開後に張家界市は武陵源の一部を、作中で登場する「アバター・ハレルヤ山」に改称している。また、武陵源のほか安徽省の黄山や、広西チワン族自治区の桂林のタワーカルストもモデルとなっており、武陵源を含めいずれも世界遺産に登録されている。

✈ Access
張家界市内のバスターミナルより観光バスで約40分。

世界遺産・武陵源の山々が
衛星パンドラの神秘的な風景と重なる

Cinema Data

監督：ジェームズ・キャメロン
出演：サム・ワーシントン、ゾーイ・サルダナ、シガニー・ウィーバーほか
公開：2009年／製作：アメリカ／上映時間：162分

■ アラブ首長国連邦

リワ・オアシス（アブダビ）

DUNE/デューン 砂の惑星
Dune: Part One

SF／アクション／アドベンチャー

　かつてデイヴィッド・リンチ監督によって映画化されたフランク・ハーバートのSFスペクタクル小説『デューン砂の惑星』を、『ブレードランナー2049』のドゥニ・ヴィルヌーヴ監督が再び実写化。物語の舞台は、人類が地球以外の惑星に移り宇宙帝国を築いた西暦1万190年の未来。皇帝から命を受けたアトレイデス家は、"デューン"と呼ばれる過酷な砂の惑星アラキスへと移住するが、それは巧妙に仕組まれた罠であり、宿敵ハルコンネン

家と皇帝が仕組んだ陰謀に直面する。

　砂の惑星アラキスのシーンが撮影されたのは、アブダビ首長国の砂漠にあるリワ・オアシス。南部のサウジアラビア国境近くに位置するアラビア半島最大級のオアシスのひとつで、かつてアブダビとドバイの首長一族の祖先も住んでいたといわれている場所。また、アラキスのシーンはほかに、『アラビアのロレンス』（P.223）が撮影されたヨルダンのワディラム砂漠でも撮られている。

✈ **Access**
アブダビ市街より車で約2時間40分。

砂に覆われた惑星"デューン"は
かつて首長一族が住んだオアシス

Cinema Data
監督：ドゥニ・ヴィルヌーヴ
出演：ティモシー・シャラメ、レベッカ・
　　　ファーガソン、オスカー・アイザッ
　　　クほか
公開：2021年
製作：アメリカ
上映時間：155分
発売元：ワーナー・ブラザース ホームエンターテイメント
販売元：NBCユニバーサル・エンターテイメント
デジタル配信中、Blu-ray 2619円（税込）、DVD 1572円（税込）

"救世主"が戦う仮想現実は
シドニーのビジネスエリア

🇦🇺 オーストラリア

中央ビジネス地区（シドニー）

マトリックス

The Matrix

SF／アクション

　世界中に映像革命を巻き起こした、ウォシャウスキー姉妹による大ヒットSFアクション。ソフトウェア会社に勤務するプログラマーの主人公は、コンピューター界の天才ハッカー"ネオ"という裏の顔をもつ。ある日、謎の美女トリニティと、彼を探していたという男モーフィアスから、現実世界はコンピューターが生み出した仮想世界だと聞かされ、コンピューターに支配された世界から人類を救うため"救世主"として戦いに挑む！

　撮影はオーストラリアのシドニーで行われ、仮想世界でネオが勤めるソフトウェア会社「METACORTEX」は、シドニー中央ビジネス地区にあるショッピング＆オフィスビル「メット・センター」がロケ地となった。

✈ **Access**

「メット・センター」へは地下鉄「ウィンヤード」駅より徒歩約2分。そこからネオが赤いドレスの女とすれ違った噴水「ロイド・リーズ・ファウンテン」までは徒歩約6分。

1　シドニー中央ビジネス地区　2　ネオが赤いドレスの女とすれ違ったマーティン・プレイスの噴水「ロイド・リーズ・ファウンテン」

Cinema Data

監督：ウォシャウスキー姉妹
出演：キアヌ・リーブス、ローレンス・フィッシュバーン、キャリー＝アン・モスほか
公開：1999年／製作：アメリカ／上映時間：136分／発売元：ワーナー・ブラザース ホームエンターテイメント／販売元：NBCユニバーサル・エンターテイメント／デジタル配信中、Blu-ray 2619円（税込）、DVD特別版 1572円（税込）

テーマとともに
世界を巡る物語

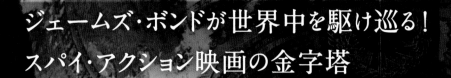

ジェームズ・ボンドが世界中を駆け巡る！
スパイ・アクション映画の金字塔

C・ トルコ

アヤソフィア（イスタンブール）
007/ロシアより愛をこめて
From Russia with Love

アクション

　イアン・フレミング原作のスパイ小説を映画化した「007」シリーズは、イギリス秘密情報部（MI6）の工作員ジェームズ・ボンドが、世界各地で繰り広げる痛快なアクションで人気。

　シリーズのなかでも人気の高い2作目『ロシアより愛をこめて』の舞台となったのは、トルコの古都イスタンブール。ボンドがロシアの暗号解読者タチアナからソビエト大使館の見取り図を受け取る場所として登場する博物館（現在はモスク）アヤソフィアは、「イスタンブール歴史地域」の一部として世界遺産に登録されている観光名所でもある。もうひとつの見どころは、ヨーロッパの寝台列車オリエント急行のシーン。作中ではソフィアーベオグラードーザグレブへと移動したが、駅のシーンはすべて、ボンドが列車に乗りこむシルケジ駅で撮影されたといわれている。

✈ Access
トラム「スルタンアフメット」駅より徒歩約8分。

乙女の塔 (イスタンブール)

007／ワールド・イズ・ノット・イナフ

The World Is Not Enough

「007シリーズ」のロケ地として登場回数の多いトルコ。19作目ではボンドが拷問椅子で追い詰められるエレクトラの隠れ家として、ボスポラス海峡に浮かぶ乙女の塔が使用された。

> ✈ **Access** サラジャク桟橋より船で約3分。

Cinema Data 監督：マイケル・アプテッド／出演：ピアース・ブロスナン、ソフィー・マルソーほか／公開：1999年／製作：イギリス、アメリカ／上映時間：127分／発売元：ワーナー・ブラザース ホームエンターテイメント／販売元：NBCユニバーサル・エンターテイメント／Blu-ray 2619円(税込)

グランドバザール (イスタンブール)

007／スカイフォール

Skyfall

23作目の冒頭で迫力満点のバイクチェイス・シーンが撮られたのはグランドバザール。トルコ語ではカパル・チャルシュと呼ばれる。1461年に完成した歴史深い市場で、広さはなんと3万700㎡！

> ✈ **Access** トラム「ベヤズット=カパルチャルシュ」駅より徒歩約2分。

Cinema Data 監督：サム・メンデス／出演：ダニエル・クレイグ、ハビエル・バルデムほか／公開：2012年／製作：イギリス、アメリカ／上映時間：143分／発売元：ワーナー・ブラザース ホームエンターテイメント／販売元：NBCユニバーサル・エンターテイメント／Blu-ray 2619円(税込)、DVD 1572円(税込)

Cinema Data
監督：テレンス・ヤング／出演：ショーン・コネリー、ダニエラ・ビアンキほか／公開：1963年／製作：イギリス、アメリカ／上映時間：115分／発売元：ワーナー・ブラザース ホームエンターテイメント／販売元：NBCユニバーサル・エンターテイメント／Blu-ray 2619円(税込)

※『007』シリーズの製作・公開順の数字はイーオン・プロダクション製作作品のもの。イーオン・プロダクション以外の作品に『007／カジノ・ロワイアル』(1967年公開)と『ネバーセイ=ネバーアゲイン』(1983年公開)がある。

007／黄金銃を持つ男
The Man with the Golden Gun

Cinema Data 監督：ガイ・ハミルトン／出演：ロジャー・ムーア、ブリット・エクランドほか／公開：1974年製作：イギリス、アメリカ／上映時間：124分／発売元：ワーナー・ブラザース ホームエンターテイメント／販売元：NBCユニバーサル・エンターテイメント／Blu-ray 2619円（税込）

007／トゥモロー・ネバー・ダイ
Tomorrow Never Dies

Cinema Data 監督：ロジャー・スポティスウッド／出演：ピアース・ブロスナン、ミシェール・ヨーほか／公開：1997年／製作：イギリス、アメリカ／上映時間：119分／発売元：ワーナー・ブラザース ホームエンターテイメント／販売元：NBCユニバーサル・エンターテイメント／Blu-ray 2619円（税込）

▆ タイ
タプー島

第9作『黄金銃を持つ男』と第18作『トゥモロー・ネバー・ダイ』は、タイのパンガー湾にあるタプー島やすぐ隣のピンカン島で撮影された。タプー島は石灰岩でできた高さ約20mの海食柱。本作をきっかけに"ジェームズ・ボンド島"と呼ばれるようになった。

➤ Access
プーケットよりパンガー湾ツアーに参加するのがおすすめ。

007／007は二度死ぬ
You Only Live Twice

シリーズ5作目の舞台は日本。敵の秘密基地には標高1421mの活火山、新燃岳が使用された。

✈ Access ※噴火状況により入山規制がされている。

Cinema Data 監督：ルイス・ギルバート／出演：ショーン・コネリー、若林映子ほか／公開：1967年／製作：イギリス、アメリカ／上映時間：117分／発売元：ワーナー・ブラザース ホームエンターテイメント／販売元：NBCユニバーサル・エンターテイメント／Blu-ray 2619円（税込）

 日本
新燃岳（霧島連山）

007／オクトパシー
Octopussy

第13作。インドを訪れたボンドが宿泊したのは、王侯の宮殿を改装した湖上のホテル。

➤ Access ピチョーラ湖のボート乗り場よりボートで約5分。

Cinema Data 監督：ジョン・グレン／出演：ロジャー・ムーア、モード・アダムスほか／公開：1983年／製作：イギリス、アメリカ／上映時間：130分／発売元：ワーナー・ブラザース ホームエンターテイメント／販売元：NBCユニバーサル・エンターテイメント／Blu-ray 2619円（税込）

◼ インド
タージ・レイク・パレス（ウダイプル）

 スイス
フルカ峠

007／ゴールドフィンガー

Goldfinger

第3作。標高2436m、スイス・アルプスのフルカ峠でのカーチェイス・シーンには息をのむ！

✈ **Access** 峠の麓「アンデルマット」駅へはチューリッヒ空港より電車で約2時間30分。

Cinema Data 監督：ガイ・ハミルトン／出演：ショーン・コネリー、オナー・ブラックマンほか／公開：1964年／製作：イギリス、アメリカ／上映時間：109分／発売元：ワーナー・ブラザース ホームエンターテイメント／販売元：NBCユニバーサル・エンターテイメント／Blu-ray 2619円(税込)

007／女王陛下の007

On Her Majesty's Secret Service

ベルンにそびえる標高2970mの山の頂にある回転レストラン「ピッツグロリア」は6作目のロケ地。

✈ **Access** 「ミューレン」駅よりロープウエイで約50分。

Cinema Data 監督：ピーター・ハント／出演：ジョージ・レーゼンビー、ダイアナ・リグほか／公開：1969年／製作：イギリス、アメリカ／上映時間：142分／発売元：ワーナー・ブラザース ホームエンターテイメント／販売元：NBCユニバーサル・エンターテイメント／Blu-ray 2619円(税込)

スイス
シルトホルン

ギリシア
メテオラ

世界遺産（文化・自然複合遺産）のギリシア北西部の奇岩群とその上に建設された修道院共同体メテオラは、シリーズ12作目でギリシア人富豪クリスタトスの秘密基地として登場する。ボンドが敵の目を盗みながら断崖絶壁を登るシーンはドキドキハラハラ！

✈ **Access** 「カランバカ」駅より車で約10分。

007／ユア・アイズ・オンリー

For Your Eyes Only

Cinema Data

監督：ジョン・グレン／出演：ロジャー・ムーア、キャロル・ブーケほか／公開：1981年／製作：イギリス、アメリカ／上映時間：127分／発売元：ワーナーブラザース ホームエンターテイメント／販売元：NBCユニバーサル・エンターテイメント／Blu-ray 2619円(税込)

■ イタリア

マテーラの洞窟住居

シリーズ第25作で、ボンドが機関銃を搭載したアストン
マーティンDB5で大暴れするのは、イタリアのマテーラ。
石灰質の岩肌に造られた洞窟住居"サッシ"がある旧市街地
区が有名で、「マテーラの洞窟住居と岩窟教会公園」として
1993年に世界遺産に登録されている。

✈ **Access** 「マテーラ中央」駅より徒歩約15分。

007／ノー・タイム・トゥ・ダイ

No Time to Die

Cinema Data 監督：キャリー・
ジョージ・フクナガ／出演：ダニエ
ル・クレイグ、ラミ・マレック、レア・セ
ドゥほか／公開：2021年／製作：
イギリス、アメリカ／上映時間：163
分／発売元：NBCユニバーサル・
エンターテイメント／Blu-ray 2075
円（税込）、DVD 1572円（税込）

■ イタリア

カンポ広場（シエナ）

007／慰めの報酬

Quantum of Solace

22作目で闘牛シーンを撮影した広場がある旧市街
は、歴史地区として世界遺産に登録されている。

✈ **Access** 「シエナ」駅よりバスと徒歩で約10分。

Cinema Data 監督：マーク・フォースター／出演：ダニエ
ル・クレイグ、オルガ・キュリレンコほか／公開：2008年／製
作：イギリス、アメリカ／上映時間：106分／発売元：ワー
ナー・ブラザース ホームエンターテイメント／販売元：NBC
ユニバーサル・エンターテイメント／Blu-ray 2619円（税込）、
DVD 1572円（税込）

007／美しき獲物たち

A View to a Kill

第14作でボンドが忍び込むサラブレッドの競売
の場所は、パリ近郊にあるルネサンス時代の城。

✈ **Access** 「シャンティイ・グーヴィユー」駅より車で約5分。

Cinema Data 監督：ジョン・グレン／出演：ロジャー・
ムーア、タニア・ロバーツほか／公開：1985年／製作：イギ
リス、アメリカ／上映時間：131分／発売元：ワーナー・ブラ
ザース ホームエンターテイメント／販売元：NBCユニバー
サル・エンターテイメント／Blu-ray 2619円（税込）

■ フランス

シャンティイ城（シャンティイ）

■ オーストリア
シェーンブルン宮殿（ウィーン）

007／リビング・デイライツ

The Living Daylights

15作目でボンドがカーラ・ミロヴィと馬車で訪れた場所。ハプスブルク歴代君主の夏の離宮。

✈ **Access** 地下鉄「シェーンブルン」駅より徒歩約7分。

Cinema Data 監督：ジョン・グレン／出演：ティモシー・ダルトン、マリアム・ダボほか／公開：1987年／製作：イギリス、アメリカ／上映時間：130分／発売元：ワーナー・ブラザース ホームエンターテイメント／販売元：NBCユニバーサル・エンターテイメント／Blu-ray 2619円(税込)

007／カジノ・ロワイヤル

Casino Royale

温泉地カルロヴィ・ヴァリ地方にある12世紀の城が、第21作でモンテネグロとして登場。

✈ **Access** カルロヴィ・ヴァリより車で約15分。

Cinema Data 監督：マーティン・キャンベル／出演：ダニエル・クレイグ、エヴァ・グリーンほか／公開：2006年／製作：イギリス、アメリカ／上映時間：144分／発売元：ワーナー・ブラザース ホームエンターテイメント／販売元：NBCユニバーサル・エンターテイメント／Blu-ray 2619円(税込)、DVD 1572円(税込)

 ■ チェコ
ロケット城

 ■ アイスランド
ヨークルスアゥルロゥン

007／ダイ・アナザー・デイ

Die Another Day

アイスランド最大の湖が20作目のロケ地。『美しき獲物たち』の冒頭シーンでも登場している。

✈ **Access** 現地のツアーに参加するのがおすすめ。

Cinema Data 監督：リー・タマホリ／出演：ピアース・ブロスナン、ハル・ベリーほか／公開：2002年／製作：イギリス、アメリカ／上映時間：133分／発売元：ワーナー・ブラザース ホームエンターテイメント／販売元：NBCユニバーサル・エンターテイメント／Blu-ray 2619円(税込)

007／ゴールデンアイ

GoldenEye

17作目は、冷戦後のロシアで初めてのロケを実施。モイカ川沿いでの戦車チェイスは大迫力！

✈ **Access** 地下鉄「アドミラルチェイスカヤ」駅より徒歩約3分。

Cinema Data 監督：マーティン・キャンベル／出演：ピアース・ブロスナン、イザベラ・スコルプコほか／公開：1995年／製作：イギリス、アメリカ／上映時間：130分／発売元：ワーナー・ブラザース ホームエンターテイメント／販売元：NBCユニバーサル・エンターテイメント／Blu-ray 2619円(税込)

■ ロシア
モイカ川（サンクトペテルブルク）

アメリカ
サーカスサーカス（ラスベガス）

007／ダイヤモンドは永遠に

Diamonds Are Forever

第7弾ではラスベガスへ。空中ブランコが行われたカジノホテルは「サーカスサーカス」。

✈ **Access** ハリー・リード国際空港より車で約15分。

Cinema Data 監督：ガイ・ハミルトン／出演：ショーン・コネリー、ジル・セント・ジョンほか／公開：1971年／製作：イギリス、アメリカ／上映時間：120分／発売元：ワーナー・ブラザース ホームエンターテイメント／販売元：NBCユニバーサル・エンターテイメント／Blu-ray 2619円（税込）

007／消されたライセンス

License to Kill

16作目では、キーウェスト島のヘミングウェイの家でボンドがMに殺しの免許を剥奪される。

✈ **Access** キーウェスト国際空港より車で約15分。

Cinema Data 監督：ジョン・グレン／出演：ティモシー・ダルトン、キャリー・ローウェルほか／公開：1989年／製作：イギリス、アメリカ／上映時間：133分／発売元：ワーナー・ブラザース ホームエンターテイメント／販売元：NBCユニバーサル・エンターテイメント／Blu-ray 2619円（税込）

アメリカ
アーネスト・ヘミングウェイ博物館（フロリダ）

ジャマイカ
ダンズ・リバー・フォールズ＆パーク

007／ドクター・ノオ

Dr. No

記念すべき1作目でボンドがハニー・ライダーと川を上るのはダンズ・リバー・フォールズ＆パーク。

✈ **Access** オーチョ・リオス市街より車で約5分。

Cinema Data 監督：テレンス・ヤング／出演：ショーン・コネリー、ウルスラ・アンドレスほか／公開：1962年／製作：イギリス、アメリカ／上映時間：105分／発売元：ワーナー・ブラザース ホームエンターテイメント／販売元：NBCユニバーサル・エンターテイメント／Blu-ray 2619円（税込）

007／死ぬのは奴らだ

Live and Let Die

8作目の舞台、カリブ海の架空の島国サン・モニークは、ジャマイカのモンテゴ・ベイがロケ地。

✈ **Access** サングスター国際空港より車で約10分。

Cinema Data 監督：ガイ・ハミルトン／出演：ロジャー・ムーア、ジェーン・シーモアほか／公開：1973年／製作：イギリス、アメリカ／上映時間：121分／発売元：ワーナー・ブラザース ホームエンターテイメント／販売元：NBCユニバーサル・エンターテイメント／Blu-ray 2619円（税込）

ジャマイカ
モンテゴ・ベイ

バハマ
エグズーマ諸島

007/サンダーボール作戦

Thunderball

4作目のロケ地はバハマ。エグズーマ諸島の海中洞窟は"サンダーボール洞窟"と称されている。

✈ **Access** 現地のツアーに参加するのがおすすめ。

Cinema Data 監督：テレンス・ヤング／出演：ショーン・コネリー、クローディーヌ・オージェほか／公開：1965年／製作：イギリス、アメリカ／上映時間：130分／発売元：ワーナー・ブラザース ホームエンターテイメント／販売元：NBCユニバーサル・エンターテイメント／Blu-ray 2619円（税込）

007/ムーンレイカー

Moonraker

11作目では、奪われたシャトルが隠されていたジャングルの遺跡としてティカル遺跡が使用された。

✈ **Access** 現地のツアーに参加するのがおすすめ。

Cinema Data 監督：ルイス・ギルバート／出演：ロジャー・ムーア、ロイス・チャイルズほか／公開：1979年／製作：イギリス、アメリカ／上映時間：126分／発売元：ワーナー・ブラザース ホームエンターテイメント／販売元：NBCユニバーサル・エンターテイメント／Blu-ray 2619円（税込）

 グアテマラ
ティカル遺跡

 メキシコ
メキシコシティ

007/スペクター

Spectre

24作目は、メキシコシティで毎年11月1・2日に祝われる「死者の日」のシーンから始まる。

✈ **Access** メキシコシティ国際空港より車で約30分。

Cinema Data 監督：サム・メンデス／出演：ダニエル・クレイグ、レア・セドゥほか／公開：2015年／製作：イギリス、アメリカ／上映時間：148分／発売元：ワーナー・ブラザース ホームエンターテイメント／販売元：NBCユニバーサル・エンターテイメント／Blu-ray 2619円（税込）、DVD 1572円（税込）

007/私を愛したスパイ

The Spy Who Loved Me

10作目でボンドが怪力の大男と戦ったのは、エジプト最大級の古代遺跡カルナック神殿。

✈ **Access** 「ルクソール」駅より車で約10分。

Cinema Data 監督：ルイス・ギルバート／出演：ロジャー・ムーア、バーバラ・バックほか／公開：1977年／製作：イギリス、アメリカ／上映時間：125分／発売元：ワーナー・ブラザース ホームエンターテイメント／販売元：NBCユニバーサル・エンターテイメント／Blu-ray 2619円（税込）

エジプト
カルナック神殿（ルクソール）

世界中で起こる"実行不可能な任務"にイーサン・ハントが仲間たちと立ち向かう！

 チェコ

プラハ

ミッション：インポッシブル
Mission: Impossible

アクション

政府が手を下せない極秘任務を遂行するスパイ組織 IMF（Impossible Mission Force）メンバーの活躍を描くシリーズ。1作目では、任務失敗でチームが壊滅したなか唯一生き残ったイーサン・ハントが裏切り者の濡れ衣を着せられる。物語の始まりはチェコ。プラハ旧市街広場に面した店で、当局に拘束されそうになったイーサンが水槽を爆破し逃走するシーンは大迫力！

Cinema Data
監督：ブライアン・デ・パルマ
出演：トム・クルーズ、ジョン・ヴォイトほか
公開：1996年
製作：アメリカ
上映時間：110分
発売元：NBCユニバーサル・エンターテイメント
Blu-ray 2619円（税込）、DVD 1572円（税込）

 Access

プラハ旧市街広場へは地下鉄「スタロムニェスツカー」駅より徒歩約4分。

🇦🇺 オーストラリア
シドニー

M:I-2
Mission: Impossible 2

　休暇中のIMF諜報員イーサンのもとに、緊急の指令が届く。それは、テロリストに奪われた殺人ウイルスとその解毒剤を奪還するというミッション。物語のメインの舞台となるのはシドニーで、ボタニー湾に浮かぶベア・アイランドが敵のアジトとして登場するほか、ラストシーンではオペラハウスやハーバーブリッジを一望するミセス・マッコーリーズ・ポイントが映る。

Cinema Data
監督：ジョン・ウー
出演：トム・クルーズ、ダグレイ・スコットほか
公開：2000年
製作：アメリカ
上映時間：124分
発売元：NBCユニバーサル・エンターテイメント
Blu-ray 2075円（税込）、DVD 1572円（税込）

 Access

シドニー市街よりベア・アイランドへは車で約25分。ミセス・マッコーリーズ・ポイントへは車で約10分。

M:i:III

Mission: Impossible III

現役を引退し、教官をしながら婚約者と平穏な日々を送っていたイーサン。ある日、教え子が拘束されたと情報が入り、かつての同僚たちとともに現場に復帰するが……。バチカンへの侵入、上海の高層ビル「中銀大廈」の屋上からの振り子の原理を使っての移動、ラストシーンの水郷の街・西塘など、第3作では西洋と東洋の魅力的な風景のなかでのアクションが光る!

Cinema Data
監督:J・J・エイブラムス
出演:トム・クルーズ
フィリップ・シーモア・
ホフマンほか
公開:2006年/製作:アメリカ/上映時間:125分/発売元:NBCユニバーサル・エンターテイメント/Blu-ray 2075円(税込)、DVD 1572円(税込)

Access A地下鉄「オッタヴィアーノ」駅より徒歩約10分。B地下鉄「陸家嘴」駅より徒歩約1分。C上海より車で約1時間。

■バチカン
サン・ピエトロ大聖堂

中国
中銀大廈(上海)

中国
西塘(浙江省)

ロシア
クレムリン(モスクワ)

ミッション:インポッシブル/ゴースト・プロトコル

Mission: Impossible – Ghost Protocol

核兵器を使ったテロを目論む人物の調査に取り掛かったイーサンらは、陰謀によりクレムリン爆破犯の容疑をかけられる。作品の目玉は、世界一高い地上828mのビル「ブルジュ・ハリファ」の130階にあるサーバー・ルームにイーサンが外壁を登ってアクセスするシーン。その危険なアクションにトム・クルーズ本人が自らスタントに挑んだことで、大きな話題を呼んだ。

Cinema Data
監督:ブラッド・バード
出演:トム・クルーズ、ジェレミー・レナーほか
公開:2011年/製作:アメリカ/上映時間:133分/発売元:NBCユニバーサル・エンターテイメント/Blu-ray 2075円(税込)、DVD 1572円(税込)

Access D地下鉄「アレクサンドロフスキー・サド」駅より徒歩約1分。E地下鉄「ブルジュ・ハリファ/ドバイ・モール」駅より徒歩約8分。

ミッション：インポッシブル／ローグ・ネイション F

Mission: Impossible – Rogue Nation

　前作に続き、トム・クルーズが自らスタントに挑んだ飛行機でのアクションが話題に。各国の元エリート諜報部員たちによるスパイ組織「シンジケート」を仲間と追うイーサン・ハント。組織の男がウィーンのオペラ会場に現れる情報をつかみ、バックステージに潜入するが……。舞台となったネオ・ルネッサンス様式のウィーン国立歌劇場は音楽の都ウィーンのシンボル。

Cinema Data

監督：クリストファー・マッカリー
出演：トム・クルーズ、
　　　レベッカ・ファーガソンほか
公開：2015年／製作：アメリカ
上映時間：131分
発売元：NBCユニバーサル・エンターテイメント
Blu-ray 2075円（税込）、DVD 1572円（税込）

✈ **Access** F地下鉄「カールスプラッツ」駅より徒歩約2分。

E F

🇦🇪 アラブ首長国連邦
ブルジュ・ハリファ（ドバイ）

🇦🇹 オーストリア
ウィーン国立歌劇場（ウィーン）

🇫🇷 フランス
グラン・パレ（パリ）

G H

🇬🇧 イギリス
セント・ポール大聖堂（ロンドン）

ミッション：インポッシブル／フォールアウト G H

Mission: Impossible – Fallout

　イーサンたちが最難関のミッションに挑む第6作。盗まれた3つのプルトニウムの奪還に臨むも目前で失敗。その裏にはテロ組織シンジケートの残党が関与していた。作中ではパリのグラン・パレにパラシュートで降り立ったり、ロンドンのセントポール大聖堂からブラックフライアーズ駅まで屋根伝いに駆け抜けるなど、人気の観光地が非日常的なアングルで見られる。

Cinema Data

監督：クリストファー・マッカリー
出演：トム・クルーズ、サイモン・ペッグほか
公開：2018年／製作：アメリカ／上映時間：147分／発売元：NBCユニバーサル・エンターテイメント／Blu-ray 2075円（税込）、DVD 1572円（税込）

✈ **Access** G地下鉄「シャンゼリゼ＝クレマンソー」駅より徒歩約4分。H地下鉄「セント・ポールズ」駅より徒歩約2分。

余命半年のふたりの男が
残された人生で見た絶景とは

≡ エジプト
ギザのピラミッド
最高の人生の見つけ方
The Bucket List

ドラマ／コメディ

　傲慢な大金持ちの実業家と、優しく勤勉な整備士の男。ふたりはがん病棟で同室になり、ともに半年の余命宣告を受ける。絶望の状況で彼らが作ったのは、死ぬまでにやりたいことを綴った"棺桶リスト"だった。スカイダイビングに始まり、憧れの車でレーストラックを疾走するなど、次々とリストに書いた夢を実現していく彼らが、残された時間を共有しながら最後に見つけた幸せとは?
　夢のリストはアメリカ国内から世界各地へと飛び出していくが、なかでも印象的なのは、「ピラミッドを見る」、「荘厳な景色を見る」というふたつの夢を一度に叶えたエジプトの三大ピラミッドのシーン。そこで整備士は神話にちなんだ質問をし、実業家の男の家族への思いを知る。クフ王、カフラー王、メンカウラー王のピラミッドのうち、主人公たちの目前に迫るのはカフラー王のもの。実際には映画のようにピラミッドに登ることはできないが、内部は有料公開されている。

✈ **Access**
カイロ市街より車で約25分。

Cinema Data

監督：ロブ・ライナー
出演：ジャック・ニコルソン、モーガン・フリー
マン
公開：2007年／製作：アメリカ
上映時間：97分
発売元：ワーナー・ブラザース ホームエン
ターテイメント／販売元：NBCユニバーサ
ル・エンターテイメント
デジタル配信中、Blu-ray 2619円(税込)、DVD 1572円(税込)

🇮🇳 インド
タージ・マハル（アーグラー）

エジプトの次に向かったのは、こちらも世界遺産のタージ・マハル。ムガル帝国第5代皇帝が、亡くなった王妃のために22年かけて建設した廟。"真の愛"の証である廟を見たあとに、自分たちの葬儀について意見を交わす。

✈ **Access**
「アグラ・カント」駅より車で約15分。

🇫🇷 フランス
エズ（コート・ダジュール）

アメリカを出て最初に訪れたのは、フランス南部のコート・ダジュールにあるエズ村。地中海を望む切り立つ崖の上にあるこの村では、実業家が30年通った頂上にたたずむ高級レストランで、夕暮れ時にロマンティックなディナーを楽しむ。

✈ **Access**
ニースよりバスで約30分。

🇹🇿 タンザニア
ライオン・サファリ

広大なサバンナで『ライオンは寝ている』を歌い上機嫌のふたり。川に飛び込むヌーの群れやシマウマなどの野生動物に大興奮！　当初の目的はライオン狩りだったが……。なお、タンザニアでライオンが多いと評判なのはセレンゲティ国立公園。

✈ **Access**
セレンゲティ国立公園へは現地のサファリツアーに参加するのがおすすめ。

🌸 香港
ビクトリア・ハーバー

ネパールが吹雪のため香港へ行き先を変更。整備士の男は、ビクトリア・ハーバーを望むバーである女性に声をかけられる……。世界的に有名な"100万ドルの夜景"を映画と同じアングルで見るなら、九龍半島の先端、尖沙咀のプロムナードへ。

✈ Access
プロムナードへは地下鉄「尖沙咀」駅より徒歩約10分。

🏴 ネパール
ヒマラヤ

冒頭で映るヒマラヤ山脈の"荘厳な景色"をふたりは一緒に眺めることができるのか? 雪山を登って映画のような風景を見ることは簡単ではないが、ネパールではトレッキングや遊覧飛行など、さまざま方法で山の風景を楽しめる。

✈ Access
トレッキングや遊覧飛行などのツアーに参加するのがおすすめ。

🇨🇳 中国
万里の長城

インドの次は、中国の世界遺産・万里の長城へ向かいバイクでタンデム・ツーリングを満喫。秦の始皇帝が匈奴からの侵略を防ぐために造り始め、明の時代に完成したといわれている長城の長さは2万1196.18kmだったが、現存するのは3分の1以下の6259.6km。

✈ Access
北京市街より車で約1時間30分。

完璧な波を求めて世界を巡る
サーファーたちの終わらない夏

🇺🇸 アメリカ
ワイキキ（ハワイ州オアフ島）
エンドレス・サマー／終りなき夏
The Endless Summer

スポーツ／ドキュメンタリー／ロードムービー

　ふたりのサーファーとカメラマンが世界中の夏と新しい波を追い求めて旅に出る！　サーフィン映画の原点にして金字塔となった作品。まだ交通の便がいいとはいえない時代の旅はとても刺激的だ。

　彼らの夏はセネガルのダカールから始まり、黄金海岸を南下しガーナのアクラ、赤道近くのナイジェリアのラゴスへと向かう。ケープタウンではインド洋と南大西洋を制覇し、その後アフリカを離れた彼らは、オーストラリアのパース、メルボルン、ニュージーランド、さらに「波はない」とうわさのタヒチも訪れ、思いがけないおもしろい波に出合う。時に期待以上だったり、時に期待はずれだったり、波との一期一会を楽しみながら、世界を巡る彼らのゴールはサーファーの聖地であるハワイ。懐かしい波に「ハワイに勝る場所はない！」と実感し、波乗りを満喫。夏が来ればまたカリフォルニアに戻ることを考えながら……そうやって、彼らは終わらない夏を追いかけ続ける。

✈ Access
ハワイのオアフ島ワイキキビーチへはダニエル・K・イノウエ国際空港より車で約20分。

🇸🇳 セネガル
ダカール
"終わらない夏"の始まりの場所。子供たちがサーフィンをまねてカヌーで波に乗ろうとするのがかわいい。

🇬🇭 ガーナ
アクラ
市場の様子など現地の生活が垣間見られる。初めて見るサーフィンに興味津々の地元の人々が印象的。

🇳🇬 ナイジェリア
ラゴス
ジャングルを抜けて海へ向かう。赤道近くに位置するラゴスはまさに常夏。水温はなんと32℃！

🇿🇦 南アフリカ
ケープタウン
ケープタウンのテーブル・マウンテンに登ってから、ヒッチハイクで約1600km先のダーバンへ。

🇿🇦 南アフリカ
セントフランシス岬
逸る気持ちをおさえきれず、砂丘をサーフボードで滑り降り向かった海で、パーフェクトな波と出合う！

🇦🇺 オーストラリア
メルボルン
期待していたパースでいい波に出合えず、さらなる波を求めてメルボルンのベルズ・ビーチへ。

🇵🇫 仏領ポリネシア
タヒチ
珊瑚礁のせいで波がないといわれるが、"イン・アンド・アウト"という独特な波乗りを楽しんだ。

Cinema Data
監督：ブルース・ブラウン／出演：マイク・ヒンソン、ロバート・オーガスト
公開：1966年／製作：アメリカ／上映時間：95分

🇺🇸 アメリカ

ブルックリン・ブリッジ（ニューヨーク）

ナイト・オン・ザ・プラネット
Night on Earth

`ドラマ／コメディ`

　インディーズ界の巨匠ジム・ジャームッシュ監督によるオムニバス・ムービー。5つの都市で、ある夜の同じ時間に走るタクシーで起こる5つの物語を描く。午後7時過ぎのLAでは、若い女性タクシー運転手が、空港から乗せた映画のキャスティング・ディレクターの目に留まる。午後10時過ぎのNYでは、黒人の男がタクシーを拾うが、運転手は英語も運転もままならない東ドイツからの移民だった。午前4時のパリでは、コートジボワー

ル移民の運転手が、ミステリアスな若い盲目の女を乗せる。同時刻のローマではおしゃべりなタクシー運転手が神父を乗せ、午前5時のヘルシンキでは、無線連絡を受けたタクシー運転手が、乗客の酔っ払いに1日の不幸話を聞かされる。
　作中では、NYのマンハッタンとブルックリンをつなぐゴシック風のブルックリン・ブリッジをはじめいくつかの名所が映るが、眠りにつく夜の街の風景は観光で見るそれとは表情が全く異なる。

✈ **Access**

NYのブルックリン・ブリッジへは地下鉄「ブルックリン・ブリッジ・シティ・ホール」駅よりすぐ。

地球という惑星にある5つの都市
同じ夜を走るタクシーで起きた5つの物語

Cinema Data

🇺🇸 **アメリカ**
ロスアンゼルス
若い女性タクシー運転手が空港で出会ったキャスティング・ディレクターを送り届けた先は、LAの高級住宅街ビバリーヒルズ。

🇮🇹 **イタリア**
ローマ
ローマが舞台の第4話では、冒頭に下ネタ好きの陽気なタクシー運転手が独り言を話しながら町を流す際に、史跡コロッセオが映る。

🇫🇷 **フランス**
パリ
コートジボワール人の運転手と盲目の乗客の物語は、冒頭でメトロポリタン駅周辺が映り、最後はロワーズ河岸のウルク通り橋で終わる。

🇫🇮 **フィンランド**
ヘルシンキ
第5話。午前5時過ぎの凍てついた真冬のヘルシンキが舞台の物語は、町のランドマークであるヘルシンキ大聖堂前から始まる。

Cinema Data
監督：ジム・ジャームッシュ／出演：ウィノナ・ライダー、ジーナ・ローランズほか
公開：1992年／製作：アメリカ／上映時間：129分

ガルベストン（テキサス州）

レニングラード・カウボーイズ・ゴー・アメリカ

Leningrad Cowboys Go America

コメディ／音楽／ロードムービー

　ツンツン頭にとんがりブーツ、サングラスに黒スーツ。ツンドラの荒野でポルカを演奏する一風変わったバンド「レニングラード・カウボーイズ」は、成功を夢見てアメリカに渡るも評価はイマイチ。エージェントからはメキシコにいるいとこの結婚式で歌うことを提案される。北欧の鬼才アキ・カウリスマキ監督が描く、愉快で滑稽なロードムービー。

　NYで全財産をはたき中古のキャデラックを手に入れた彼らは、各地でロックをはじめさまざま

なアメリカの音楽を取り込みながら、メンフィス、ニューオリンズ、ガルベストン、ラングトリー、ヒューストン、デル・リオへと南下。道中、常にハプニングがつきまとうが、バンドが売れない理由を「顔色が悪いから」と考え、メンバーが日光浴するシーンは爆笑もの。ポスターにもなったこのシーンが撮影されたのは、ソウル・シンガー、バリー・ホワイトの出身地としても知られるガルベストンのメキシコ湾を望むビーチである。

Access
ガルベストンへはヒューストン市街より車で約50分。

Cinema Data　監督：アキ・カウリスマキ
出演：マッティ・ペロンパー、カリ・ヴァーナネンほか
公開：1989年／製作：フィンランド、スウェーデン／上映時間：78分

ニューヨーク （ニューヨーク州）

バンドが成功を求めて訪れたのはNY。煌めく夜景は夢にあふれているが、現実は厳しかった！

ニューオリンズ （ルイジアナ州）

留置所から釈放後、ミシシッピ川にかかるクレセント・シティ・コネクション橋を渡り次の町へ。

ツンツン頭にとんがりブーツがトレードマーク
へんてこバンドが繰り広げるアメリカ珍道中

ヒューストン（テキサス州）
ガルベストンのビーチで日光浴をしたメンバーは
テキサス州最大の都市ヒューストンへと向かう。

デル・リオ（テキサス州）
いよいよ国境の町デル・リオに到着。故郷を懐か
しむ歌を歌いながら最終目的地のメキシコへ。

■ ポーランド
ピオトルコフスカ通り（ウッチ）

■ スペイン
アルカラ門（マドリード）

■ フランス
東駅（パリ）

アルゼンチンから故郷ポーランドへ
70年ぶりの再会を果たしに……

家へ帰ろう
The Last Suit

ドラマ／ロードムービー

ホロコーストを生き抜いた88歳のユダヤ人の老人が、命の恩人である親友と70年ぶりに再会するため、アルゼンチンからポーランドを目指し旅に出る。ブエノスアイレスからマドリード、そしてパリ……旅をするうえでひとつだけ譲れないルールは、絶対にドイツを通らないこと。さまざまな人々の助けを受け、最終目的地であるポーランドのウッチへと近づいていく。

©2016 HERNÁNDEZ y FERNÁNDEZ Producciones cinematograficas S.L., TORNASOL FILMS, S.A RESCATE PRODUCCIONES A.I.E., ZAMPA AUDIOVISUAL, S.L., HADDOCK FILMS, PATAGONIK FILM GROUP S.A.

Access
親友の家があるピオトルコフスカ通り122番へはトラム「コジオスコ−ザメンホフ（0398）」駅より徒歩約5分。

Cinema Data
監督：パブロ・ソラルス
出演：ミゲル・アンヘル・ソラ、アンヘラ・モリーナ ほか
公開：2017年／製作：スペイン、アルゼンチン
上映時間：93分／発売元：彩プロ／販売元：TC
エンタテインメント／DVD 4180円（税込）

058

アニメーション映画の風景の面影を求めて

ウェールズ地方の風景に
少年が夢見た天空の城を思う

🇬🇧 イギリス
ウェールズ
天空の城ラピュタ
Castle in the Sky

★インタビュー（P.12-14）もチェック！

ファンタジー／アドベンチャー

宮﨑駿監督オリジナル原案の冒険アクションであり、スタジオジブリ初製作作品。かつて亡き父親が見たという、天空に浮かぶ伝説の島"ラピュタ"に行くことを夢見て、鉱山で働く少年パズーのもとに、ある日、空から少女が降ってくる。シータと名乗るその少女は、ラピュタ国の王位継承者であり、その証となる"飛行石"のペンダントを身につけていることから、ラピュタを捜索する国の特務機関や空中海賊に狙われていたのだった。

物語の舞台はすべて架空の場所だが、スタジオジブリは、作品を創るにあたりイギリスのウェールズ地方をおおいに参考にしたと発表しており、牧草地や畑が連なる風景にその雰囲気が漂う。また、ファンの間では、パズーが暮らすスラッグ渓谷はウェールズ南部のブレナヴォン産業用地、シータが幽閉された要塞は北部のカナーヴォン城やコンウィ城に面影を感じるとうわさされており、そのいずれもが世界遺産に登録されている。

✈ **Access**
ウェールズの首都カーディフへはロンドンより電車で約1時間50分。

Cinema Data
原作・脚本・監督：宮崎駿
出演：田中真弓、横沢啓子ほか
公開：1986年
製作：日本
上映時間：124分

13歳の小さな魔女が修業に選んだのは
水に浮かぶ大きな美しい町でした

🇸🇪 スウェーデン
ストックホルム
魔女の宅急便
Kiki's Delivery Service

★インタビュー（P.12-14）もチェック！

ファンタジー／アドベンチャー

「魔女になる子は13歳の満月の夜に旅立ち、よその町で1年間の修業をしなければならない」という古いしきたりに従い、黒猫のジジをお供に生まれ育ったのどかな田舎町から大都市コリコへと旅立った少女キキ。都会の冷たさに戸惑いながらも、魔女の空を飛ぶ能力を生かしたお届けものの仕事を始め、いろいろな人たちとの出会いに一喜一憂しながら成長を遂げていく。

海に囲まれた美しいコリコの風景に影響を与え

たのは、スウェーデンのストックホルムとバルト海に浮かぶゴットランド島の町ヴィスビュー。時計台があるコリコの街の中心地はストックホルム旧市街ガムラスタンを、グーチョキパン店からの眺めはヴィスビューを彷彿させる。なお、ヴィスビューは中世の遺跡で有名な世界遺産にも登録されている町で、キキとトンボが飛行船を見に海岸へ行くシーンの背景で見られる城壁は、"輪壁"と呼ばれる中世の石壁を思わせる。

✈ Access
ストックホルム旧市街ガムラスタンへは「ストックホルム中央」駅より徒歩約15分。ヴィスビューへはニュネスハムンより船で約3時間15分。

中世の面影を残すゴトランド島のヴィスビュー

Cinema Data プロデューサー・脚本・監督：宮崎駿
出演：高山みなみ、佐久間レイほか
公開：1989年
製作：日本
上映時間：102分

屋久島

もののけ姫
Princess Mononoke

★インタビュー（P.12-14）もチェック！

ファンタジー／アドベンチャー

　舞台は中世の日本。人への憎しみと恨みからタタリ神と化した猪神から、呪いをもらい受けてしまったエミシの村の少年アシタカは、呪いを解く術を求め猪神が来た西の地へと旅立つ。"シシ神"がすむ太古の森を抜け、たどり着いたのは、エボシ御前が率いる"タタラ場"。そこには世間から弾き出された人々が鉄を作り暮らしていたが、それは神々のすむ森を破壊する行為でもあった。そしてアシタカは、森を守るためエボシに挑む山犬に育てられた人間の娘"もののけ姫"の存在を知る。

　人を寄せつけない神秘的な"シシ神"の森は、屋久島の照葉樹林が参考になっており、匂いや湿度まで伝わってきそうな描写が見事。また、アシタカの故郷であるエミシの村は白神山地を、タタラ場は製鉄文化が栄えた中国地方を参考に描かれている。なお、屋久島と白神山地は、1993年に姫路城、法隆寺とともに日本で初めて世界遺産に登録された場所としても知られている。

✈ Access
　鹿児島空港より飛行機で約35分。もしくは鹿児島港より高速フェリーで約1時間45分。

Cinema Data
原作・脚本・監督：宮崎駿
出演：松田洋治、石田ゆり子 ほか
公開：1997年
製作：日本
上映時間：133分

生と死を司る"シシ神の森"の姿を
屋久島の照葉樹林に見る

Cinema Data
脚本・監督：宮崎駿
出演：倍賞千恵子、木村拓哉ほか
公開：2004年
製作：日本
上映時間：119分

メルヘンチックなコルマールの上空を
魔法使いが手を取り歩く

■ フランス
コルマール

ハウルの動く城
Howl's Moving Castle

★インタビュー（P.12-14）もチェック！

ファンタジー／アドベンチャー

原作はダイアナ・ウィン・ジョーンズによる小説『魔法使いハウルと火の悪魔』。舞台は、魔法と科学がともに生きるとある国。戦争の気配が高まるなか、父が残した帽子店で働く18歳のソフィーは、ある日、荒地の魔女に呪いをかけられ90歳の老婆になってしまう。呪いを解く鍵を探して家を出ると、ひょんなきっかけから、悪名高き美貌の魔法使いハウルの城に住むことになる。

映画化にあたり宮﨑駿監督が取り入れたのは、フランス東部アルザス地方の町コルマールの風景。色鮮やかな半木骨造の家が軒を連ねるおとぎ話のような町並みの旧市街は、中世の面影を色濃く残している。冒頭でハウルとソフィーが出会い、空中を歩くシーンでは、1537年に建てられたルネッサンス建築の「プフィスタの家」が見られるのもおもしろい。また、町を囲む雪の山脈には、宮﨑監督が旅した中央アジアの風景も混ざり、独特の世界を作り出している。

✈ **Access**
パリよりTGVとTERで約2時間30分。

戦時下でも人のぬくもりを大切に
かけがえのない日常を送る
この世界の片隅の物語

● 日本
広島県呉市
この世界の片隅に
In This Corner of the World

歴史／戦争／ドラマ

　第2次世界大戦下の過酷な時代にあっても、かけがえのない毎日を心豊かに生きる人々の姿を淡いタッチでほのぼのと描いた作品。原作は、第13回文化庁メディア芸術祭マンガ部門優秀賞を受賞した、こうの史代の同名漫画。18歳で故郷の広島市江波から軍港のある呉市の北條家に嫁いだすず。やがて戦争が始まり生活に陰りが見え始めるが、のんびりとした優しく愛嬌のある性格で、工夫を凝らしながら毎日をていねいに過ごしていく。

　北條家の呉市上長之木町808番は架空の住所で建物は実在しないが、畝原町には家の間取りが再現された小さな公園「すずさん家」がある。そこから坂道を500mほど上ると旧軍港を一望できる場所があり（Googleマップでは「呉港一望」と表示）、すずの眺めた景色が見られる。また、呉市内には大和ミュージアムやてつのくじら館があり、帝国海軍の拠点だった当時の町の様子を垣間見ることができるので、あわせて立ち寄りたい。

Access
「すずさん家」へは呉駅前バス停より「辰川線」乗車「辰川」バス停下車徒歩約10分。すずの故郷である広島市江波より嫁ぎ先の北條家がある呉市までは約20km。

Cinema Data

原作：こうの史代
監督：片渕須直
出演：のん、細谷佳正、小
　　　野大輔、尾身美詞、
　　　稲葉菜月ほか
公開：2016年
製作：日本
上映時間：129分
発売・販売元：バンダイナムコフィルムワークス
Blu-ray＆DVD発売中

ゴッホ調の絵画でよみがえるフランスの村
偉大な画家の謎の死の真相とは？

■ フランス
オーヴェル＝シュル＝オワーズ
ゴッホ 最期の手紙
Loving Vincent

ドラマ／ミステリー／サスペンス

　20世紀の美術に大きな影響を及ぼしたポスト印象派を代表する画家、フィンセント・ファン・ゴッホの謎に包まれた最期に迫る！ 100人を超える画家がゴッホと同じ技法で描いた油絵で物語を紡ぐ、異例のアニメーションが話題を呼んだサスペンス・ドラマ。郵便配達人である父から、ゴッホが彼の弟テオに宛てた一通の手紙を託された青年は、テオの消息を追ううちに彼がもうこの世にいないことを知る。そして同時に、ゴッホの死に疑問を抱き始め、彼が亡くなるまでのおよそ2ヵ月間を過ごした村、オーヴェル＝シュル＝オワーズを訪れ、真相を追求するのだった。

　パリに近いオーヴェル＝シュル＝オワーズで、ゴッホは70点もの作品を描いており、映画では『オーヴェルの教会』や『市庁舎』などそのいくつかが再現されている。また、村にはゴッホがテオと眠る墓地もある。なお、この村は、ポール・セザンヌなど数々の画家が滞在したことでも有名。

✈ **Access**
パリからオーヴェル＝シュル＝オワーズへは、「パリ北」駅または「サン・ラザール」駅より電車で約1時間5〜30分。

ゴッホの最期の場所「ラヴー旅館」。現在は博物館

ゴッホが描き、作中でも登場する教会

ゴッホの下宿の向かいの市庁舎も描かれている

© Loving Vincent Sp. z o.o/ Loving Vincent ltd.

Cinema Data
監督：ドロタ・コビエラ、
ヒュー・ウェルチマン
出演：ロベルト・グラチーク、
ダグラス・ブース、ジェ
ローム・フリンほか
公開：2017年
製作：イギリス、ポーランド
上映時間：95分
発売元：パルコ／販売元：ハピネット・メディアマーケ
ティング／Blu-ray 5280円(税込)、DVD 4290円(税込)
※Blu-ray&DVDスペシャル・プライスにて発売中

ゴッホ
最期の手紙

ゴッホと弟のテオが並んで眠る墓地

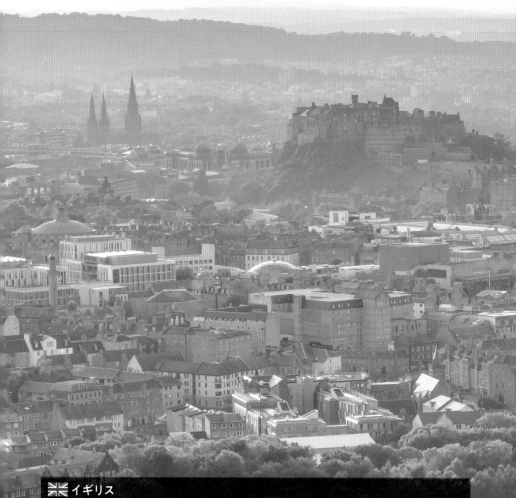

🇬🇧 イギリス
エディンバラ（スコットランド）
イリュージョニスト
The Illusionist

`ドラマ`

　フランスの喜劇王ジャック・タチが娘のために残した脚本をアニメ映画化。ロックやテレビといった新しい娯楽が次々と生まれ、激変しつつある1950年代のパリ。時代遅れとなった手品師はステージを追われ、巡業でスコットランドの離島の田舎町を訪れる。そこで出会った少女は、手品を見たことがなく、彼を魔法使いだと思い込み、島を離れる彼の後をこっそりついていき……。
　やわらかく繊細なタッチで描かれるヨーロッパの風景が優しく心に滲みる本作。手品師と少女が暮らすスコットランドの首都エディンバラは、火山の溶岩の上に形成された都市であり、歴史的建造物が立ち並ぶ旧市街と、都市計画の傑作と高く評価される新市街が織り成す町並みが世界遺産に登録されている美しい町。都会である一方、ソールズベリー・クラッグスやアーサーの玉座のような緑が美しい丘も特徴。標高およそ250mの丘の上からは市街のすばらしい景色が一望できる。

✈ **Access**
ロンドンのヒースロー空港より飛行機で約1時間30分。映画のように電車で行く場合は「キングス・クロス」駅より約4時間30分。

丘の麓に広がる古い町で
時代遅れの手品師が
少女に見せた“魔法”とは?

Cinema Data 監督：シルヴァン・ショメ
出演：ジャン＝クロード＝ドンダ ほか
公開：2010年／製作：イギリス、フランス／上映時間：80分

ヨーロッパが舞台の映画128作品

ロケ地については
各作品のページを
チェック

128 movies set in Europe

Europe

26ヵ国

アイスランド
P.107
巻頭 P.41

スウェーデン
P.108
巻頭 P.9-10、P.62-63

フィンランド
P.112
巻頭 P.55

ノルウェー

エストニア
P.111

ラトビア

リトアニア

ベラルーシ

イギリス
P.98
巻頭 P.8、P.16-21、P.47、P.60-61、P.72-73

デンマーク
P.110

アイルランド
P.106

オランダ
P.96

ベルギー
P.95

ルクセンブルク

ドイツ
P.92

ポーランド
P.134
巻頭 P.58

ウクライナ
P.129

チェコ P.130
巻頭 P.28、P.41、P.44

スロヴァキア

リヒテンシュタイン

オーストリア P.90
巻頭 P.41、P.47

フランス
P.76
巻頭 P.40、P.47、P.50、P.55、P.58、P.66-67、P.70-71

スイス
P.88
巻頭 P.39

スロヴェニア

ハンガリー

モルドバ

ルーマニア

クロアチア
P.128

セルビア
（旧ユーゴスラビア）P.128

ボスニア・
ヘルツェゴビナ

アンドラ

ブルガリア

ポルトガル
P.113

スペイン
P.123
巻頭 P.58

バチカン・
巻頭 P.46

コソヴォ

モンテネグロ

北マケドニア
P.127

イタリア
P.114
巻頭 P.8、P.14、P.28、P.40、P.55

アルバニア

ギリシア
P.125
巻頭 P.39

●マルタ

キプロス

巻頭の
インタビュー&特集
で登場した
41作品も
ポイント！

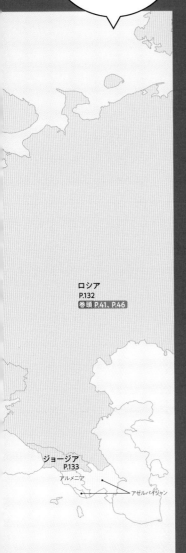

ロシア
P.132
巻頭 P.41、P.46

ジョージア
P.133
アルメニア
アゼルバイジャン

ミッドナイト・イン・パリ
Midnight in Paris

恋愛／ファンタジー／コメディ

芸術の都パリの現在と過去を巡るロマンティック・コメディ。小説家になる夢を捨てきれないハリウッドの売れっ子脚本家のギルは、婚約者と訪れたパリにすっかり魅了され、移住して作家になる夢を語るも彼女はまったくの無関心。ある晩、酔っ払って町を歩いていると、一台のアンティーク・カーが現れパーティへと誘われるが、行き先はなんと1920年代"黄金期"のパリ!? そこでF・スコット・フィッツジェラルドやヘミングウェイ、ピカソ、ダリ、マン・レイなど時代をリードするそうそうたる若手芸術家たちと出会う。

観光名所だけでなく時代も旅できる本作。ゴッホ調のポスターになったセーヌ川の風景や過去からの車が現れたサンテティエンヌ・デュ・モン教会をはじめ、数々のアートスポットも登場する。

1 作品ポスターになった主人公が歩くセーヌ河岸は世界遺産。ラストシーンではアレクサンドル3世橋が映る 2 1624年建築のサンテティエンヌ・デュ・モン教会 3 ギルが婚約者と訪れたジヴェルニーのモネの家はパリから約70km

More Info
芸術の都パリを楽しめる本作では、ロダン美術館やモネの『睡蓮』が展示されているオランジュリー美術館、その『睡蓮』が描かれたジヴェルニーにあるモネの家、ヘミングウェイやフィッツジェラルドが通った書店「シェイクスピア・アンド・カンパニー」（P.78）など、アートに関連する場所のほか、パリの名門ホテル「ル・ブリストル・パリ」も登場する。

Access
サンテティエンヌ・デュ・モン教会へは地下鉄「カルディナル・ルモワーヌ」駅より徒歩約4分。

Cinema Data
監督：ウディ・アレン
出演：オーウェン・ウィルソン
　　　レイチェル・マクアダムスほか
公開：2011年／製作：アメリカ、スペイン
上映時間：94分

『ミッドナイト・イン・パリ』の作品ポスターとなった、主人公がセーヌ川沿いを歩くシーンには、ゴッホによる1889年の作品『星月夜』が部分的に使用されている。なお、『星月夜』は、ニューヨーク近代美術館の永久コレクションである。

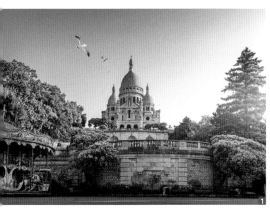

🇫🇷 フランス
モンマルトル（パリ）

アメリ
Amelie

恋愛／コメディ

モンマルトルのカフェで働くアメリは、空想好きだがコミュニケーションは苦手。いつもひとりの時間を楽しんでいたが、あるきっかけで人を幸せにすることに喜びを見出すと、こっそりお節介を焼くようになる。そんなある日、謎めいた青年に出会い、斬新な方法で彼をサクレ・クール聖堂に誘い出すが……。少女の心をもつ女性のユーモラスな日々を遊び心たっぷりに描き出した作品。

1 モンマルトルの丘に立つサクレ・クール聖堂 2 実名で登場したアメリが働くカフェ。2009年に改装された

More Info

作中ではサクレ・クール聖堂をはじめ、アメリが水切り遊びをするサン・マルタン運河や青年に出会うパリ東駅、地下鉄アベス駅、そしてアメリが働くルピック通り15番地にある「カフェ・デ・ドゥー・ムーラン」や、トロワ・フレール通り56番地の食料品店など、モンマルトルのさまざまな場所が表情豊かに映る。

✈ Access

サクレ・クール聖堂へは地下鉄「アベス」駅より徒歩約8分。カフェ・デ・ドゥー・ムーランへは地下鉄「ブランシュ」駅より徒歩約3分。

Cinema Data
監督：ジャン＝ピエール・ジュネ
出演：オドレイ・トトゥ、マチュー・カソヴィッツほか
公開：2001年／製作：フランス／上映時間：122分
発売・販売元：ソニー・ピクチャーズ エンタテインメント
Blu-ray 2619円(税込)

🇫🇷 フランス
エッフェル塔（パリ）

パリの恋人
Funny Face

ミュージカル／恋愛／コメディ

『雨に唄えば』のスタンリー・ドーネン監督による、オードリー・ヘプバーン主演のシンデレラ・ストーリー。書店員のジョーは、NYのファッション誌にモデルとしてスカウトされ、編集長やカメラマンとともに、撮影のためパリへ向かう。到着するや否や3人はそれぞれ町に繰り出すが、エッフェル塔で鉢合わせし、『Bonjour, Paris!』を歌いながら花の都に来た高揚感を分かち合うのだった。

More Info

ジョーは文学の町モンマルトル、カメラマンは凱旋門とシャンゼリゼ、編集長はサントレノ街でのウインドーショッピングと、最初に向かった場所に各登場人物の性格が表れている。なお、物語のなかでの雑誌の撮影はほぼパリの観光名所で行われているが、ウエディング・ドレスでの撮影シーンは、パリから約40km北にあるホワイト・クイーン城で撮られた。

✈ Access

「シャン・ド・マルス＝トゥール・エッフェル」駅より徒歩約7分。

1 パリの象徴的な存在であるエッフェル塔 2 ロマンティックなあのシーンの舞台はホワイト・クイーン城

Cinema Data
監督：スタンリー・ドーネン
出演：オードリー・ヘプバーン、フレッド・アステアほか
公開：1957年／製作：アメリカ／上映時間：103分
発売元：NBCユニバーサル・エンタテイメント
Blu-ray 2075円(税込)、DVD 1572円(税込)

INFO インテリアにも注目が集まったアメリの部屋の絵画の多くは、ミヒャエル・ゾーヴァの作品。なお、本作の脚本は、エミリー・ワトソンを想定して書かれたが、彼女の妊娠によりオドレイ・トトゥがヒロインを務めることになったそう。

初代店主の思いを受け継ぐ型破りな書店

Cinema Data 監督：リチャード・リンクレイター／出演：イーサン・ホーク、ジュリー・デルピー／公開：2004年／製作：アメリカ／上映時間：80分／発売元：ワーナー・ブラザースホームエンターテイメント／販売元：NBCユニバーサル・エンターテイメント／DVD 1572円(税込)

🎞 フランス
シェイクスピア・アンド・カンパニー (パリ)

ビフォア・サンセット
Before Sunset

`恋愛／ドラマ`

『ビフォア・サンライズ』(P.91)のウィーンの夜明けから9年。当時のできごとを綴り作家となったジェシーは、本の宣伝活動に訪れたパリでセリーヌと再会。飛行機が発つまでの時間を過ごす。再会の場所となったのは、セーヌ川左岸にある「シェイクスピア・アンド・カンパニー」。1951年の創業当時は「ル・ミストラル」だったが、1919年から1941年にかけ若い文学者を育ててきたことで名高い書店の名を、1964年に襲名した。

📷 More Info
ヘミングウェイなど多くの作家が入り浸った書店。『ユリシーズ』を世に送り出したことでも有名。

➤ Access
「サン＝ミッシェル＝ノートルダム」駅より徒歩約1分。

🎞 フランス
リュクサンブール公園 (パリ)

パリのランデブー
Rendez-vous in Paris

`恋愛／ドラマ`

エリック・ロメールらしい軽快なタッチで、若者の恋愛模様を描いた全3編のオムニバス。第1話『7時のランデブー』は、彼氏の浮気疑惑に翻弄される女の子の物語、第2話『パリのベンチ』は、恋人のいる女の子と町中の公園でデートする文学教師の話、第3話『母と子 1907年』は、ピカソ美術館で見かけた女性にひと目惚れする画家の話。見せかけのうそや真実が入り混じった恋物語がパリの日常風景のなかで展開する。

第2話で主人公らが訪れるリュクサンブール公園の噴水

Cinema Data
監督：エリック・ロメール
出演：クララ・ベラール
　　　アントワーヌ・バズレルほか
公開：1994年／製作：フランス
上映時間：100分

📷 More Info
第2話では『5時から7時までのクレオ』(記事下)のモンスーリ公園も登場する。

➤ Access
ロケ地のひとつリュクサンブールの噴水へは地下鉄「リュクサンブール」駅より徒歩約1分。

国際大学都市に近いため学生が多い

Cinema Data 監督：アニエス・ヴァルダ／出演：コリーヌ・マルシャンほか／公開：1962年／製作：フランス、イタリア／上映時間：86分／発売元：アイ・ヴィー・シー Blu-ray 5280円(税込)、DVD 1980円(税込)

🎞 フランス
モンスーリ公園 (パリ)

5時から7時までのクレオ
Cleo from 5 to 7

`ドラマ`

ヌーベルバーグを代表する監督のひとり、アニエス・ヴァルダが、がんを疑い診断結果を待つクレオの、2時間にわたる心情の動きを描く。死の恐怖に怯え、誰にも理解されない孤独を抱えるクレオだったが、夕暮れ迫るモンスーリ公園で出会ったアルジェリア戦線からの帰還兵と話すうち、安らぎを覚え始める。パリ南部にあるこの公園は、ナポレオン3世がパリの東西南北に造った4つの公園のひとつである。

📷 More Info
パリ南部の14区にある公園で、池や芝生、遊具、カフェなどがある。

➤ Access
地下鉄またはトラム「シテ・ユニヴェルシテール」駅よりすぐ。

INFO リアルタイムで俳優たちを追ってゆく『ビフォア』シリーズは、監督や俳優の実体験をストーリーに反映している。とりとめのない会話に見えるがシナリオは存在し、本読みを重ねるごとに主演ふたりの意見を取り込んでいる。

1875年に完成したパレ・ガルニエ

Cinema Data

監督：ジョエル・シュマッカー
出演：ジェラルド・バトラー
　　　エイミー・ロッサムほか
公開：2004年／製作：アメリカ
上映時間：143分／発売元：
NBCユニバーサル・エンターテイ
メント／Blu-ray 2075円(税込)、
DVD 1572円(税込)

🇫🇷 **フランス**

パレ・ガルニエ（パリ）※撮影はイギリスのスタジオ

オペラ座の怪人

The Phantom of the Opera

`ミュージカル／恋愛`

世界中で愛されるミュージカル『オペラ座の怪人』を、作曲者アンドリュー・ロイド＝ウェバーが自らの手で映画化。19世紀のパリ・オペラ座を舞台に、劇場の地下にすむ怪人と歌姫、その幼なじみの青年との悲しい愛を描く。吹き替えなしの歌唱シーンやスワロフスキーの豪華なシャンデリアも話題に。舞台のモデルとなったオペラ座は、パリ国立オペラの公演会場のひとつで、パレ・ガルニエの名でも呼ばれている。

More Info
撮影が行われたイギリスのパインウッド・スタジオは、『007』シリーズの撮影でおなじみの場所。

Access
地下鉄「オペラ」駅より徒歩約1分。

🇫🇷 **フランス**

ムーラン・ルージュ（パリ）
※撮影はシドニーおよびマドリードのスタジオ

ムーラン・ルージュ

Moulin Rouge!

`ミュージカル／恋愛`

映像の魔術師バズ・ラーマンによる、とびきりゴージャスなミュージカル。赤い風車が目印のパリで最も有名なキャバレー「ムーラン・ルージュ」を舞台に、高級娼婦と若手作家の儚く悲しい恋を描く。1899年の物語でありながら、ビートルズやマドンナの曲を使用した意外性ある演出がユニーク！　映像はシドニーなどの映画スタジオで撮影されたものだが、1889年創業のムーラン・ルージュは今も健在である。

店名はフランス語で"赤い風車"

Cinema Data

監督：バズ・ラーマン
出演：ユアン・マクレガー
　　　ニコール・キッドマンほか
公開：2001年
製作：オーストラリア、アメリカ
上映時間：127分

More Info
1日2回のショー（ウェブサイトで予約可）があり、食事やお酒を楽しみながら鑑賞できる。

Access
地下鉄「ブランシュ」駅より徒歩約1分。

海軍病院だった英国の旧王立海軍学校

Cinema Data

監督：トム・フーパー
出演：ヒュー・ジャックマン、ラッセル・クロウ、アン・ハサウェイほか
公開：2012年／製作：イギリス
上映時間：158分／発売元：
NBCユニバーサル・エンターテイ
メント／Blu-ray 2075円(税込)、
DVD 1572円(税込)

🇫🇷 **フランス**

パリ　※撮影はイギリスの旧王立海軍学校など

レ・ミゼラブル

Les Misérables

`ミュージカル／ドラマ`

世界各国でロングラン上演されるミュージカルを映画化。貧しい女性に幼い娘を託された元囚人ジャン・バルジャンの物語を軸に、19世紀前半の激動のフランスを描く。舞台はフランスだが、いくつかの重要な場面のロケはイギリスで行われ、クライマックスの、六月暴動でパリ市民が『民衆の歌』を歌いながら政府軍に立ち向かってゆくシーンは、ロンドンのグリニッジにある世界遺産・旧王立海軍学校で撮影された。

More Info
ウィンチェスター・カレッジ、ウィンチェスター大聖堂付近、ポーツマス海軍基地もロケ地となった。

Access
ロンドンの旧王立海軍学校へは「カティサーク・フォー・マリタイム・グリニッジ」駅より徒歩約6分。

`INFO` 『ムーラン・ルージュ』は、フォックススタジオ・オーストラリアで撮影されたが、ニコール・キッドマンが撮影中に負傷し中断。同スタジオでは『スター・ウォーズ エピソード2』の撮影が控えていたため一部はマドリードのスタジオで撮られた。

ルーブル宮殿に隣接するかつての王宮

Cinema Data

監督：スタンリー・ドーネン／出演：オードリー・ヘプバーン、ケーリー・グラントほか／公開：1963年／製作：アメリカ／上映時間：113分／発売元：コムストック・グループ／販売元：ツイン／デジタル・リマスター版Blu-ray、デジタル・リマスター版DVD発売中

© Universal - Lobster Films - National Film Museum

旅先で離婚を決心したレジーナが帰宅すると、家はもぬけの殻で、夫は事件に巻き込まれ謎の死を遂げていた。さらに、アメリカ大使館のバーソロミューという男から、3人の男たちが夫が第2次世界大戦中に盗んだ大金を狙っているため、夫の亡きあと、レジーナの命が危ないと忠告を受ける。すべての人物が疑わしいストーリーで、悪党の正体が発覚するのはパレ・ロワイヤル。柱廊での銃撃シーンは迫力満点！

🔍 *More Info*
文化省や国務院が入る歴史的建造物で、中庭に現代アートの円柱がある。

✈ **Access**
地下鉄「パレ・ロワイヤル＝ミュゼ・デュ・ルーヴル」駅より徒歩約3分。

🇫🇷 **フランス**

サン＝ドニ（パリ）

女は女である

A Woman Is a Woman

恋愛／ドラマ

小さな書店で働くエミールと、コペンハーゲンから来たばかりの踊り子のアンジェラは同棲中のカップル。ある日、アンジェラは「24時間以内に赤ちゃんが欲しい」と言い出すが、エミールはまったく取り合わない。彼を慌てさせるためにアンジェラはある行動に出るが……。舞台は移民が多い下町サン＝ドニ。町のシンボルである精巧な彫刻が美しいサン＝ドニ門は、パリにある4つの凱旋門のなかでも最古のものである。

町の目抜き通りにあるサン＝ドニ門

Cinema Data

監督：ジャン＝リュック・ゴダール
出演：ジャン＝クロード・ブリアリ、アンナ・カリーナほか
公開：1961年／製作：フランス、イタリア／上映時間：84分／発売元：シネマカガフィン／販売元：紀伊國屋書店／DVD 4800円（税別）※ソフトの商品情報は本書の発売当時のもの

© 1961 STUDIOCANAL - Euro International Films S.p.A.

🔍 *More Info*
フランシュコンテの占領と仏蘭戦争の勝利をたたえる凱旋門。1672年にルイ14世により建設された。

✈ **Access**
地下鉄「ストラスブール＝サン＝ドニ」駅よりすぐ。

凱旋門とコンコルド広場をつなぐシャンゼリゼ大通り

Cinema Data

監督：ジャン＝リュック・ゴダール
出演：ジャン＝ポール・ベルモンド、ジーン・セバーグほか
公開：1960年／製作：フランス
上映時間：90分

🇫🇷 **フランス**

シャンゼリゼ大通り（パリ）

勝手にしやがれ

Breathless

ドラマ／クライム

手持ちカメラのみで映し出す斬新な手法で、"ヌーベルバーグの記念碑"と呼ばれる作品。マルセイユで車を盗み、追ってきた警官を殺してしまったミシェルは、パリにいるアメリカ人留学生のガールフレンド、パトリシアのもとへ向かうが……。ベリーショートにスキニーパンツ姿のジーン・セバーグ演じるパトリシアがシャンゼリゼ大通りでニューヨーク・ヘラルド・トリビューン新聞を売り歩くシーンは本作の象徴的な場面のひとつ。

🔍 *More Info*
冒頭でミシェルが車を盗むのはマルセイユのポール通り。また、パリで盗んだ車を乗り回すシーンはモンパルナス通りで撮影された。

✈ **Access**
地下鉄「ジョルジュ・サンク」駅すぐ。

ℹ️INFO 『勝手にしやがれ』でジーン・セバーグ扮するヒロインが売り歩く「ニューヨーク・ヘラルド・トリビューン」は、1924年から1966年に発行された新聞。『ローマの休日』（P.114）では、女王がメディアに挨拶するシーンで同紙の記者が登場する。

セーヌ川に架かる1607年に竣工した全長238mのポン・ヌフ

Cinema Data
監督：レオス・カラックス
出演：ドニ・ラヴァン
　　　ジュリエット・ビノシュ
公開：1991年／製作：フランス
上映時間：125分

フランス
ポン・ヌフ（パリ）

ポンヌフの恋人
The Lovers on the Bridge

恋愛／ドラマ

　フランス映画の鬼才レオス・カラックス監督による、『ボーイ・ミーツ・ガール』、『汚れた血』に続く「アレックス青春3部作」の3作目。シテ島の先端を通りセーヌ川の両岸を結ぶパリ最古の橋ポン・ヌフを舞台に、天涯孤独の青年と失明寸前の家出女子画学生との愛を描く。撮影は実際にポン・ヌフで行われたが、許可された期間内に撮影が終わらず、モンペリエ近くのランサルグに橋のセットを建てて撮影が続けられた。

More Info
完成時の姿を今に保つ丈夫な橋で、フランス語には「ポン・ヌフのように頑丈」という諺がある。

Access
地下鉄「ポンヌフ」駅すぐ。

フランス
エリゼ宮（パリ）

大統領の料理人
Haute Cuisine

ドラマ

　世界的に有名なシェフ、ジョエル・ロブションの推薦により、食通で知られるミッテラン大統領のプライベートシェフに抜擢された女性オルタンスが、まだまだ男社会の厨房で冷遇されながらも料理への信念を貫き、しなやかに闘う姿を描く。モデルは、史上初の女性料理人として同大統領に仕えたダニエル・デルプシュ。撮影は一部のシーンにシャンティイ城（P.40）などを使用しつつも、実際にエリゼ宮で行われた。

1873年より大統領官邸となったエリゼ宮

Cinema Data
監督：クリスチャン・ヴァンサン
出演：カトリーヌ・フロ、ジャン＝ドルメッソンほか
公開：2012年／製作：フランス
上映時間：95分
発売・販売元：ギャガ
Blu-ray 2200円(税込)、DVD
1257円(税込) ※発売中

More Info
南極近くのクローゼー諸島のシーンはアイスランドで撮影されている。

Access
地下鉄「ミロメニル」駅より徒歩約10分。

Les Saveurs du Palais ©2012 -Armada Films- Vendome Production –Wild Bunch - France 2 Cinema

1867年に建造されたサントトリニテ教会

More Info
主人公が親友と町を彷徨うシーンではモンマルトルのサクレ・クール聖堂（P.77）が映る。ほか、印象的なラストシーンは、ノルマンディーのヴィレ＝シュル＝メールのビーチで撮影された。

Access
地下鉄「トリニテ・デスティネ・ドルヴ」駅より徒歩約2分。

Cinema Data
監督：フランソワ・トリュフォー
出演：ジャン＝ピエール・レオほか
公開：1959年
製作：フランス
上映時間：99分

フランス
サントトリニテ教会（パリ）

大人は判ってくれない
The 400 Blows

ドラマ

　ヌーベルバーグの旗手のひとりフランソワ・トリュフォーの長編デビュー作であり、自伝的要素の強い作品。学校では落ちこぼれ、家では両親の不和から居場所を見つけられない12歳の少年の苦悩を描く。物語はパリの日常風景のなかで展開するが、母親の不倫現場を目撃したクリシー広場や、家出した夜明けに顔を洗ったサントトリニテ教会の噴水など、華やかな場所も孤独な少年の目を通すとどこか冷たい印象だ。

『ポンヌフの恋人』は、主演俳優のけがや監督と恋人である主演女優との破局、製作費の問題などが重なり、完成までに3年もの時間を要した。また、ランサルグに造られた巨大セットは解体する費用がなく、撮影後も放置された。

081

■ フランス
ヴェルサイユ宮殿（ヴェルサイユ）

マリー・アントワネット
Marie Antoinette

歴史／ドラマ／恋愛

1770年、オーストリアとフランスの同盟関係強化のため、わずか14歳の若さでフランス王室のルイ16世のもとに嫁いだオーストリア皇女マリー・アントワネットの、結婚からフランス革命で宮殿を追われるまでの物語を、現代的な感覚で描いた話題作。

華麗なバロック建築に絢爛豪華な調度品、パステルカラーのドレスやスイーツ、キラキラのジュエリー、そして数えきれないほどの靴（なぜかコンバースのハイカットも!?）など、女の子が憧れるアイテムがてんこ盛りの、ヴェルサイユ宮殿での煌びやかな生活が描かれる前半に対し、マリーの出産後となる後半では、白鳥が泳ぐ池に、ヤギやニワトリが歩き回る庭、ハーブやイチゴの畑に囲まれた、田園風情漂うプティ・トリアノンでの穏やかな日々が対照的に映し出される。なお、プティ・トリアノンは、ヴェルサイユ宮殿から約2kmの場所にあり、庭園を抜けて徒歩20分ほどで行くことができる。

1 世界遺産に登録されているヴェルサイユ宮殿 **2** プティ・トリアノンの一角にある王妃の村舎 **3** オーストリアでマリーが暮らしたベルヴェデーレ宮殿

🎥 More Info
撮影は実際にヴェルサイユ宮殿で行われた。また、冒頭でマリーのオーストリアの住まいとして登場するベルヴェデーレ宮殿は、現在はクリムトの名画『接吻』が展示される美術館として有名。毎年多くの人が訪れる。

Cinema Data
監督：ソフィア・コッポラ
出演：キルスティン・ダンスト
ジェイソン・シュワルツマンほか
公開：2006年
製作：アメリカ、フランス
上映時間：123分

✈ Access
「ヴェルサイユ＝シャトー」駅より徒歩約13分。

ヴェルサイユ宮殿での撮影を特別に許可された『マリー・アントワネット』。撮影料は1日1万6000ユーロ（当時のレートでおよそ224万円）で、撮影は3ヵ月かけて行われたといわれている。

町のシンボルのノートルダム大聖堂

Cinema Data

監督：パトリス・ルコント
出演：ジャン・ロシュフォール
　　　アンナ・ガリエナほか
公開：1990年
製作：フランス
上映時間：82分

■■フランス
サンリス

髪結いの亭主
The Hairdresser's Husband

`恋愛／ドラマ`

　物心ついた頃から理髪師と結婚したいと願っていたアントワーヌは、中年に差し掛かった頃、美しい髪結いのマチルドにプロポーズし、その夢を叶える。独自性ある物語を官能的に描き、パトリス・ルコントの名を日本に知らしめた作品で、ロケ地には中世から続く町サンリスが選ばれた。幼いアントワーヌが通った理髪店は、ノートルダム大聖堂の西、シャテル通り43番地にあり、2022年現在はレストランとなっている。

More Info
ノルマンディの海のシーンは、バルヌヴィル＝カルトゥレで撮影された。

Access
パリより電車とバスで約1時間20分。

■■フランス
アムル広場（サン＝モール＝デ＝フォセ）

ぼくの伯父さん
My Uncle

`コメディ`

　プラスチック工場を経営する父と最先端家電好きの母をもつジェラールは、超モダンな邸宅に住んでいるが、自宅にいるより下町に暮らすユロ伯父さんと遊ぶのが大好き。気ままな伯父さんの日常を近代化社会への風刺を交え描いた、ジャック・タチのコメディ映画。舞台は、パリ郊外サン＝モール＝デ＝フォセにあるアムル広場周辺。教会のあるフール通りを進むと、ユロ伯父さんとジェラールとペットの犬の像が現れる。

のどかな町になじむユロ伯父さんとジェラールと犬の像

Cinema Data

監督：ジャック・タチ
出演：ジャック・タチほか
公開：1958年
製作：フランス、イタリア
上映時間：120分

More Info
超モダンなジェラールの邸宅と伯父さんの家は撮影用のセット。

Access
パリ「リヨン」駅より「サン＝モール＝クレテイユ」駅まで電車で約15分。駅から広場まで徒歩約13分。

シャルドネのワインで有名なムルソー村

Cinema Data 監督：セドリック・クラピッシュ
出演：ピオ・マルマイ、アナ・ジラルド、フランソワ・シビルほか
公開：2017年／製作：フランス
上映時間：113分／発売元：キノフィルムズ／木下グループ／販売元：ポニーキャニオン／DVD 4180円（税込）※発売中

© 2016 - CE QUI ME MEUT - STUDIOCANAL - FRANCE 2 CINEMA

■■フランス
コート＝ドール

おかえり、ブルゴーニュへ
Back to Burgundy

`ドラマ`

　10年間世界を旅していた長男、家業を継いだ妹、裕福なドメーヌ（ワイン生産者）に婿養子に入った弟。ワインの産地として有名なブルゴーニュ地方を舞台に、父親の危篤をきっかけに集まった、あるドメーヌの3兄弟の絆を描いた物語。四季折々の美しい表情を見せるワイン畑は、ブルゴーニュのコート＝ドール県にあるムルソーやシャサーニュ＝モンラッシェ、ピュリニー＝モンラッシェ、ボーヌで撮影された。

More Info
ロケ地のひとつであるピュリニー＝モンラッシェは、世界最高峰の白ワインの産地として知られる。

Access
リヨン「リヨン・パールデュー」駅より「ムルソー」駅までTGVとTERで約1時間35分。

INFO 『ぼくの伯父さん』に登場するユニークな建物は、1956年にニース付近のスタジオ・ド・ラ・ヴィクトリー（現在のスタジオ・リピエラ）に建てられたもの。残念ながら撮影終了後に取り壊された。

メインの舞台となったコルベール広場

Cinema Data 監督:ジャック・ドゥミ／出演:カトリーヌ・ドヌーヴ、フランソワーズ・ドルレアックほか／公開:1967年／製作:フランス／上映時間:127分／発売元:株式会社ハピネットファントム・スタジオ／販売元:ハピネットメディアマーケティング／デジタルリマスター版(2枚組)Blu-ray 5170円(税込)、DVD 5170円(税込) ※Blu-ray & DVD発売中

■■ **フランス**
ロシュフォール

ロシュフォールの恋人たち
The Young Girls of Rochefort

`ミュージカル／恋愛`

　カトリーヌ・ドヌーヴとその実姉であるフランソワーズ・ドルレアックが演じる双子姉妹がとにかくおしゃれ！　年に一度の祭りを控え熱気を帯びる海辺の町ロシュフォールで、双子の姉妹ソランジュとデルフィーヌは運命の恋人を待ち侘びていた。冒頭のダンスをしながら渡る運搬橋をはじめ、メインの舞台であるコルベール広場、痺れるエンディングのジャック・ドゥミ通りは、この作品の代表的なロケ地だ。

 More Info
ジャック・ドゥミ通りは本作公開後に監督の名にちなんで名づけられた。

✈ **Access**
「ロシュフォール」駅よりコルベール広場まで車で約5分。そこからジャック・ドゥミ通りを経て運搬橋まで車で約10分。

■■ **フランス**
アンニュイ＝シュール＝ブラゼ（架空の町）
※撮影はアングレーム

フレンチ・ディスパッチ ザ・リバティ、カンザス・イヴニング・サン別冊
The French Dispatch of the Liberty, Kansas Evening Sun

`ドラマ／コメディ`

　フランスと活字カルチャーへの愛が満載の作品。舞台は20世紀のフランスの架空の町。個性豊かな記事で人気を博した『ザ・フレンチ・ディスパッチ』は、編集長の急死により廃刊が決まる。最終号の誌面に編集者たちは何を残すのか？　ロケ地は、古きよき時代を感じる高台の町アングレーム。撮影期間中は空き地にビルを建てたり工場跡をスタジオにしたりと、町全体が野外撮影所と化した。

映画ではこの屋根の上にたくさんの猫がくつろぐ

Cinema Data
監督：ウェス・アンダーソン
出演：ベニチオ・デル・トロ
　　　エイドリアン・ブロディほか
公開：2021年／製作：アメリカ
上映時間：108分

 More Info
1000人以上の住民が出演。アニメーションも地元の学生たちが製作した。

✈ **Access**
パリ「モンパルナス」駅より「アングレーム」駅までTGVで約2時間。

フランス第3の都市であり最大の港町

Cinema Data 監督:ジェラール・ピレス／出演:サミー・ナセリ、フレデリック・ディーファンタルほか／公開:1998年／製作:フランス／上映時間:89分／発売元:カルチュア・パブリッシャーズ／販売元:ポニーキャニオン／Blu-ray 2750円(税込)、DVD 1980円(税込) ※発売中

■■ **フランス**
マルセイユ

TAXi
TAXi

`アクション`

　フランスの港町マルセイユを舞台に、スピード狂のタクシードライバーが大爆走！　リュック・ベッソンが製作・脚本を務めた痛快カー・アクション・ムービー。趣味と実益を兼ねタクシー運転手となり、自前のプジョー406の改造車で仕事をしていたダニエルは、偶然乗せた刑事にスピード違反で逮捕されてしまう。違反を取り消す条件としてもちかけられたのは、ベンツに乗った銀行強盗団の捜査に協力することだった!?

 More Info
『フレンチ・コネクション』(P.152)では麻薬密輸拠点として登場する。

✈ **Access**
パリ「リヨン」駅より「マルセイユ・サン・シャルル」駅までTGVで約3時間30分。

INFO 『ロシュフォールの恋人たち』の双子姉妹の設定年齢は25歳。それにちなみ、映画公開25周年となる1993年には、ジャック・ドゥミの妻アニエス・ヴァルダ監督により、ドキュメンタリー映画『Les demoiselles ont eu 25 ans』が公開された。

ウズラを仕留めて上機嫌の父親が通ったグランボワの小道

Cinema Data
監督：イヴ・ロベール／出演：フィリップ・コーベール、ナタリー・ルーセル、ジュリアン・シアマーカほか
公開：1990年／製作：フランス
上映時間：111分

■■ フランス
オーバーニュ ※撮影はグランボワなど

プロヴァンス物語 マルセルの夏
My Father's Glory

`ドラマ／アドベンチャー`

　原作はフランスの国民的作家マルセル・パニョルの自伝的小説『少年時代』。20世紀初頭のプロヴァンス地方オーバーニュを舞台に、ガルラバン丘陵にある別荘で過ごす一家の夏の思い出を、9歳の少年マルセルの目線で描く。別荘の近くにある村として撮影されたのは、ガルラバンから60kmほど離れたグランボワ。マルセルが父親とたびたび立ち寄り、村人たちと交流した泉のある広場は役場の前にある。

More Info
ガルラバン麓の町アロッシュのベロン通り115番地に原作者の別荘がある。

Access
〔舞台〕ガルラバンへは「オーバーニュ」駅より徒歩約1時間20分。〔ロケ地〕グランボワへは「エクス＝アン＝プロヴァンスTGV」駅より車で約1時間。

■■ フランス
インターコンチネンタル・カールトン・カンヌ （カンヌ）

泥棒成金
To Catch a Thief

`ミステリー／恋愛`

　南仏の高級リゾートとグレース・ケリーという組み合わせが最高にゴージャスな、名匠ヒッチコックによるラブ・サスペンス。現役を引退し、リヴィエラの別荘で暮らす元泥棒のロビーは、突如現れた自分の偽物の正体を探るうち、カンヌでアメリカの令嬢と出会う。メインの舞台となったのは、物語の豪華なイメージにふさわしいコートダジュール屈指の高級ホテル、「インターコンチネンタル・カールトン・カンヌ」。

ホテルは2023年の改築終了まで休業予定

Cinema Data

監督：アルフレッド・ヒッチコック
出演：ケーリー・グラント
　　　グレース・ケリーほか
公開：1955年／製作：アメリカ
上映時間：107分
発売元：NBCユニバーサル・エンターテイメント／Blu-ray 2075円（税込）、DVD 1572円（税込）

More Info
グレース・ケリー演じる令嬢が滞在した623号室の通称は"アルフレッド・ヒッチコックの部屋"。

Access
「カンヌ」駅より車で約5分。

主人公たちのように海辺の林を歩きたい

Cinema Data
監督：ジャン＝リュック・ゴダール
出演：アンナ・カリーナ、ジャン＝ポール・ベルモンドほか
公開：1965年／製作：フランス、イタリア／上映時間：110分

■■ フランス
ポルクロル島

気狂いピエロ
Pierrot le Fou

`ドラマ／恋愛／クライム`

　仕事をクビになり、愛のない結婚生活に退屈していた主人公は、ある日、彼を"ピエロ"と呼ぶ昔の恋人と再会し、一夜をともにする。翌朝、部屋の中に見知らぬ男の死体を発見したふたりは南仏へ逃走するが……。ゴダールの代表作でヌーベルバーグの金字塔として語り継がれる作品。逃避行の舞台となったポルクロル島は、イエール諸島最大の島。景観の美しさから人気が高く、島内には国立の植物園がある。

More Info
はぐれたふたりが再会する港町トゥーロンへはポルクロル島よりフェリーで約1時間15分。

Access
イエールのジアン半島トゥールフォンデュよりフェリーで約20分。

INFO ハリウッドきってのクール・ビューティー、グレース・ケリーは、ヒッチコック作品の常連女優としても有名。『ダイヤルMを廻せ！』、『裏窓』、『泥棒成金』と、3作連続で出演しヒロインを務め上げた。

作中で雨傘店として登場する店

Cinema Data 監督：ジャック・ドゥミ／出演：カトリーヌ・ドヌーヴ、ニーノ・カステルヌオーヴォほか／公開：1964年／製作：フランス、西ドイツ／上映時間：91分／発売元：ハピネットファントム・スタジオ／販売元：ハピネット・メディアマーケティング／Blu-ray 5170円(税込)
※Blu-ray好評発売中

© Ciné-Tamaris 1993

🇫🇷 フランス
シェルブール

シェルブールの雨傘
The Umbrellas of Cherbourg

`ミュージカル／恋愛`

フランスの港町シェルブールを舞台に、アルジェリア戦争によって引き裂かれた若い男女の恋を名曲にのせ綴ったフレンチ・ミュージカル。雨傘店の娘ジュヌヴィエールと自動車整備工のギイは結婚を誓い合う恋人同士だが、ギイに戦地への召集令状が届き、ふたりの運命は思わぬ方向へと転がり始める。雨傘店として使われた店はポール通り13番地にあり、そこから200mほどの場所には冒頭で登場したロータリー橋がある。

🎬 **More Info**
歌のみで構成する画期的な手法を用いた作品。

✈ **Access**
ロケ地の店へは「シェルブール」駅より徒歩約15分。道中、冒頭の海辺の風景も見られる。

🇫🇷 フランス
ル・トレポール

Summer of 85
Summer of 85

`恋愛／ドラマ`

フランソワ・オゾン監督が17歳のときに読み、大きな影響を受けたという小説『おれの墓で踊れ』を映画化。「どちらかが先に死んだら、残されたほうはその墓の上で踊る」という誓いを立てた少年たちの、狂おしく儚いひと夏の恋を、美しい映像で綴る。映画の舞台は、フランスのノルマンディーの海沿いにある町ル・トレポールで、原作の舞台であるイギリスのサウスエンド＝オン＝シーと雰囲気が似ているため選ばれた。

地元の人々に愛される静かなビーチ

Cinema Data 監督：フランソワ・オゾン／出演：フェリックス・ルフェーヴル、バンジャマン・ヴォザンほか／公開：2020年製作：フランス、ベルギー／上映時間：101分／発売元：クロックワークス／販売元：ハピネット・メディアマーケティング／Blu-ray 5280円(税込) ※Blu-ray好評発売中

🎬 **More Info**
小石のビーチと110mの高さの白亜の崖が特徴的。

✈ **Access**
「パリ北」駅より「ル・トレポール＝メール＝レ＝バン」駅までTERで 約3時間15分。

© 2020 MANDARIN PRODUCTION-FOZ-France 2 CINÉMA-PLAYTIME PRODUCTION-SCOPE PICTURES

作中で何度も映るビーチのウッドデッキ

Cinema Data
監督：クロード・ルルーシュ
出演：アヌーク・エーメ
ジャン＝ルイ・トランティニャンほか
公開：1966年／製作：フランス
上映時間：102分

🎬 **More Info**
物語の20年後を描いた『男と女II』が1986年に公開されている。

✈ **Access**
パリ「サン＝ラザール」駅より「トゥールヴィル・ドーヴィル」駅までTERで約2時間20分。

🇫🇷 フランス
ドーヴィル

男と女
A Man and a Woman

`恋愛／ドラマ`

「ダ〜バ〜ダ〜ダバダバダ♪」のテーマ曲でおなじみの、フランスを代表する大人の恋愛映画であり、クロード・ルルーシュ監督の出世作。伴侶を亡くした男と女が、子供を預けている寄宿学校がある海辺の町で出会い惹かれ合う。しかし、過去の愛の記憶が新しい恋の行く手を阻み……。物語の舞台となったのは、ルルーシュ監督がこの物語を思いついた場所で、"ノルマンディー海岸の女王"と称されるリゾート地ドーヴィル。

低予算でありながら世界的ヒットを記録した『男と女』。当時映画製作に行き詰まっていた監督が、長距離のドライブの末辿り着いたドーヴィルで、朝日に照らされた浜辺を犬と歩く女性を見かけてこの物語を思いついたという。

1907年創業の町唯一の5つ星ホテル

Cinema Data 監督：エリック・トレダノ、オリヴィエ・ナカシュ／出演：フランソワ・クリュゼ、オマール・シーほか
公開：2011年／製作：フランス
上映時間：112分／発売・販売元：ギャガ／Blu-ray 2200円（税込）DVD 1257円（税込）※発売中

©2011 SPLENDIDO/GAUMONT/TF1 FILMS PRODUCTION/TEN FILMS/CHAOCORP

■■■ フランス
ル・グラン・ホテル・カブール（カブール）

最強のふたり
The Intouchables

`ドラマ／コメディ`

　首から下が麻痺し車椅子生活を送る大富豪フィリップと、彼の介護に雇われた貧しい黒人青年ドリスの友情を、笑いと涙を交えて描いた実話に基づく物語。ロケ地はパリがメインだが、重要なラストシーンは、ノルマンディーのカブールにある海辺のホテル「ル・グラン・ホテル・カブール」で撮られている。目前に海が広がるレストランは、マルセル・プルーストの小説『失われた時を求めて』に登場することでも有名。

More Info
ふたりが車椅子で走る有名なシーンはパリのレオポール・セダール・サンゴール橋がロケ地。

Access
「ディーヴ・カブール」駅より車で約5分。

■■■ フランス
ダンケルク

ダンケルク
Dunkirk

`歴史／戦争／アクション`

　第2次世界大戦のダンケルクの戦いで、1940年5月26日から6月4日にかけて行われた、連合軍の大規模撤退のダイナモ作戦を、陸・海・空の3つの視点で映し出す。ドイツ軍によりフランス北端の町ダンケルクに追い詰められた英仏連合軍は、敵の攻撃にさらされながら、生き抜く道を探っていた。撮影は実際にダンケルクの町やビーチで行われ、劇中での軍用船にはフランス海軍駆逐艦マイレ＝ブレゼが使われた。

救出作戦の舞台マロ＝レ＝バン・ビーチ

Cinema Data 監督：クリストファー・ノーラン／出演：フィオン・ホワイトヘッド、トム・グリン＝カーニーほか
公開：2017年／製作：イギリス、アメリカ、フランス、オランダ／上映時間：106分／発売元：ワーナー・ブラザース ホームエンターテイメント／販売元：NBCユニバーサル・エンターテイメント／デジタル配信中、Blu-ray 2619円（税込）、DVD 1572円（税込）

© 2017 Warner Bros. Entertainment Inc. All Rights Reserved.

More Info
終盤で兵士たちが民間船から見たイギリス・ドーセットの海岸は、世界遺産のジュラシック・コースト。

Access
カレーより車で約40分。

墓地には9387人の米軍兵士が眠っている

Cinema Data 監督：スティーヴン・スピルバーグ
出演：トム・ハンクス、トム・サイズモア、エドワード・バーンズほか
公開：1998年／製作：アメリカ
上映時間：169分／発売元：NBCユニバーサル・エンターテイメント
Blu-ray 2075円（税込）
DVD 1572円（税込）

■■■ フランス
ノルマンディー米軍英霊墓地（ノルマンディー）

プライベート・ライアン
Saving Private Ryan

`歴史／戦争／ドラマ`

　ノルマンディー上陸作戦で極限状態に置かれた兵士たちの姿を徹底したリアリズムで描く。1944年6月、連合軍は多くの死者を出しながらも、ノルマンディー海岸に上陸。激戦を生き延びたミラー大尉は、ライアン二等兵救出の命を受け、7人の精鋭とともに死地へ向かうが……。冒頭、重要な背景として映るのは、戦死した兵士たちが眠るノルマンディー米軍英霊墓地。激戦地オマハ・ビーチから1.5kmほどの場所にある。

More Info
オマハ・ビーチの激戦シーンはアイルランドのカラクロー・ビーチがロケ地。

Access
「バイユー」駅より車で約25分。

INFO 『プライベート・ライアン』の冒頭とラスト・シーンの墓地以外は、イギリスとアイルランドで撮影された。上陸作戦のシーンでは、メル・ギブソンの『ブレイブハート』にも出演した250人のアイルランド陸軍兵士が出演している。

1

スイス

デルフリ（架空の村）
※モデルはマイエンフェルト、撮影はベルギューンなど

ハイジ アルプスの物語

Heidi

ドラマ

　世界中で愛され、日本ではアニメ化もされた児童文学作品『アルプスの少女ハイジ』を本国スイスで実写化。頑固で寡黙だが根は優しい祖父アルムおんじに預けられたハイジは、アルプスの山々に囲まれた大自然のなかで、山羊飼いのペーターたちと楽しく過ごしていたが、ある日、車椅子生活を送る大富豪の娘クララの話し相手としてドイツのフランクフルトのお屋敷に連れて行かれてしまう。

　物語の舞台はスイス東部グラウビュンデン州の山村。原作にあるデルフリというのは架空の村であり、マイエンフェルトがモデルとなっている。映画では同州のベルギューンやその付近のラッチ村が、ハイジの故郷として撮影されたといわれている。

🎥 More Info

マイエンフェルトには物語の世界を再現したハイジ村「ハイジドルフ」があり、人気の観光地となっている。また、マイエンフェルトから60kmほど南のアルブラ渓谷にあるベルギューンは、渓谷と鉄道が織りなす風景がすばらしく、「レーティッシュ鉄道アルブラ線・ベルニナ線と周辺の景観」として世界遺産に登録されたことでも知られている。

✈ Access

〔舞台〕ハイジ村へは「マイエンフェルト」駅より徒歩40分〜1時間30分（ハイキングルートによって異なる）。
〔ロケ地〕ラッチ村へは「ベルギューン」駅より車で約10分。

1 マイエンフェルトにあるハイジ村「ハイジドルフ」 2 ハイジがドイツのフランクフルトで登ったレーマー広場近くの聖バルトロメウス大聖堂の塔

© 2015 Zodiac Pictures Ltd /
Claussen+Putz Filmproduktion
GmbH / Studiocanal Film GmbH

Cinema Data

監督：アラン・グスポーナー
出演：アヌーク・シュテフェン、ブルーノ・ガンツ、イザベル・オットマンほか
公開：2015年／製作：スイス、ドイツ／上映時間：111分／発売元：キノフィルムズ／木下グループ／販売元：ハピネット・メディアマーケティング／Blu-ray 5280円（税込）、DVD 4290円（税込）※Blu-ray&DVD好評発売中

INFO 児童文学作品『アルプスの少女ハイジ』は何度も実写・アニメ化されているが、なかでも1974年に放送されたアニメは有名。スタッフだった高畑勲、宮崎駿らが現地ロケハンを行った経験は後のジブリ作品に大きく生かされている（P.12）。

1 舞台となった「ヴァルトハウス フリムス ウェルネス リゾート」　2 作中で映るホテルの中庭のプール　3 フレッドが夢で美女とすれ違うイタリアのヴェネツィアにあるサン・マルコ広場（P.118）

写真提供：マリオット・インターナショナル 1

✚ スイス

ヴァルトハウス フリムス ウェルネス リゾート（フリムス）

グランドフィナーレ

Youth

ドラマ

　現役を退き、アルプスの高級リゾートホテルで映画監督の友人とバカンスを過ごす、著名なイギリス人音楽家フレッド。ある日、彼のもとにエリザベス女王の使者が演奏の依頼に訪れるが、彼はある秘めた理由からそれを断るのだった。

　問題を抱えたセレブたちが集う高級ホテルとして登場するのは、マリオット・インターナショナルの高級ホテルコレクションのひとつ「ヴァルトハウス フリムス ウェルネス リゾート」。2万㎡もの広さを誇る1877年創業の老舗ホテルで、作中では、プールに浮かんだりスパでコンディションを整えたりと、緩やかな癒やしの時間が魅力的に映し出されている。

🎬 More Info

「ヴァルトハウス フリムス ウェルネス リゾート」は、マリオット・インターナショナルがクオリティ、独自性、個性を基準に厳選した高級ホテルのコレクション「オートグラフ・コレクション」のひとつ。ホテルから作中で登場した「ダボス・ヴィーゼン」駅まではおよそ60km。また、ホテルから2kmほどの所には、高い透明度で評判のカウマ湖がある。

🚗 Access

チューリッヒ国際空港より車で約1時間40分。

Cinema Data

監督：パオロ・ソレンティーノ／出演：マイケル・ケイン、ハーヴェイ・カイテルほか／公開：2015年／製作：イタリア、フランス、イギリス、スイス／上映時間：124分／発売・販売元：ギャガ／Blu-ray 2200円（税込）、DVD 1257円（税込）※発売中

©2015 INDIGO FILM, BARBARY FILMS, PATHÉ PRODUCTION, FRANCE 2 CINÉMA, NUMBER 9 FILMS, C.-FILMS, FILM4

レマン湖の南西端にあるジュネーヴが舞台

Cinema Data

TROIS COULEURS

監督：クシシュトフ・キェシロフスキ出演：イレーネ・ジャコブ、ジャン＝ルイ・トランティニャンほか／公開：1994年／製作：フランス、ポーランド、スイス／上映時間：96分発売・販売元：松竹／Blu-ray BOX 1万3860円（税込）※発売中　※2023年4月時点の情報です

✚ スイス

ジュネーヴ

トリコロール／赤の愛

Three Colours: Red

ドラマ

　クシシュトフ・キェシロフスキ監督による「トリコロール3部作」の3作目の舞台は、永世中立国スイス。ジュネーヴ大学生でモデルのヴァランティーヌは、車で犬を轢いてしまったことから飼い主の元判事ジョゼフと出会う。しかし、彼は隣人の電話を盗聴しており、彼女は嫌悪感を抱くが……。「自由（青）・平等（白）・博愛（赤）」をテーマにしたシリーズの最終章。前2作と絡み合うラストシーンに心が震える！

🎬 More Info

撮影はジュネーヴ大学周辺で行われ、象徴的な巨大ポスターはカズマット広場に貼られていた。

🚗 Access

ジュネーヴ・コアントラン国際空港より市街地まで電車で約10分。

© 1993 MK2 Productions / CED Productions / FR3 Films Productions / CAB Productions / Studio Tor　© 1993 MK2 Productions / France 3 Cinema / CAB Productions / Film Studio Tor　© 1994 MK2 Productions / France 3 cinema / CAB Productions / Film studio TOR

INFO 名匠クシシュトフ・キェシロフスキ監督による「トリコロール3部作」。「青の愛」は「（過去の）愛からの自由」、「白の愛」は「愛の平等」、最終作となる「赤の愛」はすべてを包み込む「博愛」がテーマになっている。

━━ オーストリア

ザルツブルク

サウンド・オブ・ミュージック

The Sound of Music

`ミュージカル`

ブロードウェイの大ヒットミュージカルを映画化。『ドレミの歌』をはじめ『私のお気に入り』、『エーデルワイス』など数々の名曲が物語を彩る。舞台は1938年のオーストリアの都市ザルツブルク。厳格なトラップ家の家庭教師となった修道女見習いのマリアは、7人の子供たちに音楽の楽しさを教えながら心を通わせ、最初は衝突ばかりだった父親の大佐ともしだいに惹かれ合っていく。

ザルツブルクは、モーツァルト生誕の地として知られる音楽の都。トラップ家の子供たちが歌った夏の「ザルツブルク音楽祭」は恒例イベントで、世界中から音楽ファンが押し寄せる。また、作中で頻繁に映る旧市街は、世界遺産に登録されていることでも有名。

🎬 *More Info*

マリアと子供たちがピクニックに行くときに渡るモーツァルト橋をはじめ、ホーエンザルツブルク城塞やノンベルク修道院、ザルツブルク大聖堂など旧市街の風景が映るほか、トラップ邸は「ホテル シュロス レオポルズクロン」が、『ドレミの歌』を歌う場面はミラベル庭園がロケ地となった。ザルツブルク以外では、ピクニック・シーンがヴェルフェンで、ラストシーンはドイツのオーバーザルツベルクで撮影されている。

✈ *Access*

旧市街へは「ザルツブルク中央」駅より車で約10分。

1 ホーエンザルツブルク城の麓に広がる旧市街　2 トラップ邸の外観は「ホテル シュロス レオポルズクロン」　3 『ドレミの歌』を歌うミラベル庭園

Cinema Data

監督：ロバート・ワイズ
出演：ジュリー・アンドリュース
　　　クリストファー・プラマーほか
公開：1965年
製作：アメリカ
上映時間：174分

📽 『サウンド・オブ・ミュージック』は、『回転木馬』、『南太平洋』、『王様と私』などの人気ミュージカルの作曲家リチャード・ロジャースと作詞家・脚本家のオスカー・ハマースタイン2世コンビの最後の作品である。

12人乗りの木製ゴンドラが15個連なる高さ約65mの観覧車

▬ オーストリア

プラーター遊園地（ウィーン）

第三の男
The Third Man

`クライム／サスペンス`

　第2次世界大戦後の英米仏ソによる分割占領下にあったウィーンを舞台に、アントン・カラスのツィター演奏によるテーマ曲にのせて展開するフィルム・ノワール作品。アメリカ人作家のホリーは、親友ハリーに呼ばれウィーンを訪れるが、彼はホリーが到着する前日に交通事故で亡くなっていた。その死に"第三の男"の関与があったと知ったホリーは、謎の男の正体を追う。映画史に残る有名な"鳩時計"の台詞が発せられた場面のロケ地は、プラーター遊園地内の観覧車。現在では、乗り場の手前に『第三の男』の撮影当時の写真や模型などを展示する小さな博物館が併設されている。

🎥 More Info
『007／リビング・デイライツ』（P.41）や、『ビフォア・サンライズ』（記事下）のロケ地としても有名な観覧車。1897年の建設時は30基のゴンドラがあった。なお、プラーター遊園地内にはこの観覧車をはじめ250ものアトラクションがある。

➜ Access
地下鉄「プラーターシュテルン」駅より徒歩約5分。

Cinema Data
監督：キャロル・リード
出演：ジョゼフ・コットン、オーソン・ウェルズほか
公開：1949年
製作：イギリス
上映時間：105分

重厚感ある伝統的なコーヒーハウス

Cinema Data
監督：リチャード・リンクレイター
出演：イーサン・ホーク、ジュリー・デルピーほか／公開：1995年／製作：アメリカ、オーストリア、スイス／上映時間：105分／発売元：ワーナー・ブラザースホーム エンターテイメント／販売元：NBCユニバーサル・エンターテイメント／DVD 1572円(税込)

▬ オーストリア

カフェ・シュペール（ウィーン）

ビフォア・サンライズ 恋人までの距離（ディスタンス）
Before Sunrise

`恋愛／ドラマ`

　ロマンティストな旅人たちの心を驚づかみにした「ビフォア3部作」の第1弾。ブダペストからパリへ向かう列車で出会った、アメリカ人青年ジェシーとフランス人女性セリーヌが、途中下車したウィーンで夜明けまで語り歩く。さまざまな場所が映るなかでも特にウィーンらしさを感じるのは、"電話ごっこ"のシーンが撮られた「カフェ・シュペール」。1880年開業のコーヒーハウスで、ウィーンのコーヒー文化を守り続けている。

🎥 More Info
ウィーンのコーヒーハウス文化は、無形文化遺産に登録されている。

➜ Access
地下鉄「ケッテンブリュッケンガッセ」駅より徒歩約7分。

 『ビフォア・サンライズ 恋人までの距離(ディスタンス)』は、公開からビデオ発売までの邦題は『恋人までの距離(ディスタンス)』だったが、続編『ビフォア・サンセット』の公開でDVD発売が決まると現在のタイトルに改題された。

■■ ドイツ
ノイシュヴァンシュタイン城、リンダーホーフ城、ヘレンキームゼー城

ルートヴィヒ
Ludwig

`ドラマ/歴史`

Cinema Data

監督：ルキノ・ヴィスコンティ
出演：ヘルムート・バーガー、ロミー・シュナイダー、トレヴァー・ハワードほか
公開：1972年
製作：イタリア、フランス、西ドイツ
上映時間：237分

『地獄に堕ちた勇者ども』、『ベニスに死す』(P.119)と並ぶ巨匠ルキノ・ヴィスコンティによる「ドイツ3部作」の最終作。芸術を愛し、音楽家のワーグナーや城の建設に浪費を重ねたことから"狂王"と呼ばれた、バイエルン王ルートヴィヒ2世の波乱に満ちた人生を描く。

撮影地は、ルートヴィヒ2世が手がけた、ノイシュヴァンシュタイン城、リンダーホーフ城、ヘレンキームゼー城など。洞窟や鏡の回廊などが設けられた桁外れの豪華な造りに、"狂王"と呼ばれたのも納得。彼が謎の死を遂げたベルク城は、第2次世界大戦で塔が崩壊したため、映画では代わりにポッセンホーフェン城が使用された。

🎬 More Info
映画ではほかにも、ニンフェンブルク宮殿や、オーストリアのカイザーヴィラ宮殿など、数々の美しい宮殿が映る。また、ルートヴィヒ2世がワーグナーのために手がけ、『ニーベルングの指環』が上演されたことで有名なオペラハウス「バイロイト祝祭劇場」が話のうえで登場する。

✈ Access
ノイシュヴァンシュタイン城へは「フュッセン」駅より車で約10分。
リンダーホーフ城へは「オーバーアマガウ」駅より車で約15分。
ヘレンキームゼー城へはプリーンの船着場より遊覧船で約15分。島の船着場からは徒歩約20分。

1 リンダーホーフ城の中にはヴィーナスの洞窟が！　2 島に建てられたヘレンキームゼー城　3 3つの城のなかで最も知名度が高いノイシュヴァンシュタイン城。作中では城の敷地内も映る

INFO ルートヴィヒ2世の"作品"であるノイシュヴァンシュタイン城、リンダーホーフ城、ヘレンキームゼー城は2015年にユネスコの世界遺産暫定リストに登録され、本申請を待っている。2023年4月現在はまだ登録されていない。

1

ドイツ
ベルリン

ベルリン・天使の詩
Wings of Desire

ファンタジー／恋愛

2

1 イースト・サイド・ギャラリーとして
残された壁の一部。アーティストたち
による作品が目を引く　2 かつて壁が
あった場所には印が残されている

　長い間、人々の苦悩や心の声に寄り添い続けてきた天使のダミエ
ルは、永遠の生命を放棄し人間になることを望んでいた。そんな矢
先、サーカスの空中ブランコで美しく舞うマリオンに恋をし、人間
界に降りることを決意する。ダミエルが降り立ったのは、東西を壁
で隔てられていた頃の西ベルリン。人間として目覚めたダミエルが
最初に目にしたのは殺伐としたベルリンの壁だが、それまでモノク
ロの世界に生きていた彼は、壁の色彩を感じられることに感動す
る。壁の色、冬の寒さ、コーヒーの香りと温かさ……天使だった男
は、五感で感じるあらゆるものを愛おしく思うのだった。

　1961年にベルリン市内に築かれたベルリンの壁は、ドイツ分断
の境界線であり東西冷戦の象徴。1989年11月9日に崩壊してからは
そのほとんどが撤去されたが、一部は文化財として残されている。

© Wim Wenders Stiftung –
Argos Films 2017

More Info

　米ソ冷戦の象徴的遺跡であるベルリンの壁は、シュプレー川沿い約1.3kmの壁が「イースト・サイド・ギャラリー」として保存されているほか、ゲシュタポ本部や国家保安本部があったベルリン中央部のニーダーキルヒナー通り沿いにも残されている。

Cinema Data
監督：ヴィム・ヴェンダース
出演：ブルーノ・ガンツ
　　　ソルヴェーグ・ドマルタンほか
公開：1987年
製作：西ドイツ、フランス
上映時間：127分
発売元・販売元：TCエンタテインメント
4Kレストア版Blu-ray 5280円（税込）

✈ Access

　イースト・サイド・ギャラリーへは地下鉄「ヴァルシャウアー通り」駅より徒歩約10分。

 『ベルリン・天使の詩』などで印象的なベルリンの壁。日本では、宮古島市上野の「うえのドイツ文化村」や、横浜市都筑区北山田にある「テュフ ラインランド ジャパン テクノロジーセンター」の敷地内などで、本物の壁の一部が見られる。

広場のウーラニアー世界時計とテレビ塔

Cinema Data

![GOOD BYE LENIN!]
©X Filme creative pool GmbH

監督：ヴォルフガング・ベッカー
出演：ダニエル・ブリュール
　　　カトリーン・ザースほか
公開：2003年／製作：ドイツ
上映時間：121分／発売・販売
元：ギャガ／Blu-ray 2200円
(税込)、DVD 1257円(税込)
※発売中

🇩🇪 **ドイツ**

アレクサンダー広場（ベルリン）

グッバイ、レーニン！
Good Bye Lenin!

`ドラマ／コメディ`

　1989年10月7日、東ドイツの反体制デモに参加した主人公。その姿を見た母親は、ショックで倒れてしまう。意識を取り戻す8ヵ月の間にベルリンの壁は崩壊し社会は一変。目覚めた母に刺激を与えないよう、家族は東ドイツが健在であるかのように取り繕う……。アレクサンダー広場のウーラニアー世界時計は、幼い頃は宇宙飛行士に憧れ、今は母のために時代を戻そうと奮闘する主人公を象徴するかのように映る。

🎥 **More Info**
広場沿いにはベルリン・テレビ塔などがあり、東ドイツの経済成長を西側に見せつけるショールーム的存在だった。

✈ **Access**
地下鉄「アレクサンダー広場」駅よりすぐ。

🇩🇪 **ドイツ**

ノイシュタット ※撮影はゲルリッツ

愛を読むひと
The Reader

`ドラマ／恋愛`

　第2次世界大戦後のドイツの町ノイシュタット。21歳年上の女性と関係をもつ15歳の少年は、彼女に頼まれ本を朗読することで深まる愛を感じていたが、彼女は突然姿を消す。年月を経て思わぬ場所で再会したとき、彼女の秘密を知るが……。人種、歴史、戦争……さまざまな要素が交錯する物語。撮影はノイシュタットから520km離れたゲルリッツのデミアニプラッツ広場やベッカー通りの小学校などで行われた。

ゲルリッツの町を走る路面電車

Cinema Data

監督：スティーブン・ダルドリー
出演：ケイト・ウィンスレット
　　　レイフ・ファインズほか
公開：2008年
製作：アメリカ、ドイツ
上映時間：124分

🎥 **More Info**
ヒロインが車掌として働く場面の撮影には、ゲルリッツ路面電車とキルニッツシュタール線が使われている。

✈ **Access**
〔舞台〕ニュルンベルクより電車とバスで約2時間15分。〔ロケ地〕ドレスデンより電車で約1時間30分。

![レヒ川沿いにたたずむザンクト・マンク修道院]
レヒ川沿いにたたずむザンクト・マンク修道院

Cinema Data

監督：ジョン・スタージェス
出演：スティーブ・マックィーンほか
公開：1963年
製作：アメリカ
上映時間：172分

🎥 **More Info**
収容所のシーンはスタジオで撮影された。モデルとなった収容所スタラグ・ルフトⅢの跡地にはトンネル"ハリー"の跡が残る。

✈ **Access**
ミュンヘンより電車で約2時間。

🇩🇪 **ドイツ**

フュッセン

大脱走
The Great Escape

`戦争／アクション`

　軽快な『大脱走マーチ』にのせてテンポよく展開する脱走劇。第2次世界大戦中、脱出不可能といわれるドイツの捕虜収容所から、捕虜250人を脱出させる大計画が立ち上がる。町のシーンはフュッセンで撮影されており、トンネル王のふたりがボートでレヒ川を下る際には対岸にザンクト・マンク修道院が、調達屋と偽造屋が飛行機で逃亡するシーンでは眼下にノイシュヴァンシュタイン城が映るなど、数々の名所が登場する。

ℹ️ 『大脱走』で偽造屋役を演じたドナルド・プレザンスは、実際に第2次世界大戦でドイツの捕虜となり、映画の舞台となった収容所近くのスタラグ・ルフト第1捕虜収容所に収容されたうえ、脱走計画にまで加わったという過去をもつ。

1 コーニング通りの"尼僧物語の橋"
2 コンゴへはアントワープの港から旅立った　3 コンゴの撮影地はスタンレーヴィル(現：キサンガニ)

■ ベルギー

ブルージュ

尼僧物語

The Nun's Story

`ドラマ`

　尼僧になることを決意した医者の娘ガブリエルは、修道院の厳しい戒律に耐え、シスター・ルークという名を与えられる。やがてベルギー領コンゴに渡り、外科医の助手として献身的に働くが、しだいに医療の現場と宗教戒律の間の矛盾に悩むようになり、戦争が始まると葛藤はさらに大きくなっていく……。前半の舞台であるベルギーの撮影はブルージュを中心に行われ、オープニングのタイトルバックで映る橋は、映画公開後、"尼僧物語の橋"と呼ばれるようになった。なお、修道院の内観は映画撮影用のセットだが、外観には博物館「Our Lady of the Pottery」が使用されている。

🎞 More Info
尼僧物語の橋は世界遺産「ブルージュ歴史地区」にある。訪れる際には、地区内のふたつの世界遺産「フランドル地方のベギン会修道院群のブルッヘへのベギン会修道院」と「ベルギーとフランスの鐘楼群」に登録されているブルッヘへの鐘楼と市庁舎もあわせて立ち寄りたい。

▶ Access
ブリュッセルより電車で約1時間10分。

Cinema Data

監督：フレッド・ジンネマン／出演：オードリー・ヘプバーン、ピーター・フィンチほか／公開：1959年／製作：アメリカ／上映時間：151分／発売元：ワーナー・ホームエンターテイメント／販売元：NBCユニバーサル・エンターテイメント／DVD 1572円(税込)

© 1959 Warner Bros. Entertainment Inc. All rights reserved.

フランスを向く戦場跡の丘のライオン像

Cinema Data

監督：セルゲイ・ボンダルチュク出演：ロッド・スタイガー、クリストファー・プラマー、ジャック・ホーキンスほか／公開：1970年／製作：イタリア、ソビエト連邦／上映時間：133分／販売元：復刻シネマライブラリー／DVD (スペシャル・プライス) 2000円(税別)

© Dino De Laurentiis Cinematografica SpA, renewed 1998 International Picture Investments Limited. All Rights Reserved.

■ ベルギー

ワーテルロー
※ロケ地は当時のウクライナ・ソビエト社会主義共和国のウジホロド郊外

ワーテルロー

Waterloo

`歴史／戦争／ドラマ`

　フランス皇帝ナポレオンにとって最後の戦いとなった、1815年6月18日のワーテルローの戦いを描いた作品。イギリス、オランダをはじめとする連合軍およびプロイセン軍と、フランス軍が、ワーテルロー近郊で激突した戦いを、当時のソ連軍の協力のもと、合成を使わず壮大なスケールで再現。戦場シーンには、当時のウクライナ・ソビエト社会主義共和国のウジホロド郊外の起伏のある広大な農地が使用された。

🎞 More Info
戦場跡「ライオンの丘」は英軍戦線中央部があった尾根の土で造られた。

▶ Access
戦場跡「ライオンの丘」へはワーテルロー市街より車で約10分。

INFO 『尼僧物語』の尼僧役のエキストラにはローマ・オペラ座のバレエ団からダンサーが起用されたほか、アップで映る個性のある尼僧は貴族階級から選ばれた。彼女たちは報酬を慈善事業に寄付したといわれている。

■ オランダ
デルフト ※撮影はアムステルダム、ベルギー、ルクセンブルク

真珠の耳飾りの少女
Girl with a Pearl Earring

ドラマ／歴史

　オランダのデン・ハーグのマウリッツハイス美術館が所蔵する、ヨハネス・フェルメールによる名画『真珠の耳飾りの少女』をモチーフにした物語。舞台は、1665年のオランダの古都デルフト。17歳の少女グリートは、失明した父の代わりに家計を支えるため、画家フェルメールの家で使用人として働くことになる。ある日、夫人にアトリエの掃除を命じられたグリートは、光が変化するが窓拭きをすべきか確認したことで、フェルメールに芸術センスを買われ、創作活動の手伝いを任されるように。そして、絵のモデルをすることになり、あの名画の誕生へとつながっていく。

　物語の舞台デルフトは、フェルメールの故郷であり、彼の作品には1660年から1661年の間に描いた風景画『デルフト眺望』がある。

1 作中で映るデルフト市役所と広場は町を象徴する場所　**2** 『真珠の耳飾りの少女』を所蔵するマウリッツハイス美術館　**3** 深い青が特徴のデルフト焼はオランダみやげの定番

🎬 **More Info**
　デルフトは陶器の産地としても有名。ここで作られる陶器はデルフト焼と呼ばれ、白地に"デルフトブルー"と呼ばれる青の絵柄が特徴。物語で登場するグリートの父は元タイル絵師で、彼女がお守りにしている父が描いたタイルはデルフト焼と思われる。また、フェルメールの『窓辺で手紙を読む女』にも、デルフト焼の皿が描かれている。

✈ **Access**
　スキポール空港よりインターシティで「デルフト」駅まで約40分。

Cinema Data
監督：ピーター・ウェーバー
出演：コリン・ファース
　　　スカーレット・ヨハンソンほか
公開：2003年
製作：イギリス、ルクセンブルク
上映時間：100分

 デン・ハーグのマウリッツハイス美術館が所蔵するフェルメールの絵画『真珠の耳飾りの少女』は、ラピスラズリから作った絵の具を用いた少女のターバンの鮮やかな青が強く印象に残ることから、『青いターバンの少女』とも呼ばれる。

美しい水の都。右下がアンネの家

Cinema Data

監督：ジョシュ・ブーン
出演：シャイリーン・ウッドリー
　　　アンセル・エルゴートほか
公開：2014年
製作：アメリカ
上映時間：125分

More Info
旅先の宿として撮影されたのは
「ハード・ロック・ホテル・アム
ステルダム・アメリカン」。

Access
トラム「ウェステルマルクト」駅よ
り徒歩約2分。

🟥 オランダ
アンネ・フランクの家（アムステルダム）

きっと、星のせいじゃない。
The Fault in Our Stars

`恋愛／ドラマ`

　若くして不治の病に侵された男女の絆を
描く青春ロマンス。末期がんで酸素ボンベ
が手放せないヘイゼルと、骨肉腫で片脚を
失ったガス。最初は恋に及び腰だったヘイ
ゼルだったが、大好きな本の話題で盛り上
がり、著者に会うためアメリカからオラン
ダへ向かう。アムステルダムで訪れたアン
ネ・フランクの家では、アンネの朗読の声
に勇気づけられるように階段を上り切り、
心の距離を縮めるふたりの姿が感動的。

🟥 オランダ
テルスヘリング島

恐竜が教えてくれたこと
My Extraordinary Summer with Tess

`ドラマ`

　児童文学の名著『ぼくとテスの秘密の七
日間』を実写化。オランダの小さな島に家族
で夏のバカンスにやってきた少年が、島で
出会った少女の秘密の計画に付き合わされ
る7日間を描く。舞台となるテルスヘリング
島は、西フリースラント諸島のひとつ。日本
ではまだあまり知られていないが、世界遺産
ワッデン海に浮かぶ自然豊かで素朴な場所
だ。高い建物はほとんどなく、聖ブレンダン
灯台が島のシンボルとなっている。

のどかな空気が流れるテルスヘリング島

Cinema Data
監督：ステフェン・ワウテルロウト
出演：ソン・ファンウッテレン、
　　　ヨセフィーン・アレンセンほか
公開：2019年／製作：オランダ
上映時間：84分
発売元：彩プロ
販売元：TCエンタテインメント
DVD 4180円（税込）

More Info
世界遺産のワッデン海は、
全長約500kmの地球上最
大規模の干潟。

Access
ハルリンゲンよりフェリー
で約2時間。

© 2019 BIND & Willink B.V. / Ostlicht Filmproduktion GmbH

撮影で使われたウィルヘル
ミーナ橋

Cinema Data

監督：リチャード・アッテンボロー
出演：ダーク・ボガード
　　　ジェームズ・カーンほか
公開：1977年／製作：イギリス、ア
メリカ／上映時間：175分

More Info
アーネムの橋は終戦後に、ジョン・
フロスト橋として復旧した。

Access
〔舞台〕スキポール空港よりジョン・フ
ロスト橋まで車で約1時間15分。
〔ロケ地〕ジョン・フロスト橋よりウィル
ヘルミーナ橋まで車で約40分。

🟥 オランダ
アーネム ※撮影はデーフェンター

遠すぎた橋
A Bridge Too Far

`歴史／戦争／アクション`

　1944年、ノルマンディー上陸作戦から
3ヵ月後に連合国により行われた大規模な
空挺作戦「マーケット・ガーデン作戦」を
題材にした戦争映画。ドイツへの進撃のた
めオランダの橋を奪取する目的で展開され
た激戦を描く。舞台はアーネムだが、景観
が変わってしまっていたため、撮影は当時
の面影を残す近郊の町デーフェンターで行
われ、"遠すぎた"アーネムの橋の代わり
にウィルヘルミーナ橋が使われている。

INFO 名だたるスターが多数出演している『遠すぎた橋』。キャスティング当初、戦時中アーネムに住んでいたことがあるオー
ドリー・ヘプバーンにホルスト夫人役のオファーがあったが、条件が折り合わず断られたそう。

🇬🇧 イギリス
ロンドン

ラブ・アクチュアリー
Love Actually

恋愛／コメディ

　19人の豪華主要キャストが繰り広げる、最高にハッピーなクリスマス・ムービー！　秘書に恋する首相、愛妻に先立たれた夫とその義理の息子、弟に恋人を奪われた小説家、親友の婚約者に思いを寄せる青年など、恋や家族との関係に悩み葛藤する男女たちの愛が、クリスマス・シーズンを迎え、浮き立つロンドンを舞台に動き出す！

　ヒースロー空港をはじめ、ロンドン・アイを望むウォータールー橋、サマセット・ハウスのスケートリンクや巨大なツリーが設置されたトラファルガー広場、ライトアップされたアルバート橋、そしてイルミネーションに包まれた老舗高級百貨店セルフリッジズなど、クリスマス一色に染まる風景は見ているだけでワクワクする。

1 トラファルガー広場には、毎年巨大なクリスマス・ツリーが登場する
2 ヒュー・グラント扮する大統領が秘書の家に向かうときに渡ったアルバート橋　3 冬のイルミネーションに彩られたセルフリッジズ

🎬 More Info
『ノッティングヒルの恋人』（P.99）の脚本を手がけたリチャード・カーティスの初監督作。本作でも脚本を手がけており、空港の雑踏を見ているときにこのシナリオを思いついたのだとか。ヒースロー空港の到着ロビーのシーンは、実際に空港で1週間かけ撮影された。

✈ Access
ウォータールー橋およびサマセット・ハウスへは地下鉄「テンプル」駅より徒歩約6分。トラファルガー広場へは地下鉄「チャリング・クロス」駅より徒歩約1分。アルバート橋へは地下鉄「スローン・スクエア」駅より徒歩約20分。セルフリッジズへは地下鉄「ボンド・ストリート」駅より徒歩約5分。

Cinema Data
監督：リチャード・カーティス
出演：ヒュー・グラント、リーアム・ニーソン、コリン・ファースほか
公開：2003年
製作：イギリス、アメリカ、フランス
上映時間：136分

　リチャード・カーティス監督のもともとの計画では、『ラブ・アクチュアリー』は14の恋物語について描くつもりだったが、時間の関係で4つがカットされた。また、少年サムの器械体操がうまい子供という設定も省略されたそう。

🇬🇧 イギリス
バッキンガム宮殿（ロンドン）※撮影はランカスター・ハウス

英国王のスピーチ
The King's Speech

ドラマ／歴史

現イギリス国王チャールズ3世の祖父であり、故女王エリザベス2世の父であるジョージ6世の物語。吃音に悩む内向的な王子が、ある言語聴覚士と家族の支えによって障害を克服し、国王として重大なスピーチを国民に届けるまでを描く。王族の物語だけに、作中では数々の歴史的な建造物が登場するが、例えば国王がスピーチをするバッキンガム宮殿のシーンの撮影にはセント・ジェームズのランカスター・ハウスが代わりに使用されるなど、多くのロケ地は物語の舞台とは異なる。

1 国王がスピーチをしたバッキンガム宮殿　2 ウェストミンスター寺院として撮影されたイーリー大聖堂

🎬 More Info

即位式の舞台となったウェストミンスター寺院にはイーリー大聖堂が、王位継承評議会が行われたセント・ジェームズ宮殿にはドレーパーズ・ホールのリバリー・ホールが撮影に使われている。

✈ Access

〔舞台〕バッキンガム宮殿へは地下鉄「セント・ジェームズ・パーク」駅もしくは「グリーン・パーク」駅より徒歩約8分。〔ロケ地〕ランカスター・ハウスへはバッキンガム宮殿より徒歩約7分。

Cinema Data

監督：トム・フーパー／出演：コリン・ファース、ヘレナ・ボナム＝カーター、ジェフリー・ラッシュほか／公開：2010年／製作：イギリス、オーストラリア／上映時間：118分
発売・販売元：ギャガ／Blu-ray 2200円（税込）、DVD 1257円（税込）※発売中

🇬🇧 イギリス
ノッティング・ヒル（ロンドン）

ノッティングヒルの恋人
Notting Hill

恋愛／コメディ

ロンドンのウエスト・エンドの町ノッティング・ヒルを舞台に、小さな書店を営む男と世界的に人気のハリウッド女優との"身分違いの恋"を描いた夢いっぱいのラブ・コメディ。カラフルな住宅街と、ポートベロー・ロードで毎週末開かれるアンティークののみの市が魅力のノッティング・ヒル。ポートベロー・ロード142番地にある主人公の本屋は、現在ではギフトショップとなっており、映画公開以来、多くの人が訪れる観光名所となった。

1 ロンドン屈指の有名な通りポートベロー・ロード　2 映画の面影を残すギフトショップ

🎬 More Info

主人公が営む本屋は、その後ギフトショップに姿を変えたが、店頭には「Notting Hill」「THE TRAVEL BOOK SHOP」と映画に関する看板が掲げられている。そこから主人公が住むウェストボーン・パーク・ロード280番地の青いドアの家までは約300m。歩いて4分ほどで到着する。

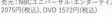

✈ Access

主人公の書店となったギフトショップへは、地下鉄「ラッドブルック・グローブ」駅より徒歩約8分。

Cinema Data

監督：ロジャー・ミッシェル
出演：ジュリア・ロバーツ、ヒュー・グラントほか
公開：1999年／製作：アメリカ／上映時間：123分／発売：NBCユニバーサル・エンターテイメント／Blu-ray 2075円（税込）、DVD 1572円（税込）

 『英国王のスピーチ』のジョージ6世然り、歴代国王の戴冠式が行われるウェストミンスター寺院は、ジョージ6世の長女のエリザベス2世の戴冠式、結婚式、そして国葬が行われた場所としても知られる。

王立証券取引所。撮影が行われたのは写真右側の通り

Cinema Data
監督：シャロン・マグワイア／出演：レネー・ゼルウィガー、ヒュー・グラント、コリン・ファースほか／公開：2001年／製作：イギリス、アメリカ、フランス／上映時間：97分

🇬🇧 **イギリス**
王立証券取引所（ロンドン）

ブリジット・ジョーンズの日記
Bridget Jones's Diary

恋愛／コメディ

お酒とタバコが大好きな32歳の独身女性ブリジットの、恋に仕事に奮闘する日々を綴ったラブコメ。セクシーな上司とお堅いバツイチ弁護士の間で揺れる彼女の恋の行方は？　ちょっぴりイタい姿も魅力のブリジット。とりわけ雪のなか、下着姿で町に飛び出すラストシーンは、笑いと感動を誘う。ロケ地は王立証券取引所南のコーンヒル通り。ロイヤル・エクスチェンジの角の高級文具店「モンブラン」まで走り抜ける！

More Info
王立証券取引所のあるコーンヒル地区は、ロンドンの歴史と金融の中心地。

Access
地下鉄「バンク」駅より徒歩約1分。

🇬🇧 **イギリス**
ソーホー（ロンドン）

ひかりのまち
Wonderland

ドラマ

伝言ダイヤルで恋人を探すナディア、バツイチで9歳の息子を抱える美容師の姉、出産を控えた妹。11月のロンドンで幸せを求め彷徨う3姉妹の孤独を、町の光が包み込む。16mmカメラで撮られた映像は、リアリティを与えつつも、どこかファンタジーな印象だ。物語の舞台のひとつ、ナディアが働くカフェがあるソーホーは、おしゃれなショップやバーが集まる洗練されたエリアで、昼夜問わず活気に満ちている。

ロンドン中心部にある歓楽街ソーホー

Cinema Data
監督：マイケル・ウィンターボトム／出演：ジーナ・マッキー、シャーリー・ヘンダーソン、モリー・パーカーほか／公開：2000年／製作：イギリス／上映時間：108分

More Info
ソーホーは、ゲイバーやレズビアンバーが集まるエリアとしても有名。

Access
地下鉄「オックスフォード・サーカス」駅、「ピカデリー・サーカス」駅、「トッテナム・コート・ロード」駅よりすぐ。

1854年に開業した歴史ある駅

Cinema Data
監督：ポール・キング／出演：ベン・ウィショー、ヒュー・ボネヴィルほか／公開：2014年／製作：イギリス、フランス／上映時間：95分／発売元：キノフィルムズ／木下グループ／販売元：ポニーキャニオン／期間限定価格版Blu-ray 2750円(税込)、DVD 1980円(税込)※発売中

🇬🇧 **イギリス**
パディントン駅（ロンドン）

パディントン
Paddington

コメディ／ファンタジー

世界中で愛される児童文学『くまのパディントン』を実写化。ペルーの奥地から大都会ロンドンにやってきた赤い帽子の子熊は、親切なブラウン一家と出会い、家に置いてもらうことになるが、野生で育った習慣で日々ドタバタを巻き起こす。子熊が一家と出会った場所であり、名前の由来となったパディントン駅は、ロンドンの玄関口で主要ターミナル駅のひとつ。駅構内にはパディントンの銅像が置かれている。

More Info
ナショナル・レールとロンドン地下鉄が乗り入れるロンドンの主要駅。

Access
ヒースロー国際空港よりヒースロー・エクスプレスで約15分。

INFO　『ひかりのまち』の音楽を担当したマイケル・ナイマンは、パトリス・ルコント監督の『髪結いの亭主』(P.83)や『仕立て屋の恋』、ジェーン・カンピオン監督の『ピアノ・レッスン』(P.251)の音楽を手がけたことでも有名。

王立公園が管理する緑豊かなブロンプトン墓地

Cinema Data
監督：ワリス・フセイン
出演：マーク・レスター
　　　トレイシー・ハイドほか
公開：1971年／製作：イギリス
上映時間：103分

イギリス
ブロンプトン墓地（ロンドン）

小さな恋のメロディ
Melody

`ドラマ／恋愛`

　少年少女の淡い恋と保守的な大人対子供の対立を、テーマ曲『メロディ・フェア』にのせてさわやかに描いた青春映画。11歳のダニエルは同じ学校に通うメロディと恋に落ちるが、ある日、学校をサボり海に行ったことがばれ、さらに結婚宣言をしたことから、大人たちは大騒ぎ。なんとかふたりを阻止しようとするが……。ふたりが手をつなぎ墓地を訪れる印象的なシーンは、ブロンプトン墓地と、ナンヘッド墓地で撮影された。

More Info
撮影に使われた墓地はどちらもロンドンの通称"壮大な7つの墓地"に数えられる。

Access
「ウェスト・ブロンプトン」駅より徒歩約1分。

イギリス
ウェンブリー・スタジアム（ロンドン）
※撮影はボヴィンドン

ボヘミアン・ラプソディ
Bohemian Rhapsody

`音楽／ドラマ`

　1991年に45歳でこの世を去った伝説のロックバンド「QUEEN」のボーカル、フレディ・マーキュリーに焦点を当て、栄光の陰にある孤独を映し出す。いちばんの見せ場である1985年のチャリティーコンサート「LIVE AID」のシーンは、会場となった旧ウェンブリー・スタジアムが解体されていたため、空軍基地ボヴィンドンに再現したセットで行われた。現スタジアムは同じ場所に2007年に再建されている。

再建された現在のスタジアム

Cinema Data
監督：ブライアン・シンガー
出演：ラミ・マレック、ルーシー・ボイントン、グウィリム・リー、ベン・ハーディほか
公開：2018年
製作：イギリス、アメリカ
上映時間：134分

More Info
メンバーがジョン・リードらと対面するハマースミス橋が見えるパブは「Rutland Arms」。

Access
「ウェンブリー・スタジアム」駅より徒歩約10分。

初期は蒸気で稼働していたという跳ね橋

Cinema Data
監督：ガイ・リッチー／出演：ロバート・ダウニー・Jr、ジュード・ロウほか／公開：2009年／製作：イギリス、アメリカ、オーストラリア／上映時間：128分
発売元：ワーナー・ブラザースホームエンターテイメント／販売元：NBCユニバーサル・エンターテイメント／Blu-ray 2619円(税込)、DVD 1572円(税込)

©2009 Village Roadshow Films (BVI) Limited. All rights reserved.

イギリス
タワー・ブリッジ（ロンドン）

シャーロック・ホームズ
Sherlock Holmes

`ミステリー／アクション`

　処刑された黒魔術の連続殺人犯ブラックウッド卿が墓場からよみがえったとの知らせを受け、ホームズは相棒ワトソンとその謎に迫る！　ガイ・リッチー監督が描くあの名探偵はなんと武闘派!?　迫力満点の格闘シーンが繰り広げられた建設中のタワー・ブリッジは、1886年から8年もの歳月をかけ完成したもの。高さ65mのゴシック様式の塔には、展望通路や歴史博物館があり、映画のようにテムズ川を一望できる。

More Info
ベーカー街にはシャーロック・ホームズ博物館があり、ホームズの下宿の住所である221B番地を掲げている。

Access
地下鉄「タワー・ヒル」駅より徒歩約8分。

『小さな恋のメロディ』は、日本やアルゼンチン、チリでは、ビー・ジーズによるテーマ曲『メロディ・フェア』とあわせて大ヒットを記録したが、本国イギリスでは酷評され、アメリカでもヒットには至らなかった。

1 石灰岩のビーチー・ヘッド。高さ162mの崖からバイクを放り出す！ 2 主人公が彷徨ったビーチにあるブライトン・パレス・ピア 3 失意の主人公がベスパを盗んだホテル「ザ・グランド・ブライトン」

🇬🇧 イギリス
ブライトン

さらば青春の光
Quadrophenia

[ドラマ]

　行き場のない怒りや孤独を抱え、刹那的に生きる1960年代の若者たちを描いた青春映画。細身のスーツにミリタリーパーカーのファッションで、スクーターのランブレッタやベスパに乗る"モッズ"と、リーゼントに黒い革ジャン革パンでバイクに跨る"ロッカーズ"。ふたつの集団の対立は激化し、海沿いの町ブライトンでの大乱闘へと発展する。退屈な仕事、親友との複雑な関係、うまくいかない恋、憧れの人物の正体……何ひとつ思いどおりにならない主人公のフラストレーションが爆発するのはビーチー・ヘッド。白い石灰岩の崖の上を盗んだスクーターで疾走するシーンは衝撃的！

🎥 More Info
ほぼすべてのシーンでロケを実施。ブライトンのロケ地には、ブライトン・パレス・ピアや、主人公のラブシーンの場所として有名になった、イースト通りとリトル・イースト通りの間の路地などがある。

➤ Access
ロンドン「ヴィクトリア」駅もしくは「ロンドン・ブリッジ」駅より「ブライトン」駅まで電車で約1時間。駅からブライトン・ビーチまでは車で約10分。そこからビーチー・ヘッドまでは車で約50分。

Cinema Data
監督：フランク・ロッダム
出演：フィル・ダニエルズ、レスリー・アッシュ、スティングほか
公開：1979年／製作：イギリス／上映時間：115分／発売元：NBCユニバーサル・エンターテイメント／Blu-ray 2075円（税込）、DVD 1572円（税込）

リアス海岸のポースピーン・ビーチ

Cinema Data
監督：リチャード・カーティス
出演：ドーナル・グリーソン、レイチェル・マクアダムス、ビル・ナイほか
公開：2013年／製作：イギリス
上映時間：123分／発売元：NBCユニバーサル・エンターテイメント／Blu-ray 2075円（税込）、DVD 1572円（税込）

🎥 More Info
結婚式のシーンは同じくコーンウォールのセントマイケルペンキビル教会で撮影された。

➤ Access
「セント・オーステル」駅より車で約10分。

🇬🇧 イギリス
ポースピーン・ビーチ（コーンウォール）

アバウト・タイム〜愛おしい時間について〜
About Time

[恋愛／ファンタジー]

　21歳の誕生日に父親から「わが一族の男にはタイムトラベルの能力がある」と知らされたティムは、その能力を使って恋人をつくろうと画策するうち、魅力的な女性メアリーと出会う。ティムの地元の風景は、イギリス南西部のコーンウォール。地元の人しかいない小さな砂浜ポースピーン・ビーチは、ティムが家族と21年間毎日通った場所であり、目と鼻の先にはティムの実家として登場したポースピーン・ハウスがある。

モッズのリバイバル・ブームを呼んだ『さらば青春の光』。ブライトンでの乱闘は実際のできごとであり、本作のモチーフとなった「ザ・フー」のロック・オペラ『四重人格』の原案となった。

パーティの場面が撮られたキャンパス

Cinema Data
監督：ジェームズ・マーシュ
出演：エディ・レッドメイン、フェリシティ・ジョーンズほか
公開：2014年／製作：イギリス／上映時間：123分／発売元：NBCユニバーサル・エンターテイメント／Blu-ray 2075円（税込）、DVD 1572円（税込）

More Info
ケム川に架かるキッチン橋の背景に映る、ためいき橋も有名な観光地。

Access
「ケンブリッジ」駅より車で約15分。

🇬🇧 **イギリス**
ケンブリッジ大学セント・ジョンズ・カレッジ（ケンブリッジ）

博士と彼女のセオリー
The Theory of Everything

`恋愛／ドラマ`

大学時代にALSを発症し余命2年の宣告を受けながらも、50年以上にわたり研究を続け、現代宇宙論に大きな影響を与えたホーキング博士の半生と、彼を支える妻の愛を描く。ふたりが通ったケンブリッジ大学はいわずと知れた超名門校。31のカレッジからなり、ロケ地となったのは1511年建設のセント・ジョンズ・カレッジ。校内のキッチン橋では、出会って間もないふたりが踊るロマンティックなシーンが撮影された。

🇬🇧 **イギリス**
ミドルスブラ運搬橋（ミドルスブラ）

リトル・ダンサー
Billy Elliot

`ドラマ`

ダラムにある架空の炭坑町エヴァリントンで、逆境に負けず一途にバレエダンサーを目指す少年ビリーの成長物語。おもなロケ地はダラムの炭坑町イージントン。ビリーが住むアンドリュース通りの建物は残念ながら2003年に取り壊されたが、現存するロケ地には、ビリーが先生と『白鳥の湖』を聴きながら渡ったミドルスブラ運搬橋がある。なお、ダラムは『ハリー・ポッター』のロケ地になった大聖堂（P.19）でも有名。

ティーズ川に架かるミドルスブラ運搬橋

Cinema Data
監督：スティーヴン・ダルドリー
出演：ジェイミー・ベル、ジュリー・ウォルターズ、ゲイリー・ルイスほか
公開：2000年
製作：イギリス
上映時間：111分

More Info
大人になったビリーが立つ舞台はロンドンのヘイマーケット王立劇場。

Access
「ミドルスブラ」駅より徒歩約8分。

撮影が行われたブレッチリー・パーク

Cinema Data
監督：モルテン・ティルドゥム
出演：ベネディクト・カンバーバッチ、キーラ・ナイトレイほか
公開：2014年／製作：アメリカ、イギリス／上映時間：114分
発売・販売元：ギャガ
Blu-ray 2200円（税込）、DVD 1257円（税込）※発売中

©2014 BBP IMITATION, LLC

More Info
チューリングが通ったケンブリッジ大学キングス・カレッジの計算機室は「チューリング」と名づけられている。

Access
「ブレッチリー」駅より徒歩約6分。

🇬🇧 **イギリス**
ブレッチリー・パーク（ブレッチリー）

イミテーション・ゲーム／エニグマと天才数学者の秘密
The Imitation Game

`戦争／サスペンス`

政府の機密作戦に加わりナチスの暗号機「エニグマ」に挑んだ、実在の天才数学者アラン・チューリングの物語。難解な暗号の解読、それを用いた危険な作戦、もち上がるスパイ疑惑、そしてチューリングが隠し続けた秘密を、サスペンスタッチで描き出す。現在、政府暗号学校が置かれたブレッチリー・パークには、第2次世界大戦での暗号解読などがテーマの博物館や国立コンピューティング博物館がある。

INFO 『博士と彼女のセオリー』のホーキング博士は、現代宇宙論を一般向けにわかりやすく解説した『ホーキング、宇宙を語る』の著者としても有名。同書は20年間で1000万部を超える売り上げを記録したベストセラーである。

ピーターの故郷として有名な湖水地方

イギリス
湖水地方
※撮影はオーストラリアのシドニーのセンテニアル・パーク

ピーターラビット™
Peter Rabbit

コメディ／ファンタジー

青いジャケットがトレードマークのいたずら好きなピーターラビット。世界中で愛されるイギリスのベストセラー絵本を実写化。心優しい画家のビアと愉快な仲間たちに囲まれた穏やかな生活が、ロンドンから越してきたマグレガーの出現により一変！潔癖症のマグレガーとピーターたちとの争いが始まる。物語の舞台であるイギリス北西部の湖水地方は、ほぼ全域が国立公園となっており、世界遺産に登録されている。

More Info
マグレガーが働くハロッズは老舗高級百貨店。

Access
〔舞台〕湖水地方のウィンダミアへはロンドンより電車とバスで約4時間。
〔ロケ地〕シドニー「セントラル」駅より車で約10分。

Cinema Data 監督：ウィル・グラック／出演：ローズ・バーン、ドーナル・グリーソン、サム・ニールほか／公開：2018年 製作：アメリカ、オーストラリア／上映時間：95分／発売・販売元：ソニー・ピクチャーズ エンタテインメント／デジタル配信中、Blu-ray 2619円(税込)、DVD 2075円(税込)

イギリス
ミルフォード駅（架空の駅）
※撮影はランカスターのカーンフォース駅

逢びき
Brief Encounter

恋愛／ドラマ

家庭をもつ身でありながら惹かれ合う中年男女の忍ぶ恋を、ラフマニノフのピアノ協奏曲第2番にのせて綴るメロドラマ。毎週木曜に近郊の町ミルフォードへ買い物に出かける主婦が、同じ曜日に代診で町を訪れる医師に出会い……。舞台のミルフォードは架空の町で、その駅として撮影されたのはランカスターにあるカーンフォース駅。映画を象徴する時計があるほか、2021年には待合室が再現され話題となった。

More Info
小さな橋でのシーンは湖水地方ラングデール・ベックのミドル・フェル橋が、公園のボートのシーンはロンドンのリージェンツ・パークがロケ地。

Access
「ロンドン・ユーストン」駅より電車を乗り継ぎ約3時間。

Cinema Data
監督：デヴィッド・リーン
出演：セリア・ジョンソン
トレヴァー・ハワードほか
公開：1945年
製作：イギリス
上映時間：86分

カーンフォース駅のクラシックな時計

1662年建築の堀のあるマナーハウス

イギリス
グルームブリッジ・プレイス（グルームブリッジ）

プライドと偏見
Pride & Prejudice

恋愛／ドラマ

女性に相続権がなかった18世紀末のイギリス。田舎町に暮らすベネット家では、母親が5人の娘たちを早く結婚させようと躍起になっていた。ある日、近所に若く独身の大富豪が越してきて色めき立つ。次女のエリザベスは、彼の親友の高慢な態度に腹を立てつつもしだいに気になり始め……。作中、ベネット家として登場するのは、グルームブリッジ・プレイス。美しい庭園を有する17世紀に建てられたマナーハウスだ。

More Info
コナン・ドイルが愛した場所で、『恐怖の谷』のバールストン屋敷のモデルとしても知られる。

Access
ロイヤル・タンブリッジ・ウェルズより車で約10分。

Cinema Data 監督：ジョー・ライト
出演：キーラ・ナイトレイ、マシュー・マクファディンほか
公開：2005年／製作：イギリス
上映時間：127分／発売元：NBC ユニバーサル・エンターテイメント
Blu-ray 2075円(税込)、DVD 1572円(税込)

INFO 『ピーターラビット』のロケ地は、シドニーのセンテニアル・パークやセントラル・レイルウェイ・ステーション。また、ピーターとマグレガーの対決シーンは、『プライベート・ライアン』(P.87)を参考に、実際に火薬を用いている。

広大な敷地内にはシャトルバスが走る

イギリス
オックスフォードシャー
※撮影は南グロスターシャーのダイラム・パーク

日の名残り
The Remains of the Day

`ドラマ`

　オックスフォードシャーにあるダーリントン卿の屋敷に仕える忠実な執事と、彼が愛した女中頭との繊細な関係を描くとともに、20世紀前半のイギリス貴族社会の生活を映し出した作品。物語の舞台となる屋敷に使われたのは、南グロスターシャーにあるダイラム・パーク。18世紀初頭に建てられたバロック様式のカントリーハウスで、現在はナショナル・トラストの管理のもと一般公開されている。

Cinema Data

監督：ジェームズ・アイヴォリー
出演：アンソニー・ホプキンス、エマ・トンプソン、ジェームズ・フォックスほか
公開：1993年／製作：イギリス、アメリカ／上映時間：134分／発売・販売元：ソニー・ピクチャーズ エンタテインメント／デジタル配信中、Blu-ray 2619円（税込）、DVD 1551円（税込）

More Info
屋敷の場面にはバドミントン・ハウスとパウダーハム・キャッスルも使用された。

Access
〔舞台〕ロンドンより電車で約1時間20分。
〔ロケ地〕ロンドンより電車とバスで約3時間15分。

イギリス
ニューキャッスル・アポン・タイン

わたしは、ダニエル・ブレイク
I, Daniel Blake

`ドラマ`

　舞台は、イギリス北東部にある工業都市で北部最大の都市であるニューキャッスル。心臓病で休職を余儀なくされた初老の大工ダニエルは、国の援助を申請しようとするが、複雑な制度が立ちはだかる。ある日、杓子定規な対応の役所に追い出され、窮地に立たされたシングルマザー一家と出会い助け合うようになるが……。尊厳を踏みにじられ貧困に苦しむ人々の姿を描き、機械的な社会保障制度を痛烈に批判した作品。

人口約30万のイギリス北部最大の都市

Cinema Data

監督：ケン・ローチ
出演：デイヴ・ジョーンズ、ヘイリー・スクワイアーズほか
公開：2016年／製作：イギリス、フランス、ベルギー／上映時間：100分／発売元：バップ／Blu-ray&DVD発売中

More Info
世界中で広がる格差や貧困問題に対し、ケン・ローチ監督が引退を撤回してまで製作した作品。

Access
ロンドンより電車で約3時間30分。

© Sixteen Tyne Limited, Why Not Productions, Wild Bunch, Les Films du Fleuve,British Broadcasting Corporation, France 2 Cinema and The British Film Institute 2016

選手たちがビーチから向かう「ハミルトン・グランド」

Cinema Data
監督：ヒュー・ハドソン
出演：ベン・クロス、イアン・チャールソン、イアン・ホルムほか
公開：1981年／製作：イギリス
上映時間：124分

More Info
舞台となったケンブリッジ大学では撮影許可が下りず、大学のシーンはイートンカレッジで撮影された。

Access
ウエスト・サンズ・ビーチへは「ルーカーズ」駅より車で約20分。

イギリス
カールトン・ホテル
※撮影はハミルトン・グランドなど

炎のランナー
Chariots of Fire

`ドラマ／スポーツ`

　1924年のパリ五輪に出場したふたりのイギリス人陸上選手の実話。ピアノの曲にのせ選手たちが海辺を走る有名なシーンの撮影はスコットランドのウエスト・サンズ・ビーチで行われ、選手たちはビーチから全英オープンでおなじみの世界最古のゴルフ場「セント・アンドリュース・オールド・コース」を抜け、ケント州の「カールトン・ホテル」の設定で登場するプライベート・レジデンス「ハミルトン・グランド」へと向かう。

INFO 『炎のランナー』で主人公ハロルド・エイブラハムスが入学するケンブリッジ大学は、ハーバード大学、オックスフォード大学、マサチューセッツ工科大学、スタンフォード大学とともに世界トップクラスの名門校として知られる。

プリンスィズ通りはエディンバラの主要な通りのひとつ

🇬🇧 イギリス
プリンスィズ通り（スコットランド／エディンバラ）

トレインスポッティング
Trainspotting

クライム／ドラマ

　エディンバラを舞台に、ヘロイン中毒の若者たちの退廃的な日常を、疾走感あふれるスタイリッシュな映像で映し出す。原作はカルト的人気を博した同名小説。仲間たちとドラッグに溺れる主人公は、ある日更生を決意するが……。冒頭、万引きした主人公が警備員に追われるのは、エディンバラの目抜き通りプリンスィズ通り。約1.2kmのショッピングストリートで、映像では町のランドマークのホテル「バルモラル」の時計台やビクトリア様式のスコット・モニュメントが背景に映る。また、本作の20年後を描いた続編『T2 トレインスポッティング』では、冒頭、主人公がこの通りをトラムで通る。

🎥 More Info
ヤク中仲間の4人が自然に触れようと訪れた、ラノック湿原北端にあるウェストハイランド線の「コラー」駅と、そこから見えるロッホアーバーにある山リアム・ウイライムは、この映画を機に有名になった。

▶ Access
プリンスィズ通りへは「エディンバラ・ウェイヴァリー」駅より徒歩約1分。同駅より「コラー」駅へは電車を乗り継ぎ約4時間30分。

Cinema Data
監督：ダニー・ボイル
出演：ユアン・マクレガー
　　　ロバート・カーライル
　　　ジョニー・リー・ミラーほか
公開：1996年
製作：イギリス
上映時間：94分

路上ライブが撮影されたグラフトン通り

Cinema Data
監督：ジョン・カーニー
出演：グレン・ハンサード、マルケタ・イルグロヴァほか
公開：2007年／製作：アイルランド／上映時間：87分／発売・販売元：キングレコード／Blu-ray 2750円（税込）、DVD 2090円（税込）

🇮🇪 アイルランド
グラフトン通り（ダブリン）

ONCE ダブリンの街角で
ONCE

音楽／恋愛／ドラマ

　アメリカで2館での公開が、口コミにより140館にまで広がった話題作。アイルランドの首都ダブリンを舞台に、ストリートミュージシャンの男とピアノの才能をもつチェコ系移民の女が出会い、音楽を通じ心を通わせてゆくラブストーリー。男が路上でギターを弾くのは、町の中心地にあるショッピング街グラフトン通り。ミュージシャンのほか、大道芸人や詩人などによるパフォーマンスで知られる有名な通りだ。

🎥 More Info
作中では通りの南の公園セント・スティーブンス・グリーン入口のフュージリアーズ・アーチも映る。

▶ Access
トラム「セント・スティーブンス・グリーン」駅より徒歩約2分。

INFO 『トレインスポッティング』で最も印象的なのは、ユアン演じる主人公が "スコットランドでいちばん汚いトイレ"の便器に入り込むシーン。低予算作品のためCGは使わず、チョコレートと内部を滑り台のように改造した便器を使用したそう。

1 山脈と海の間の平野にあるグルンダル フィヨルズル　2 グリーンランドとして 登場したスティキスホゥルムル　3 アイ スランド最大級のスコゥガフォス滝

アイスランド
エイヤフィヤトラヨークトル火山 ※撮影はグルンダルフィヨルズルなど

LIFE!／ライフ
The Secret Life of Walter Mitty

`コメディ／アドベンチャー`

　「世界を見よう。危険でも立ち向かおう。それが人生の目 的だから」をモットーに、1936年に創刊し2007年に休刊と なったグラフ誌『LIFE』。その写真管理部に長年勤めるもの の、空想でしか冒険できない冴えない男が、消えた最終号の 表紙画像を求め一世一代の旅に出る。グリーンランド、アイ スランド、アフガニスタンを巡るが、ロケ地はほぼすべてア イスランド。なかでも印象的な、エイヤフィヤトラヨークト ル火山を目指し、美しいグリーンの大地を自転車で駆け抜け るシーンは、アイスランド西部スナイフェルスネース半島北 岸にあるグルンダルフィヨルズル村で撮影が行われた。

More Info
グリーンランドの設定でヘリコプターに飛 び乗るのはスティキスホゥルムル。スティ キスホゥルムルの設定の町でスケボーを する のはセイジスフィヨルズル。アフガニスタンへ の道はスコゥガフォスの滝で撮影された。

Access
〔舞台〕レイキャヴィークよりエイヤフィヤトラヨーク トル火山付近のソゥルスモルク自然保護区へ のツアーに参加するのが一般的。
〔ロケ地〕グルンダルフィヨルズルへはレイキャ ヴィークより車で約2時間20分。そこからスティキ スホゥルムルへは車で約30分。

Cinema Data
監督：ベン・スティラー
出演：ベン・スティラー
　　　クリステン・ウィグ
　　　ショーン・ペンほか
公開：2013年／製作：アメリカ／上映時間：115分

中央の建物がハットルグリムス教会

Cinema Data　監督：ベネディクト・エルリン グソン
出演：ハルドラ・ゲイルハルズ ドッティルほか
公開：2018年／製作：アイスラ ンド、フランス、ウクライナ／上映 時間：101分／発売元：トランス フォーマー／DVD発売中

© 2018-Slot Machine-Gulldrengurinn-Solar Media Entertainment-Ukrainian State Film Agency-Köggull Filmworks-Vintage Pictures

アイスランド
レイキャヴィーク

たちあがる女
Woman at War

`ドラマ／コメディ`

　謎の環境活動家"山女"と合唱団講師のふ たつの顔をもつ主人公は、養子申請が受理 されたことで活動に決着をつけようと、あ る行動に出る。豊かな自然を背景に、突如 ブラスバンド隊が現れ、主人公の心情を 演奏で表現する演出がユニーク！　舞台と なったレイキャヴィークはアイスランドの首 都で、クリーンエネルギー政策で世界をリー ドする環境意識が高い都市。作中では町の シンボル、ハットルグリムス教会が映る。

More Info
議員がヴァイキングの歴 史を語った場所は、世界 遺産のシンクヴェトリル国 立公園。

Access
ケフラヴィーク国際空港よ り車で約40分。

`INFO` 『LIFE!／ライフ』で主人公が働く『LIFE』は、写真を中心としたグラフ雑誌。1936年から2007年までアメリカで発行された。 映画とは異なり、実際の最終号の表紙にはアメリカのサウス・ダコタ州にあるジョンF.ケネディ像の写真が掲載された。

1

🇸🇪 **スウェーデン**
ラップランド、ウプサラ

サーミの血
Sami Blood

ドラマ

　澄み切った空気に緑の大地、冬には夜空にオーロラが舞う。美しく神秘的なイメージのラップランドだが、その背景には知られざる悲しい迫害の歴史があった。物語の舞台となった1930年代のスウェーデンは、トナカイを飼い独自の言語を話す先住民族サーミが劣等民族として差別されていた時代。寄宿学校に通う少女エレ・マニャは、成績優秀にもかかわらず、サーミ人ゆえに進学できず落胆する。偏見から逃れ自由に生きるため、彼女は村祭りで出会った少年ニクラスを頼り、彼の住む都市ウプサラへと向かう。

　エレ・マニャの故郷、美しい自然に包まれたラップランドのシーンはスウェーデン北部のヘーマーバンで撮影。ウプサラでは、ウプサラ植物園やウプサラ大学、ウプサラ大聖堂などがロケ地となった。

1 ラップランドの神秘的な景色に溶けこむサーミ人のテント　2 エレ・マニャが訪れたウプサラ大学。作中では背景にウプサラ大聖堂が映る

©2016 NORDISK FILM PRODUCTION

🎥 More Info
ラップランドとは、スカンジナビア半島北部からコラ半島までのエリアで、伝統的にサーミ人が住んでいる地域を指す。ラップランドの人口は約200万で、そのうちサーミ人は10万ほど。スウェーデンのラップランドにあるサーミの文化が残る都市、イェリヴァーレ、ヨックモック、アリエプローグは、ラポーニア地域として世界遺産に登録されている。

✈ Access
ヘーマーバンへはストックホルム・アーランダ空港より飛行機で約1時間45分。ウプサラへはストックホルムより電車で約40分。

Cinema Data
監督：アマンダ・シェーネル
出演：レーネ＝セシリア・スパルロク
　　　ミーア＝エリーカ・スパルロクほか
公開：2016年
製作：スウェーデン、デンマーク、ノルウェー
上映時間：108分
発売元：アップリンク
販売元：TCエンタテインメント
DVD 4180円（税込）

  サーミ人はもともと狩猟・遊牧を行っていたが、チェルノブイリ原子力発電所事故以降、トナカイの汚染が進み伝統的な放牧生活することが難しくなったなどの理由から、現在はほとんどが定住生活をしている。

北欧の深い緑に包まれたソレフテオ

Cinema Data

監督：アンドレアス・エーマン
出演：ビル・スカルスガルド、マルティン・ヴァルストロム、セシリア・フォルスほか
公開：2010年
製作：スウェーデン
上映時間：86分

🎥 **More Info**
バルト海に面する自然豊かな県。

✈ **Access**
スンツヴァルへはストックホルムより電車で約3時間30分、そこからクラムフォシュへは電車で約1時間15分、さらにソレフテオへは車で約40分。

🇸🇪 **スウェーデン**
ヴェステルノールランド

シンプル・シモン
Simple Simon

[コメディ／恋愛]

アスペルガー症候群で人と関わることが苦手なシモンは、常に自分のルールで生きていた。唯一の理解者は兄のサムだが、シモンのせいで恋人に振られてしまう。落ち込む兄を元気づけるには"完璧な恋人"が必要と考えたシモンは、条件に合う相手を探し始めるが……。素朴な町で起こる優しい物語。撮影地は、緑豊かなスウェーデン北東部ヴェステルノールランド県のスンツヴァルやクラムフォシュ、ソレフテオなど。

🇸🇪 **スウェーデン**
ヴィンメルビュー
※撮影はアストリッド・リンドグレーン・ヴェールド

ロッタちゃん はじめてのおつかい
Lotta Flyttar Hemifran

[コメディ]

スウェーデンの小さな町に暮らすキュートで生意気な5歳の女の子ロッタちゃんと、そんな彼女を優しく見守る町の人々の心あたたまるエピソードを、オムニバス形式で描く。原作者は『長くつ下のピッピ』で有名なアストリッド・リンドグレーン。映画は、物語の舞台であり作者の故郷でもあるヴィンメルビューにあるテーマパーク「アストリッド・リンドグレーン・ヴェールド」で、開園記念作品として撮影された。

パーク入口では『長くつ下のピッピ』がお出迎え

Cinema Data

監督：ヨハンナ・ハルド
出演：グレテ・ハヴネショルド　リン・グロッペスタードほか
公開：1993年／製作：スウェーデン
上映時間：83分

🎥 **More Info**
リンドグレーンの作品世界が体感できる、自然の地形を生かしたパーク。夏のみ開園している。

✈ **Access**
ストックホルムより電車で約3時間30分。

左のノーブロ橋の先がストックホルム王宮

Cinema Data　監督：ペール・フライ
出演：エッダ・マグナソン　スペリル・グドナソンほか
公開：2013年／製作：スウェーデン／上映時間：111分／発売元：東映ビデオ／販売元：東映／DVD 5170円（税込）
※発売中

🎥 **More Info**
作中では王宮を背景に橋を渡っている。なお、王宮にはグスタフ3世のアンティーク博物館がある。

✈ **Access**
地下鉄「王立公園」駅より徒歩約10分。

🇸🇪 **スウェーデン**
ストックホルム王宮（ストックホルム）

ストックホルムでワルツを
Waltz for Monica

[ドラマ／音楽]

スウェーデンのジャズシンガー、モニカ・ゼタールンドの半生を描く伝記映画。田舎町で電話の交換手をしながら歌手を目指すシングルマザーのモニカは、自分だけの歌を追求し、ジャズをスウェーデン語で歌おうと考える。ステージで称賛を受け、成功の手応えを感じながら『歩いて帰ろう』の曲にのせて夜明けの町を歩く場面は、歌詞に合った情景が印象的。撮影地は、ストックホルム王宮の前に架かるノーブロ橋。

INFO 『ロッタちゃん はじめてのおつかい』は、スウェーデンでは1993年に上映されたが、日本での公開は2000年。奈良美智によるポスターなどでも話題となり、同年夏には前作の『ロッタちゃんと赤いじてんしゃ』も公開された。

🇩🇰 デンマーク

ニューハウン（コペンハーゲン）

リリーのすべて

The Danish Girl

ドラマ／恋愛

　性同一性障害という言葉が存在しなかった1926年のコペンハーゲンを舞台に、性別をめぐり葛藤しながらも深い絆で結ばれた夫婦の愛を描く。港町ニューハウンに暮らす風景画家のアイナーは、ある日、肖像画家の妻ゲルダに頼まれ女性モデル役を引き受けたことをきっかけに、自分の性に疑問を持ち始める。世界で初めて性別適合手術を受けたデンマーク人リリー・エルベの実話を、エディ・レッドメインとアリシア・ヴィキャンデルが体当たりの演技に挑む！

　ニューハウンは、1673年にコペンハーゲン港から水路を引き込むために造られた、幅約45m、長さ約400mの運河沿いの町。カラフルな建物が並ぶデンマークの観光名所のひとつであり、童話作家のアンデルセンが住んだ町としても知られている。

1 デンマーク語で"新たな港"を意味するニューハウン　2 アイナーが人目を忍び訪れた、ニーボーダーの元海軍兵舎

🎬 More Info

絵画のように美しい風景が映し出される本作では、ニューハウン以外にも目を引く町並みが登場する。そのひとつが、女装したアイナーに好意を寄せる男が住む古い黄色の建物。これは歴史ある住宅地ニーボーダーにある元海軍兵舎である。また、物語後半のおもな舞台であるパリでのシーンの多くは、ベルギーのブリュッセルで撮影されている。

✈ Access

地下鉄「コンゲンス・ニュートーゥ」駅より徒歩約8分。

Cinema Data

監督：トム・フーパー
出演：エディ・レッドメイン
　　　アリシア・ヴィキャンデルほか
公開：2015年
製作：イギリス
上映時間：119分
発売元：NBCユニバーサル・エンターテイメント
Blu-ray 2075円（税込）、DVD 1572円（税込）

INFO 『リリーのすべて』の舞台デンマークは、2014年に、性転換手術の有無にかかわらずパスポートなどに表記される性別を変更できる制度を導入、2017年には世界に先駆けて性同一性障害の疾患扱いを廃止するなど、LGBT先進国として知られている。

港沿いにふたつ並ぶロイヤル・パビリオン

Cinema Data 監督：トマス・ヴィンターベア／出演：マッツ・ミケルセンほか／公開：2020年／製作：デンマーク、オランダ、スウェーデン／上映時間：117分／クロックワークス／販売元：TCエンタテインメント／Blu-ray+DVDセット 5280円(税込)

🇩🇰 デンマーク
コペンハーゲン

アナザーラウンド
Another Round

ドラマ／コメディ

　冴えない4人の中年教師が、"適切な飲酒は人生を好転させる"という仮説を立証するため、ほろ酔いで勤務するという実験を始める。最初は血中アルコール濃度0.05%を保ち、生き生きと教師生活を楽しんでいたが……。飲酒の末、彼らは何を悟るのか？　物語の舞台はアルコールに寛容な国デンマーク。ラストのダンスシーンは、コペンハーゲンのカステレット要塞南のロイヤル・パビリオン前の広場で撮影された。

More Info
広場の隣、カステレット要塞の北には"世界3大がっかり"で有名な人魚姫の像がある。

Access
コペンハーゲン市街より車で約10分。

🇩🇰 デンマーク
ユトランド半島

バベットの晩餐会
Babette's Feast

ドラマ

　19世紀後半。ユトランド半島にある小さな漁村で、牧師だった父の遺志を継ぎ慎ましく暮らす美しい老姉妹のもとに、パリの動乱で家族を失ったフランス人女性バベットが現れ、メイドとして仕えることになる。物語で大きな存在感を放つ村の教会には、半島北部の町イェリングにあるマーラップ教会が使用されたが、このあたりの海岸線は浸食が激しく崩れる危険があるため、惜しまれつつも取り壊された。

浸食が進む海岸線と砂に沈む灯台

Cinema Data 監督：ガブリエル・アクセル／出演：ステファーヌ・オードラン、ビルギッテ・フェダースピルほか／公開：1987年／製作：デンマーク／上映時間：102分／発売元：是空/TCエンタテインメント／販売元：TCエンタテインメント／HDニューマスター版Blu-ray 5280円(税込)、DVD 3850円(税込)

More Info
海岸線の背景に見えたルビャオ・クヌード灯台も、砂に埋まりつつある。

Access
「イェリング」駅より海岸線まで車で約20分。

世界遺産の町として有名なタリン

Cinema Data 監督：クリストファー・ノーラン／出演：ジョン・デヴィッド・ワシントン、ロバート・パティンソンほか／公開：2020年／製作：アメリカ、イギリス／上映時間：151分／発売元：ワーナー・ブラザース ホームエンターテイメント／販売元：NBCユニバーサル・エンターテイメント／デジタル配信中、Blu-ray 2619円(税込)、DVD 1572円(税込)

🇪🇪 エストニア
タリン

TENET テネット
Tenet

サスペンス／アクション／SF

　特殊工作員の主人公が、ある男から「"時間"から脱出し第3次世界大戦を止めよ」というミッションを与えられ、時間を逆行してきた敵と戦う複雑難解なタイム・サスペンス・アクション。イタリアやインドなど世界各国の風景が映り、物語のスケールの大きさを感じさせるが、なかでもエストニアのタリンのフリーポートでのシーンや、ラーニャ・ハイウェイを8kmも封鎖して撮影したカーチェイスは迫力満点！

More Info
冒頭のキーウのオペラハウスとして撮られたのはエストニアのタリン・シティ・ホール。

Access
タリン港へはヘルシンキよりフェリーで約2時間。

『TENET テネット』のロケ地はタリンのほかに、イタリアのアマルフィ海岸やイギリスのキャノン・ホール、ノルウェーのオスロ・オペラハウス、デンマークのニステッド風力発電所、インドのロイヤル・ボンベイ・ヨット・クラブなどがある。

作品ポスターも撮られた国立公園

🇫🇮 フィンランド

ヌークシオ国立公園（ヘルシンキ）

かもめ食堂

Kamome Diner

`コメディ／ドラマ`

ヘルシンキの町で食堂を営むサチエさんと、縁あって彼女の店を手伝うことになったミドリさんとマサコさん。ずっと閑古鳥が鳴いていた店に、ある日、日本かぶれのフィンランド青年が訪れてから風向きが変わり始める。ヘルシンキの町と郊外の自然、どちらの魅力にも触れられる本作。なかでもヌークシオ国立公園で撮影された、マサコさんのキノコ狩りのシーンは、フィンランドならではの森の美しさを感じられる。

🇫🇮 フィンランド

スウェーデン劇場（ヘルシンキ）

TOVE/トーベ

TOVE

`ドラマ`

世界中で愛される『ムーミン』の原作者トーベ・ヤンソンの伝記映画。第2次世界大戦、著名な彫刻家の父との軋轢、保守的な美術界など、抑圧された世界でムーミンはどのように生まれたのかが、作者の人物像とともに浮かび上がる。転機となったのは、舞台監督の女性ヴィヴィカとの恋。彼女の提案により『ムーミン谷の彗星』が歴史あるスウェーデン劇場で上演されたことで、トーベの人生は大きく動き出すのだった。

ヘルシンキ最古とされるスウェーデン劇場

Cinema Data 監督：ザイダ・バリルート／出演：アルマ・ポウスティほか／公開：2020年製作：フィンランド、スウェーデン／上映時間：103分／発売元：クロックワークス／販売元：ハピネット・メディアマーケティング　Blu-ray豪華版 6380円（税込）、DVD豪華版 5280円（税込）、DVD通常盤 4290円（税込）※Blu-ray＆DVD好評発売中

鉄道広場に面するアテネウム美術館

Cinema Data 監督：クラウス・ハロ　出演：ヘイッキ・ノウシアイネン、ピルヨ・ロンカ、アモス・プロテルスほか　公開：2018年／製作：フィンランド／上映時間：95分／発売元：ニューセレクト／販売元：アルバトロス

🇫🇮 フィンランド

アテネウム美術館（ヘルシンキ）

ラスト・ディール 美術商と名前を失くした肖像

One Last Deal

`ドラマ`

ヘルシンキで昔気質の画廊を営む老美術商オラヴィは、資金繰りの悪化により店を畳み引退することを考え始めていたが、ある日、オークションハウスで署名のない一枚の肖像画に心を奪われる。経験から価値ある作品と確信したオラヴィは、人生最後の大勝負に出る！　本作はフィンランドの国立美術館であるアテネウム美術館の協力のもと製作され、主人公が孫に美術品の見方を教える場面では数々の展示作品が映る。

 トーベ・ヤンソンの半生を描いた『TOVE/トーベ』。ヘルシンキ以外のゆかりの地として有名なのは、彼女が晩年移り住んだブレッドシャール島。グラフィック・デザイナーのトゥーリッキと同棲し、その後クルーヴ島に移り住んでいる。

ユーラシア大陸最西端のロカ岬への観光拠点でもあるシントラ

ヨーロッパ

北ヨーロッパ　フィンランド

南ヨーロッパ　ポルトガル

 ポルトガル

シントラ

ポルトガル、夏の終わり

Frankie

`ドラマ`

　王家の避暑地として愛された世界遺産の町シントラで繰り広げられるヒューマン・ドラマ。自分の死期が近いことを悟った大女優フランキーは、最期の夏を過ごすため、家族と親友をシントラに呼び寄せるが、その裏には彼女が密かに描くあるシナリオがあった。

　ポルトガルの首都リスボンに隣接するシントラには、シントラ宮殿などの歴史的建造物や色彩豊かな町並みをはじめ、プライア・ダス・マサンスの穏やかなビーチや詩人バイロンが"この世のエデン"とたたえた深い森などがあり、一つひとつの輝く景色が物語をひときわドラマチックに演出している。撮影前にこの地を訪れたアイラ・サックス監督は、そのあまりの美しさに「ロケハンはまるで宝探しのようだった」と語るほど感銘を受けたという。

© 2018 SBS PRODUCTIONS /
O SOM E A FÚRIA © 2018
Photo Guy Ferrandis / SBS
Productions

More Info

シントラは、14世紀に建てられたシントラ宮殿や、19世記建造のペーナ宮殿、7〜8世紀にムーア人が築いた城の跡など、さまざまな年代の文化財が集まることから、「シントラの文化的景観」として1995年に世界遺産に登録されている。ちなみに、シントラ宮殿の近くにはフランキーの夫が立ち寄った郷土菓子の店「ピリキータ」がある。

Access

リスボンより電車で約1時間。

Cinema Data

監督：アイラ・サックス
出演：イザベル・ユペール
　　　グレッグ・キニア、マリサ・トメイ
　　　ジェレミー・レニエほか
公開：2019年
製作：アメリカ、フランス、ポルトガル
上映時間：100分
発売・販売元：ギャガ
DVD 4180円(税込) ※発売中

 「ポルトガル、夏の終わり」のロケ地となったシントラの名物の郷土菓子といえばケイジャーダ。チーズを使ったタルト風の焼き菓子で、フランキーの夫が立ち寄った菓子店「ピリキータ」でも購入することができる。

 イタリア

ローマ

ローマの休日

Roman Holiday

`恋愛／コメディ`

　ヨーロッパ各地を訪問する某国の王女が、お忍びで訪れたローマの町で新聞記者と出会い、たった一日の恋に落ちる。作中ではローマの名所が次々と登場し、それらを巡ればローマのおもな見どころをほぼすべて押さえられると言っても過言ではない。登場する場所は順に、バチカンのサン・ピエトロ大聖堂、バルベリーニ宮（大使館として）、レプッブリカ広場のナイアディの泉、フォロ・ロマーノ、トーレ・デル・オロロッジョ、トレヴィの泉、スペイン広場、パンテオン、コロッセオ、ヴィットリオ・エマヌエーレ2世記念堂、カンピドーリオ広場、真実の口、そして物語はテヴェレ川沿いのサンタンジェロ城の橋の下での船上パーティでクライマックスを迎える！

🎞 *More Info*

　139年に完成したサンタンジェロ城は、もともとハドリアヌス帝が自らの霊廟として建設したものだったが、以後、要塞や牢獄や避難所などさまざまな用途を経て、1933年以降は博物館となった。また、700mほど離れたバチカンのサン・ピエトロ大聖堂とは城壁上の通路でつながっている。

✈ Access

　ローマ市街へはフィウミチーノ空港より「ローマ・テルミニ」駅までレオナルド・エクスプレスで約32分。そこからサンタンジェロ城へは車で約10分。そこから真実の口へは車で約5分。

1 テヴェレ川右岸にあるサンタンジェロ城。現在は博物館となっている　2 サンタ・マリア・イン・コスメディン教会の正面柱廊の奥にある真実の口

© 1953, 2020 Paramount Pictures.

Cinema Data

監督：ウィリアム・ワイラー
出演：オードリー・ヘプバーン
　　　グレゴリー・ペックほか
公開：1953年／製作：アメリカ／上映時間：118分／発売元：NBCユニバーサル・エンターテイメント／デジタル・リマスター版Blu-rayコレクターズ・エディション 5280円（税込）

『ローマの休日』の、真実の口で新聞記者が手を噛みちぎられたようにふざけるシーンは、グレゴリー・ペックと監督が示し合わせた悪戯で、当時無名の新人だったオードリー・ヘプバーンの自然な演技を引き出すためのものだった。

映画では観光とは異なる表情のスペイン広場が見られる

Cinema Data
監督：ベルナルド・ベルトルッチ
出演：タンディ・ニュートン
　　　デヴィッド・シューリスほか
公開：1998年／製作：イタリア、イギリス
上映時間：94分

🟥 **イタリア**
スペイン広場（ローマ）

シャンドライの恋
Besieged

`恋愛／ドラマ`

　巨匠ベルナルド・ベルトルッチが綴る無償の愛の物語。アフリカで政治活動をしていた夫が捕まり、単身イタリアに渡りローマで使用人として働きながら医学を学ぶシャンドライ。屋敷の主である無口なイギリス人の音楽家は、しだいに彼女に惹かれ、その愛を不器用に貫く。舞台となる屋敷は『ローマの休日』でおなじみのスペイン広場近く、地下鉄「スパーニャ」駅前の路地ヴィーコロ・デル・ボッティーノ沿いにある。

🎬 **More Info**
屋敷の隣のホテル「インテルナツィオナーレ・ドムス・ローマ」では映画に近い風景が味わえる。

➤ **Access**
スペイン広場へは地下鉄「スパーニャ」駅より徒歩約3分。

🟥 **イタリア**
トレヴィの泉（ローマ）

甘い生活
La Dolce Vita

`ドラマ／コメディ`

　ゴシップ記者の男の視点を通じ、1950年代後半の華やかで退廃的な上流階級とモラルを失った現代人の生き様を描いた、巨匠フェデリコ・フェリーニの代表作のひとつ。印象的なのは、記者がハリウッド女優と訪れるトレヴィの泉のシーン。ポーリ宮殿の壁と一体となったトレヴィの泉には、中央に水の神ネプトゥーヌス、左右に女神が配されていて、気まぐれに水浴びを楽しむ女優の姿も、女神のように幻想的に映る。

ローマ三大噴水のひとつトレヴィの泉

Cinema Data
監督：フェデリコ・フェリーニ
出演：マルチェロ・マストロヤンニ、アニタ・エクバーグ、アヌーク・エーメほか／公開：1960年／製作：イタリア、フランス／上映時間：174分／販売元：復刻シネマライブラリー／4Kデジタルリマスター版DVD 3800円（税別）

© 1960 RTI

🎬 **More Info**
トレヴィの泉には、後ろ向きにコインを投げ入れると願いが叶うという有名な言い伝えがある。

➤ **Access**
地下鉄「ベルベリーニ」駅より徒歩約7分。

復讐をかけた決闘が行われたコロッセオ

Cinema Data

監督：リドリー・スコット
出演：ラッセル・クロウ、ホアキン・フェニックスほか
公開：2000年／製作：アメリカ
上映時間：155分／発売元：NBCユニバーサル・エンターテイメント／Blu-ray 2075円（税込）、DVD 1572円（税込）

🟥 **イタリア**
コロッセオ（ローマ）※撮影はマルタのリカゾーリ砦

グラディエーター
Gladiator

`歴史／アクション`

　帝政ローマ時代中期。皇帝と皇太子の確執に巻き込まれた将軍マキシマスは、反逆罪に問われ家族を失い奴隷に身を落とすも、やがてグラディエーター（剣闘士）となり、復讐の機会を狙う。壮絶なアクションに息をのむ歴史スペクタクルで、ローマの名所コロッセオの現役時代の姿を知ることができる作品。なお、作中で映る当時のコロッセオは、マルタのリカゾーリ砦に造られたセットで撮影されたものである。

🎬 **More Info**
コロッセオは西暦80年に造られた円形闘技場で、当時の正式名称は「フラウィウス円形闘技場」。

➤ **Access**
地下鉄「コロッセオ」駅よりすぐ。

📽 INFO　トレヴィの泉に投げ入れるコインが1枚だとローマへの再来、2枚だと大切な人との不変の関係、3枚だと恋人や夫・妻との離別が叶うという言い伝えがある。また、泉のコインの半分はカトリック系慈善団体に寄付されている。

271から6年もの歳月をかけ完成した城壁の門

イタリア
ピンチアーナ門（ローマ）

自転車泥棒
The Bicycle Thief

`ドラマ`

第2次世界大戦後に製作されたネオレアリズモ映画の代表作。舞台は戦後の貧しいイタリア。就職難のなか、主人公は広告貼りの仕事を得るが、仕事道具の自転車を盗まれてしまう。幼い息子とともに自転車を探しローマ中を歩き回るが……。初出勤日に同僚から仕事を教わるシーンの背景に映るのは、ピンチアーナ門。アウレリアヌス帝の時代に蛮族の侵入を防ぐため建設された城壁の18ヵ所ある城門のひとつである。

Cinema Data
監督：ヴィットリオ・デ・シーカ
出演：ランベルト・マジョラーニ
　　　エンツォ・スタヨーラほか
公開：1948年／製作：イタリア
上映時間：88分

More Info
親子で自転車探しに訪れるマーケットは、ヴィットーリオ・エマヌエーレ2世広場の脇。

Access
地下鉄「ベルベリーニ」駅より徒歩約10分。

イタリア
チルコ・マッシモ（ローマ）※撮影はローマのスタジオなど

ベン・ハー
Ben-Hur

`ドラマ` / `歴史`

アカデミー賞史上最多の11部門でオスカーに輝き、映画史に名を刻んだ作品。ユダヤ人貴族の息子ベン・ハーの波乱の人生を、キリストの生涯と絡め描く。最大の見せ場である戦車競走のシーンは、当時を再現したセットで撮られたが、古代ローマの戦車競走の中心地といえばローマの七丘のパラティーノとアヴェンティーノの丘の谷間にあったチルコ・マッシモであり、およそ25万人が観戦を楽しんだといわれている。

当時の面影を残すチルコ・マッシモ

Cinema Data
監督：ウィリアム・ワイラー／出演：チャールトン・ヘストン、スティーヴン・ボイドほか公開：1959年／製作：アメリカ／上映時間：222分／発売元：ワーナー・ブラザースホームエンターテイメント／販売元：NBCユニバーサル・エンターテイメント／製作50周年記念リマスター版Blu-ray 2619円（税込）、特別版DVD 1572円（税込）

More Info
撮影はローマの映画スタジオ「チネチッタ」やアンツィオ、カナーレ・モンテラーノなどで行われた。

Access
地下鉄「チルコ・マッシモ」駅よりすぐ。

ローマの五大バジリカに数えられる大聖堂

Cinema Data
監督：フェデリコ・フェリーニ
出演：ジュリエッタ・マシーナ
　　　アンソニー・クインほか
公開：1954年／製作：イタリア／上映時間：115分／発売元：WOWOWプラス／販売元：紀伊國屋書店／Blu-ray 4800円（税別）、DVD 3800円（税別）
※ソフトの商品情報は本書の発売元時点のもの

イタリア
サン・パオロ・フォーリ・レ・ムーラ大聖堂（ローマ）

道
La Strada

`ドラマ` / `ロードムービー`

貧しい家の娘ジェルソミーナは大道芸人ザンパノに売られ、彼の助手として旅暮らしをともにすることに。粗暴で冷酷な男が純真無垢な女により、人としての感情を宿らせる様を描いた、巨匠フェリーニの代表作。作中で映るラツィオ州やアブルッツォ州の風景の多くは変貌を遂げたが、ジェルソミーナがザンパノを警察署に迎えに行く場面で映るローマのサン・パオロ・フォーリ・レ・ムーラ大聖堂は今も健在だ。

More Info
綱渡りのシーンのロケ地はバニョレージョ。その近くには、絶壁の上の都市チヴィタがある。

Access
「バジリカ・サン・パオロ」駅より徒歩約3分。

 1929年に始まったアカデミー賞授賞式。複数部門で受賞する作品は多いが、最多は1959年の『ベン・ハー』、1997年の『タイタニック』、2003年の『ロード・オブ・ザ・リング／王の帰還』（P.22）。それぞれ11部門でオスカーを獲得している。

1 アルノ川の南からの景色。ルーシーのペンションはヴェッキオ橋手前の写真右下あたり　2 サンタ・クローチェ聖堂でエマソン親子に遭遇　3 喧嘩を見たルーシーが気を失ったシニョーリア広場

🏴 イタリア

フィレンツェ

眺めのいい部屋

A Room with a View

恋愛／ドラマ

　封建的思想が残る20世紀初頭、従姉とともにフィレンツェを訪れたイギリス名家の娘ルーシーは、予約していた部屋からの眺めが悪く落胆するが、親切な紳士エマソン氏とその息子のジョージの厚意で部屋を交換してもらう。その後、町で遭遇したルーシーとジョージは、互いに惹かれ合うが……。

　譲ってもらった"眺めのいい部屋"は、ヴェッキオ橋が架かるアルノ川越しに、フィレンツェのランドマークである花の聖母教会ドゥオーモ／カテドラーレやヴェッキオ宮が見渡せる最高のロケーション。作中ではサンタ・クローチェ聖堂やシニョーリア広場などの名所も映り、観光気分が味わえる。

🎥 More Info

町の中心部は「フィレンツェ歴史地区」として世界遺産に登録されており、映画で登場する花の聖母教会ドゥオーモ／カテドラーレやヴェッキオ宮、サンタ・クローチェ聖堂はその代表的な建物である。

✈ Access

映画で登場する名所は「フィレンツェ・サンタ・マリア・ノヴェッラ」駅2km圏内にある。駅より花の聖母教会ドゥオーモ／カテドラーレへは徒歩約10分、そこからシニョーリア広場とヴェッキオ宮へは徒歩約5分、そこからサンタ・クローチェ聖堂へは徒歩約5分。

Cinema Data

監督：ジェイムズ・アイヴォリー
出演：ヘレナ・ボナム＝カーター、ジュリアン・サンズ
　　　マギー・スミスほか
公開：1985年／製作：イギリス
上映時間：117分

ヴェローナにある"ジュリエットの家"

Cinema Data

監督：フランコ・ゼフィレッリ
出演：レナード・ホワイティング
　　　オリビア・ハッセーほか
公開：1968年／製作：イギリス、イタリア／上映時間：138分
発売元：NBCユニバーサル・エンターテイメント／Blu-ray 2075円（税込）、DVD 1572円（税込）

🎥 More Info

ヴェローナ市街は世界遺産に登録されている。

✈ Access

ジュリエットの家へは「ヴェローナ・ポルタ・ヌオーヴァ」駅より車で約10分。

🏴 イタリア

ヴェローナ ※撮影はシエナやペルージャなど

ロミオとジュリエット

Romeo and Juliet

恋愛／ドラマ

　14世紀のヴェローナを舞台に、敵対するふたつの名家の子女の悲恋を描いたシェイクスピアの戯曲『ロミオとジュリエット』の5度目の映画化作品。撮影時16歳だったオリビア・ハッセーの可憐で瑞々しい演技が評判を呼んだ。ロケ地は異なるが、ヴェローナ市街には戯曲のモデルになった石造りのバルコニーを有する"ジュリエットの家"があり、『ジュリエットからの手紙』（P.8）ではその様子をうかがうことができる。

INFO　1968年版『ロミオとジュリエット』のロミオ役は最初ポール・マッカートニーにオファーがあったそう。また、設定を現代のマフィアの抗争に置き換えた1996年版『ロミオ＋ジュリエット』は、メキシコのチャプルテペック城がロケ地。

■ イタリア
サン・マルコ広場（ヴェネツィア）

旅情
Summertime

恋愛／ドラマ

　主題歌『Summertime In Venice』と合わせて大ヒットした、大人の男女のひと夏の恋を描いた物語。自立したアメリカ人女性ジェーンは、長期休暇をとり念願のヨーロッパ旅行に出る。最終目的地の水の都ヴェネツィアは夢のように美しく夢中で写真を撮るが、ひとりでいることにちょっぴり寂しさを感じ始めた矢先、サン・マルコ広場のカフェで、魅力的なイタリア人男性レナートと出会う。

　ふたりが出会い、会話を重ねる場所として登場するサン・マルコ広場は、"世界で最も美しい広場"と謳われるヴェネツィアを象徴する場所で、海からの玄関口。回廊をもつ建物に囲まれた広場には、サン・マルコ寺院やドゥカーレ宮殿といった観光名所が面している。

1 夜のサン・マルコ広場とサン・マルコ寺院、鐘楼の奥にはドゥカーレ宮殿がある　2 ふたりが訪れたムラーノ島はカラフルな町並みと伝統的なガラス工芸が有名

🎬 More Info
　サン・マルコ広場でひと際大きな存在を放つサン・マルコ寺院は、ヴェネツィアで最も有名な大聖堂。ビザンティン建築を代表する歴史的建物で、建物内の壁や天井は黄金、祭壇には2000を超える宝石が埋め込まれた黄金の衝立があるなど豪華絢爛。また、サン・マルコ寺院に隣接するヴェネツィア共和国の総督邸兼政庁であったドゥカーレ宮殿は、現在は美術館として公開されているので、観光の際は寺院と合わせて巡りたい。

✈ Access
船着場「リアルト」より徒歩約7分。

Cinema Data
監督：デヴィッド・リーン
出演：キャサリン・ヘプバーン
　　　ロッサノ・ブラッツィほか
公開：1955年／製作：イギリス、アメリカ
上映時間：100分
発売元：ツイン／販売元：NBCユニバーサル・
エンターテイメント／Blu-ray&DVD発売中

 『逢びき』（P.104）、『戦場にかける橋』（P.211）、『アラビアのロレンス』（P.223）、『ドクトル・ジバゴ』（P.133）など数々の名作を手がけたデヴィッド・リーン監督が、「最も気に入っている」と発言する自身の作品は『旅情』。

1 ロケ地となった「グランドホテル・デ・バン」　2 高級リゾート地として知られるリド島　3 冒頭で映るサン・ジョルジョ・マッジョーレ島も人気の観光地

イタリア
グランドホテル・デ・バン（ヴェネツィア/リド島）

ベニスに死す
Death in Venice

`ドラマ`

　マーラーの音楽にのせ、老作曲家の美少年への焦がれ募る思いと老いへの苦しみを描いた、巨匠ルキノ・ヴィスコンティの代表作。舞台となったリド島は、ヴェネツィア本土からフェリーで渡れる長さ約12kmの島。主人公らが滞在する1900年創業の高級ホテル「グランドホテル・デ・バン」では、実際に撮影が行われたサロンが"ヴィスコンティの間"として残され、映画ファンだけでなく多くの観光客にも愛されてきた。また、毎年9月に開催されるヴェネツィア国際映画祭では、スターや監督などに利用されてきたが、2010年に高級コンドミニアムへの改築の計画のため、惜しくも閉鎖された。

More Info
このホテルは『イングリッシュ・ペイシェント』（P.235）でもカイロのホテルとして使用されている。また、2018年のヴェネツィア国際映画祭では1階を開放し、映画祭75年を記念した写真展が開催された。

Access
「グランドホテル・デ・バン」の所在地グリエルモマルコーニ海岸17番地へは、船着場「リド」より徒歩約12分。

Cinema Data

監督：ルキノ・ヴィスコンティ／出演：ダーク・ボガード、ビョルン・アンドレセンほか／公開：1971年／製作：イタリア、フランス、アメリカ／上映時間：131分／発売元：ワーナー・ブラザースホーム エンターテイメント／販売元：NBCユニバーサル・エンターテイメント／DVD 1572円（税込）

中央の赤茶色の建物が「ホテル・ダニエリ」

Cinema Data
監督：フロリアン・ヘンケル・フォン・ドナースマルク／出演：アンジェリーナ・ジョリー、ジョニー・デップほか／公開：2010年／製作：アメリカ／上映時間：103分／発売・販売元：ソニー・ピクチャーズ エンタテインメント／デジタル配信中、Blu-ray 3122円（税込）、DVD 2075円（税込）

イタリア
ホテル・ダニエリ（ヴェネツィア）

ツーリスト
The Tourist

`クライム／アクション`

　アンジェリーナ・ジョリーとジョニー・デップの初共演作。ヴェネツィアを訪れたアメリカ人旅行者フランクは、謎めいた美女エリーズと出会い恋に落ちるが、いつしか巨大な陰謀に巻き込まれていく。主人公たちが宿泊したのは「ホテル・ダニエリ」。14世紀の総督の屋敷を改装した歴史ある高級ホテルで、大理石のロビーは息をのむ豪華さ。初夏から秋にかけてはレストランのテラスが解放され絶景が楽しめる。

More Info
ワーグナーやゲーテなど歴史的人物をはじめ多くの著名人が宿泊している。

Access
船着場「サン・マルコ・サン・ザッカリア」"E"もしくは"F"より徒歩約1分。

『地獄に堕ちた勇者ども』、『ルートヴィヒ』（P.92）と並ぶ「ドイツ3部作」である『ベニスに死す』。美少年タジオ役のビョルン・アンドレセンは、2019年にホラー映画『ミッドサマー』（P.10）に老人役で出演し話題を呼んだ。

119

🇮🇹 イタリア

コルレオーネ（シチリア島）※撮影はフォルツァ・ダグロ、モッタ・カマストラなど

ゴッドファーザー

The Godfather

> ドラマ／クライム

　マフィアの世界を克明に描いたマリオ・プーゾの同名小説をフランシス・コッポラが実写化。イタリアから移住し、一代でマフィアのドンへと上りつめたヴィトー・コルレオーネ。その三男であるマイケルは堅気の世界で生きていたが、ヴィトーが襲撃されたことをきっかけに復讐に手を染め、裏社会で生きることを決意する。

　コルレオーネの名前の由来になったヴィトーの出身地コルレオーネ村はシチリア島に実在し、著名なマフィアを輩出した土地として有名。映画の撮影では、メッシーナ県にある、フォルツァ・ダグロがコルレオーネ村の内部として、モッタ・カマストラが村の外観として登場するほか、島内には映画のロケ地が点在する。

1 コルレオーネ村として撮影されたフォルツァ・ダグロ　2 映画のままの姿で残っているバル「Bar Vitelli」

🎬 More Info

マイケルがコルレオーネ村に身を潜めていた際に出会った娘アポロニアの父親が経営するバルはサヴォカにある「Bar Vitelli」。ふたりが結婚式を挙げたサン・ニコロ教会は、バルからおよそ400mの場所にある。また、マイケルの邸宅にはカターニア県のデリ・スキアヴィ城が使用された。

✈ Access

〔舞台〕コルレオーネ村へはパレルモ市街より車で約1時間。
〔ロケ地〕フォルツァ・ダグロへはメッシーナより車で約1時間。そこからモッタ・カマストラへは車で約1時間。

Cinema Data

監督：フランシス・フォード・コッポラ
出演：マーロン・ブランド、アル・パチーノほか
公開：1976年／製作：アメリカ
上映時間：176分
発売元：NBCユニバーサル・エンターテイメント
4K Ultra HD+Blu-ray 6589 円(税込)

 アカデミー作品賞・主演男優賞・脚色賞を受賞し、1990年にはアメリカ国立フィルム登録簿に永久保存登録された『ゴッドファーザー』。続編『Part II』もアカデミー作品賞を獲得し、正編・続編が作品賞を受賞した唯一の例となっている。

映画館のセットは撤去されたが教会は健在

Cinema Data 監督：ジュゼッペ・トルナトーレ／出演：サルヴァトーレ・カシオ、ジャック・ペラン、フィリップ・ノワレほか／公開：1988年／製作：イタリア、フランス／上映時間：124分／発売・販売元：TCエンタテインメント／4Kレストア版Blu-ray(2枚組) 7040円(税込)、4K UHD+Blu-ray(3枚組) 9020円(税込)

© 1989 CristaldiFilm

🇮🇹 **イタリア**
パラッツォ・アドリアーノ（シチリア島）

ニュー・シネマ・パラダイス
Nuovo Cinema Paradiso

`ドラマ`

シチリアの小さな村を舞台に、映写技師アルフレードと彼を慕う少年トトの友情を描いた、ジュゼッペ・トルナトーレ監督の代表作。村唯一の映画館「パラディソ」は、パレルモ県南部のコムーネ（基礎自治体）、パラッツォ・アドリアーノのウンベルト1世広場に組まれたセット。広場の近くには映画の小道具やセットの一部などを展示するニュー・シネマ・パラダイス博物館があり、映画ファンの聖地となっている。

📽 **More Info** トトが通う小学校にはパレルモ県のカステルブオーノ城が使用された。

✈ **Access** パレルモまたはタオルミーナ発のツアーがある。

🇮🇹 **イタリア**
モンジベロ（架空の町）※撮影はイスキア島

太陽がいっぱい
Purple Noon

`サスペンス／クライム`

"世紀の美男子"と呼ばれたアラン・ドロンの出世作。金持ちの放蕩息子フィリップをアメリカに連れ戻すよう、彼の父親から頼まれた青年トムは、フィリップの傍若無人な態度や恵まれた境遇に怒りと嫉妬を覚え、フィリップを殺して彼になりすまそうと計画する。舞台のモンジベロは架空の町で、ロケ地はナポリ湾の西部に浮かぶイスキア島。桟橋のほか、中世に建てられたアラゴン城など作中で映る風景が今も残る。

当時の面影が残るアラゴン桟橋

Cinema Data
監督：ルネ・クレマン
出演：アラン・ドロン、マリー・ラフォレ、モーリス・ロネほか
公開：1960年
製作：フランス、イタリア
上映時間：118分

📽 **More Info** トムが「太陽がいっぱいだ」とつぶやく名場面は同島の南、マロンティ・ビーチのあたり。

✈ **Access** イスキア島へはナポリより高速フェリーで約1時間30分。

広場にたたずむ7世紀建造の大聖堂

Cinema Data 監督：ジュゼッペ・トルナトーレ／出演：モニカ・ベルッチ、ジュゼッペ・スルファーロほか／公開：2000年／製作：イタリア、アメリカ／上映時間：92分／発売元：NBCユニバーサル・エンターテイメント／Blu-ray 2075円(税込)、DVD 1572円(税込)

🇮🇹 **イタリア**
カクタス（架空の町）※撮影はシチリア島のシラクーサ

マレーナ
Malena

`ドラマ／恋愛`

誰かを守りたいと思う気持ちが、少年を大人にする。イタリアの美しい島を背景に、戦争に翻弄された薄幸の美女の運命を、彼女に思いを寄せる少年の目線で描き出す。舞台のカクタスは架空の町で、町並みにはシチリアのシラクーサにあるオルティージャ島のドゥオーモ広場が使われた。この小島は旧市街として知られ、シラクーサ大聖堂やサンタ・ルチア・アッラ・バディア教会など、多くの歴史的建造物が点在している。

📽 **More Info** 少年が海辺でマレーナを見かけるシーンは、モロッコのアル・ジャディーダで撮影された。

✈ **Access** ドゥオーモ広場へは「シラクサ」駅より車で約5分。

📷 **INFO** 『ニュー・シネマ・パラダイス』の海岸の場面はチェファルやバゲリーア周辺で、アルフレードと別れた「ジャンカルド」駅は「ラスカリ」駅で撮影された。なお、ラストシーンでは映像技師役にトルナトーレ監督がカメオ出演している。

ヨーロッパ 南ヨーロッパ イタリア

121

クレマの町並み。アーチの先には大聖堂

Cinema Data
監督：ルカ・グァダニーノ／出演：ティモシー・シャラメ、アーミー・ハマーほか／公開：2017年／製作：アメリカ、ブラジル、イタリア、フランス／上映時間：132分

発売元：カルチュア・パブリッシャーズ
販売元：ハピネット・メディアマーケティング／Blu-ray 5280円(税込)、DVD 4290円(税込)※Blu-ray&DVD好評発売中

© Frenesy , La Cinefacture

🇮🇹 **イタリア**

クレマ

君の名前で僕を呼んで
Call Me by Your Name

恋愛／ドラマ

1983年夏。17歳の少年エリオが家族と過ごす別荘に、大学教授の父親が招いた大学院生のオリヴァーがやってくる。第一印象は苦手なタイプだと思っていたエリオだったが、しだいに彼が気になり始め……。北イタリアの避暑地を舞台に、ふたりのひと夏のほろ苦い恋を描く。ふたりが自転車で訪れたサンタ・マリア・アッスンタ大聖堂前のドゥオーモ広場をはじめ、撮影の大部分はクレモナにある町クレマで行われた。

🎥 *More Info*
エリオが父とオリヴァーの研究について訪れた海のロケ地は、ガルダ湖南岸の町シルミオーネ。

✈ **Access**
サンタ・マリア・アッスンタ大聖堂へは「クレマ」駅より徒歩約10分。

🇮🇹 **イタリア**

プローチダ島、サリーナ島

イル・ポスティーノ
Il Postino:The Postman

ドラマ

1950年代にチリからイタリアに亡命した詩人パブロ・ネルーダの史実に基づく物語。南イタリアの小さな島に暮らす純朴な郵便配達の青年マリオは、チリの詩人パブロと交流を重ねるうちに言葉の魅力に目覚める。撮影はふたつの島で行われ、港やマリオが恋する娘が働く食堂がある村のシーンはナポリ湾に浮かぶプローチダ島で、マリオの家周辺や砂浜のシーンはエオリア諸島に属するサリーナ島のポッラーラで撮られた。

プローチダ島のコッリチェッラ海岸

Cinema Data
監督：マイケル・ラドフォード
出演：マッシモ・トロイージ
　　　フィリップ・ノワレほか
公開：1994年
製作：イタリア、フランス
上映時間：108分

🎥 *More Info*
実際にパブロ・ネルーダが滞在したのはカプリ島である。

✈ **Access**
プローチダ島へはナポリのモロ・ベヴェレッロ港より高速船で約35分。サリーナ島へはシチリア島のミラッツォ港より高速船で約1時間30分。

ラッポリ宮殿など古い建物がたたずむ広場

Cinema Data
監督：ロベルト・ベニーニ／出演：ロベルト・ベニーニ、ニコレッタ・ブラスキ、ジョルジオ・カンタリーニほか／公開：1997年／製作：イタリア／上映時間：116分
発売元：NBCユニバーサル・エンターテイメント／Blu-ray 2075円(税込)、DVD 1572円(税込)

🇮🇹 **イタリア**

グランデ広場（アレッツォ）

ライフ・イズ・ビューティフル
Life Is Beautiful

ドラマ／戦争

1939年、第2次世界大戦直前にトスカーナの小さな町アレッツォにやってきたグイドは、美しい小学校教師と結婚し息子をもうけ幸せな日々を送っていたが、ユダヤ系イタリア人であることから、息子とともにナチスの強制収容所に送られてしまう。ユダヤ人迫害という暗く重い題材をユーモラスに描いた作品。グランデ広場を親子3人が自転車で駆け抜けるシーンは、人生の美しさを表す名場面として心に残る。

🎥 *More Info*
監督・脚本・主演のベニーニは、アレッツォ近郊のカスティリオーン・フィオレンティーノ出身。

✈ **Access**
「アレッツォ」駅より徒歩約13分。

INFO 『イル・ポスティーノ』の主演と脚本を務めたマッシモ・トロイージは、心臓病を押して撮影に臨み、クランクアップの半日後に41歳の若さで亡くなった。没後、本作でアカデミー賞で主演男優賞と脚色賞にノミネートされた。

1

🏛 **スペイン**
サンティアゴ・デ・コンポステーラ

星の旅人たち
The Way

`ロードムービー／ドラマ`

　疎遠だった息子が旅先で亡くなったと連絡を受け、カリフォルニアからフランスのサン＝ジャン＝ピエ＝ド＝ポールへと向かったトムは、息子がサンティアゴ・デ・コンポステーラへの巡礼を始めた直後に事故に遭ったと知り、聖地への約800kmを遺灰とともに歩き始める。

　聖地サンティアゴ・デ・コンポステーラは、バチカン、エルサレムと並ぶキリスト教三大巡礼地のひとつで、聖ヤコブが埋葬されていると信じられている大聖堂が有名。フランスからピレネー山脈を越えスペイン北部を通る1000年の歴史をもつ巡礼路は「サンティアゴ・デ・コンポステーラの巡礼路：カミオ・フランセスとスペイン北部巡礼路」として世界遺産に登録されており、年間およそ10万人が歩く。

1 巡礼路の終着点であるサンティアゴ・デ・コンポステーラ大聖堂　2 出発点となった"フランスの最も美しい村"のサン＝ジャン＝ピエ＝ド＝ポール

👣 *More Info*

トムの巡礼のスタート地点となったサン＝ジャン＝ピエ＝ド＝ポールは、良質の遺産を有する田舎の村への観光を促進するために設立された協会「フランスの最も美しい村」に加盟している。彼はこの村から聖地サンティアゴ・デ・コンポステーラへ向かい、そこから約70km先のムシーアのビルシェ・ダ・バルカ礼拝堂へとたどり着く。

✈ Access

サンティアゴ・デ・コンポステーラ大聖堂へは「サンティアゴ・デ・コンポステーラ」駅より徒歩約12分。

Cinema Data

監督：エミリオ・エステヴェス
出演：マーティン・シーン、デボラ・カーラ・アンガー、ジェームズ・ネスビットほか
公開：2010年
製作：アメリカ、スペイン
上映時間：129分
発売元：ニューセレクト
販売元：アルバトロス

📽 実の親子のマーティン・シーンとエミリオ・エステヴェスが親子役を演じる『星の旅人たち』。主人公が歩くサン＝ジャン＝ピエ＝ド＝ポールからサンティアゴ・デ・コンポステーラのルートは通称"フランスの道"で、最も重要な巡礼路である。

1 ガウディによる未完の作品サグラダ・ファミリア聖堂　2 ヴィッキーとファンがばったり出会ったグエル公園のドラゴンの階段　3 実業家のペレ・ミラ夫妻の邸宅として建設されたカサ・ミラ

🏛 スペイン
バルセロナ

それでも恋するバルセロナ
Vicky Cristina Barcelona

恋愛／コメディ

　堅実で保守的なヴィッキーと自由奔放なクリスティーナは親友同士。バカンスで訪れたバルセロナで、セクシーな芸術家ファンに出会い惹かれていくが、彼のもとに別れた妻が戻ってきて……。ウディ・アレンが情熱の町バルセロナを舞台に、おかしな四角関係をコミカルに描くラブ・コメディ。

　作中では、サグラダ・ファミリア聖堂をはじめ、グエル公園やカサ・ミラなど、歴史に名を残す偉大な建築家アントニ・ガウディが手がけた建造物が次々に映る。それらは「アントニ・ガウディの作品群」として世界遺産に文化遺産として登録されており、バルセロナを代表する観光スポットとなっている。

🎥 More Info
オビエド旅行のシーンでは、世界遺産の建造物群であるサン・フリアン・デ・ロス・プラドース教会や、サンタ・マリア・デル・ナランコ教会のほか、200年の歴史を誇る5つ星ホテル「ユーロスター ホテル デラ レコンクエスタ」が登場する。

⟱ Access
サグラダ・ファミリア聖堂へは地下鉄「サグラダ・ファミリア」駅より徒歩約1分。グエル公園へは地下鉄「レセップス」駅より徒歩約20分。カサ・ミラへは地下鉄「ディアゴナル」駅より徒歩約1分。

Cinema Data
監督：ウディ・アレン
出演：ハビエル・バルデム、レベッカ・ホール
　　　ペネロペ・クルス、スカーレット・ヨハンソンほか
公開：2008年／製作：アメリカ、スペイン
上映時間：96分

コロンブスの塔の近くにある小さな広場

Cinema Data
監督：ペドロ・アルモドバル
出演：セシリア・ロス、マリサ・パレデス、ペネロペ・クルスほか
公開：1999年／製作：スペイン
上映時間：101分／発売・販売元：キングレコード
Blu-ray 2750円(税込)、DVD 2090円(税込)

🏛 スペイン
メディナセリ公爵広場（バルセロナ）

オール・アバウト・マイ・マザー
All About My Mother

ドラマ

　息子を事故で亡くしたシングルマザーが、その事実を行方不明の夫に伝えるため、マドリードからバルセロナへ旅立つが、あるきっかけから息子が憧れた大女優の付き人となる。失意のなかでも強く生きる母親を軸に、レズビアンの若手女優、エイズに罹患し妊娠したシスター、女性となった元夫など、さまざまな女性たちの生き様を描く。メディナセリ公爵広場や劇場や墓地など、人々の生活に根付く風景も魅力的だ。

🎥 More Info
シスターが公園で犬と散歩する父を見かけたメディナセリ公爵広場は、バルセロナの中央にある。

⟱ Access
地下鉄「ドラサネス」駅より徒歩約5分。

INFO 1999年のアカデミー外国語映画賞をはじめ、カンヌ国際映画祭で監督賞、ゴールデングローブ賞で外国語映画賞など数々の賞を受賞した『オール・アバウト・マイ・マザー』。映画評論家のおすぎは生涯のベスト1映画として挙げている。

1

🇬🇷 ギリシア
カロカイリ島（架空の島）※撮影はスコペロス島

マンマ・ミーア！
Mamma Mia!

ミュージカル／恋愛／コメディ

大ヒット・ブロードウェイ・ミュージカルを映画化！　ABBAの軽快なヒット曲にのせて展開する最高にハッピーな物語の舞台は、エーゲ海に浮かぶ架空の島カロカイリ島。女手ひとつでヴィラを経営する未婚の母ドナは、ひとり娘のソフィと仲良く暮らしていた。結婚を間近に控えたソフィは、母の日記を盗み見て知った父親の可能性がある3人の男性を結婚式に招待するが……。

絵葉書のように美しいギリシアの風景も魅力の本作。撮影が行われたのはエーゲ海北西部にあるスコペロス島。ロケ地を巡るなら、ソフィが恋人と歌ったカスタニビーチと、ロマンティックな結婚式の会場となった岩山の上のアギオス・イオアニス教会は外せない。

1　この映画をきっかけに人気の観光地となったスコペロス島　2　岩山の上のアギオス・イオアニス教会。岩に刻まれた198段の階段が教会へと通じている

🎥 More Info
撮影はスコペロス島以外でも行われた。3人の父親候補が初めて会う港のシーンは、スコペロス島の西隣にあるスキアトス島で撮られたほか、ギリシア本土のダマウチャリビーチで撮った景色を、スコペロス島やスキアトス島でのシーンに組み合わせている。

Cinema Data
監督：フィリダ・ロイド
出演：メリル・ストリープ
　　　アマンダ・セイフライドほか
公開：2008年／製作：アメリカ／上映時間：109分／発売元：NBCユニバーサル・エンターテイメント／Blu-ray 2075円（税込）、DVD 1572円（税込）

✈ Access
スコペロス島へはスキアトス島よりフェリーで約30分。スコペロス島には船着き場が2ヶ所あるが、どちらからでもカスタニビーチへは車で約25分。そこからアギオス・イオアニス教会がある岩山へは車で約25分。

 2018年には『マンマ・ミーア！』から数年後の現在と過去のドナの青春時代を描く続編『マンマ・ミーア！ ヒア・ウィー・ゴー』が公開されたが、その作品でのおもな撮影はヴィス島をはじめクロアチアで行われた。

主人公の家として登場する島南東部
のアギア・アンナ・ビーチの教会

アギア・アンナ・ビーチ（アモルゴス島）

グラン・ブルー
The Big Blue

ドラマ／アドベンチャー／恋愛

世界記録に挑むふたりのダイバーの友情
と、そんな男を愛した女の葛藤を描く。物
語は1965年のギリシアから始まり、ダイ
バーたちの原点で子供時代を過ごした村と
して撮影されたのは、キクラデス諸島東部
のアモルゴス島。主人公の家にはアギア・ア
ンナ・ビーチの小さな教会が使用された。少
年時代のシーンはモノクロで流れるが、強
い日差しや白い建物と紺碧の海との鮮やか
なコントラストが映像越しに伝わってくる。

More Info
舞台はギリシアから始まり、ペ
ルー、そしてイタリアのシチリア
島の町タオルミーナへと移る。

Access
船着場「カタポラ」より車で約
20分。

Cinema Data
監督：リュック・ベッソン
出演：ジャン＝マルク・バール
　　　ジャン・レノほか
公開：1988年／製作：フランス、イタリア
上映時間：132分

カルダミリ（ペロポネソス半島）

ビフォア・ミッドナイト
Before Midnight

恋愛／ドラマ

リチャード・リンクレイター監督による
「ビフォア」シリーズの第3作。前作から9
年後、ジェシーとセリーヌは、双子の娘と
ジェシーの前妻との息子を連れて、バカン
スでギリシアの海辺の町を訪れていた。そ
んな最中、ジェシーはシカゴへの移住を提
案するが……。風光明媚なギリシアを舞台
に、真実の愛にたどり着く真夜中までの時
間を描く。撮影地は遺跡が眠るペロポネソ
ス半島メッシニア県の町カルダミリ。

夕暮れに染まるカルダミリの風景

Cinema Data
監督：リチャード・リンクレイター
出演：イーサン・ホーク
　　　ジュリー・デルピーほか
公開：2013年
製作：アメリカ
上映時間：109分

More Info
ジェシーたちが休暇を過ごす
のは、「パトリック＆ジョーン・
リー・ファーマー・ハウス」。

Access
カラマタ国際空港より車で約1
時間。

主人公たちが踊る映画写真が飾ら
れた通称"ゾルバ・ビーチ"

Cinema Data
監督：マイケル・カコヤニス
出演：アンソニー・クイン、アラン・ベイツ、
　　　イレーネ・パパスほか
公開：1964年／製作：イギリス、ギリシ
ア、アメリカ／上映時間：142分

ゴールド・コースト・ビーチ（クレタ島）

その男ゾルバ
Zorba the Greek

ドラマ

父の遺産である炭坑を再開するためギリ
シアに向かったイギリス人作家バジルは、
ゾルバと名乗る不敵なギリシア人と出会
い、採掘場の現場監督として雇うが……。
舞台はクレタ島。美しい風景とは裏腹に、
田舎の狭い人間関係や迷信により理不尽に
追い詰められる人々の姿が描かれる。酸い
も甘いも受け入れ陽気に生きるゾルバが踊
る名シーンが撮られたゴールド・コースト・
ビーチは、映画の影響で一躍有名になった。

More Info
ゴールド・コースト・ビーチは、
島北部のハニア市アクロティリ地
区のスタブロス村にある。

Access
船着場「ソウダ」より車で約30
分。

INFO　ジャック・マイヨールの協力を得て映画化した『グラン・ブルー』。主人公ジャックの父を演じたクロード・ベッソンは、
リュック・ベッソン監督の実父。海で窒息死するシーンでは実際に窒息してしまったが、幸い大事には至らなかった。

1 映画で木馬が建てられたのはマルタ島のリカゾーリ砦　2 映画で登場した木馬は現在トルコのチャナッカレで見られる　3 トロイ遺跡にある復元された木馬

古代ギリシア（現ギリシア、北マケドニア、アルバニア、ブルガリア、トルコの一部）
トロイ（現トルコ北西）※撮影はマルタのリカゾーリ砦など

トロイ
Troy

歴史／戦争／アクション

　古代ギリシアのトロイア戦争を基にした歴史スペクタクル。繁栄を極めた都市国家トロイとギリシアの強国スパルタが和平を結ぼうとした矢先、スパルタ王妃と恋に落ちたトロイの王子が王妃をさらったため関係は悪化。スパルタは報復として戦士アキレスと大船団を差し向け、戦争が勃発する。

　シュリーマンが発掘するまで架空の都市だとされていたトロイは、現在のトルコ西部のエーゲ海近くの丘にあったといわれており、その遺跡は「トロイの考古遺跡」として世界遺産に登録されている。ロケ地はマルタのリカゾーリ砦だが、映画に登場した木馬はトルコのチャナッカレに展示されている。

More Info
マルタ島では、本作のほか『グラディエーター』（P.115）や『キャプテン・フィリップス』など、さまざまな作品が撮影されている。

Access
〔舞台〕チャナッカレ空港よりトルコのトロイ遺跡へは車で約30分、映画で使用された木馬へは車で約10分。
〔ロケ地〕マルタのリカゾーリ砦へは、バレッタ市街より車で約20分。

Cinema Data
監督：ウォルフガング・ペーターゼン
出演：ブラッド・ピット
　　　エリック・バナほか
公開：2004年／製作：アメリカ／上映時間：163分／発売元：ワーナー・ブラザース ホームエンターテイメント
販売元：NBCユニバーサル・エンターテイメント／Blu-rayディレクターズ・カット 2619円（税込）、DVD 1572円（税込）

オフリド湖を望む聖ヨハン・カネオ教会

Cinema Data
監督：ミルチョ・マンチェフスキ
出演：グレゴワール・コラン、ラビナ・ミテフスカ、カトリン・カートリッジほか／公開：1994年／製作：マケドニア、フランス、イギリス／上映時間：113分／発売・販売元：キングレコード／Blu-ray 2750円（税込）、DVD 2090円（税込）

More Info
1979年にオフリド湖が自然遺産として登録されたが、翌年に複合遺産として拡大登録された。

Access
オフリド市街より車で約10分。

北マケドニア
聖ヨハン・カネオ教会（オフリド）

ビフォア・ザ・レイン
Before the Rain

ドラマ

　鬼才ミルチョ・マンチェフスキ監督の鮮烈なデビュー作。マケドニアとロンドンの政治的混乱を背景に、沈黙の修行中の若い修道僧、ロンドンの編集者、戦場写真家の3つのドラマが絡み合う。作中ではマケドニアの壮大な風景が映し出されるが、なかでもオフリド湖に面した神秘的な教会は、一枚の絵のように美しく印象的。これは13世紀に建てられたといわれる聖ヨハン・カネオ教会で、世界遺産に登録されている。

INFO 『トロイ』の町はマルタに再現されたが、ほかの場面は地中海やメキシコなど世界各地で撮影された。映画では広大な海岸の砂丘の先にトロイの外壁があるという設定のため、メキシコのサンルーカス岬にもセットが組まれたそう。

舞台のベオグラードは欧州最古の町のひとつとして知られている

セルビア（旧ユーゴスラビア）

ベオグラード ※撮影はチェコ、ブルガリア

アンダーグラウンド

Underground

`戦争／ドラマ／コメディ`

1941年4月、第2次世界大戦下の旧ユーゴスラビアの首都ベオグラード。ナチスドイツが侵攻するなか、共産党員のマルコは地下に避難民を匿い、武器を密造させて活動資金を作っていた。やがてマルコは権力と富を手に入れるが、地下住人は終戦を知らされず、その後も50年にわたり搾取され続ける。旧ユーゴスラビアのサラエヴォ出身の監督が、祖国の悲劇の歴史を皮肉とブラックユーモアを交え描いた注目作。

More Info
当時はユーゴスラビア紛争中だったため、撮影はチェコやブルガリアで行われた。

Access
ベオグラード・ニコラ・テスラ空港より市街地まで車で約20分。

Cinema Data
監督：エミール・クストリッツァ／出演：ミキ・マノイロヴィッチ、ラザル・リストフスキーほか／公開：1995年／製作：フランス、ドイツ、ハンガリー、ユーゴスラビア、ブルガリア／上映時間：170分

セルビア（旧ユーゴスラビア）

ドナウ川

黒猫・白猫

Black Cat, White Cat

`コメディ`

あるときはアヒルが泳ぐ平和な風景が広がり、あるときは密輸船が通り不穏な空気に包まれるドナウ川。そのほとりに暮らすマトゥコは、儲け話にのってはだまされ、父親からも見限られていた。ある日、新興ヤクザに石油列車強奪計画をもちかけるも失敗し、息子をヤクザの妹と結婚させる条件をのまされるが、息子には恋人がいて……。旧ユーゴスラビアのロマー族のすったもんだを、ユーモア全開で描くヒューマン・コメディ。

アヒルや白鳥が泳ぐのどかなドナウ川

Cinema Data
監督：エミール・クストリッツァ 出演：バイラム・セヴェルジャン、スルジャン・トドロヴィッチほか 公開：1998年／製作：フランス、ドイツ、ユーゴスラビア／上映時間：130分／発売・販売元：キングレコード／Blu-ray 2750円（税込）、DVD 2090円（税込）

More Info
全長約2850kmのドナウ川は、ドイツ南部から10ヵ国を通り、黒海に注ぐ。

Access
ベオグラードで現地のドナウ川クルーズに参加するのがおすすめ。

小さな村セティナにある聖救世主教会

Cinema Data
監督：ダリボル・マタニッチ／出演：ゴーラン・マルコヴィッチ、ティハナ・ラゾヴィッチ、ニヴェス・イヴァンコヴィッチほか／公開：2015年 製作：クロアチア、セルビア、スロヴェニア／上映時間：123分／発売・販売元：オデッサ・エンタテインメント／DVD 3800円（税別）

© Kinorama, Gustav film, SEE Film Pro

クロアチア

聖救世主教会（セティナ）

灼熱

The High Sun

`戦争／ドラマ`

クロアチア紛争前後の3つの時代の恋愛を綴った作品。第1章は紛争が勃発した1991年のセルビア人とクロアチア人の男女の悲恋を、第2章は紛争後の2001年、セルビア人母娘と家を修理するクロアチア男性の複雑な感情を、第3章は2011年、民族の違いで引き裂かれた男女のその後を描く。最終章で青年がかつての恋人の家へ向かう道中に通るのは、セティナの聖救世主教会。そこには第1章の青年の墓が映る。

More Info
プレ・ロマネスク建築の聖救世主教会は9〜10世紀に建てられた。

Access
クニン市街地より車で約35分。

INFO 『アンダーグラウンド』では1941年のナチス爆撃や1944年の連合軍爆撃、ユーゴスラビア共和国誕生、トリエステ紛争、チトー大統領の葬儀など、実際の記録映像を合成したカットが用いられ、映像を通して当時の雰囲気を感じられる。

悲しい過去を覆い尽くすように咲く一面のひまわり畑

▦ ウクライナ

ポルタヴァ州 ※ヘルソン州という説もあり

ひまわり

Sunflower

戦争／ドラマ

　ソフィア・ローレンとマルチェロ・マストロヤンニのイタリア2大スターを主演に、第2次世界大戦で引き裂かれた夫婦の悲しい愛を哀愁漂うメロディにのせて描く。結婚後、ソ連の戦場に兵士として送られたきり終戦後も帰らない夫を探すため、妻はソ連や南部ウクライナへと向かうが、夫は命の恩人であるロシア人女性との間に家庭を築いていた。

　妻が夫の消息を追って訪ねた亡き兵士たちが眠るひまわり畑は、公式には首都キーウから南へ500kmほど行ったヘルソン州といわれているが、某テレビ局の取材ではウクライナ中部ポルタヴァ州のチェルニチー・ヤール村と特定している。

🎥 More Info

2022年2月にはロシアによるウクライナへの軍事侵攻を受け、本作品が3月に日本全国で上映された。ウクライナの国花であるひまわりは、この軍事侵攻をきっかけに反戦や抗議のシンボルとなっている。

➤ Access

ポルタヴァ州へはキーウより車で約4時間。
※2023年4月現在、日本外務省よりウクライナ全土に退避勧告が出ている。

Cinema Data

監督：ヴィットリオ・デ・シーカ
出演：マルチェロ・マストロヤンニ、ソフィア・ローレンほか
公開：1970年
製作：イタリア、フランス、ソビエト連邦、アメリカ
上映時間：107分

シサク＝モスラヴィナの伝統家屋

Cinema Data

監督：ノーマン・ジュイソン
出演：トポル、ノーマ・クレイン
　　　ロザリンド・ハリスほか
公開：1971年
製作：アメリカ
上映時間：181分

🎥 More Info

ウクライナのキーウ近郊には、この物語にちなみ、ユダヤ人集落アナテフカが2015年に造られた。

➤ Access

ロケ地のクロアチアのレケニクへはザグレブより電車で約45分。

▦ ウクライナ

アナテフカ（架空の村）
※撮影は旧ユーゴスラビア（現クロアチア）のシサク＝モスラヴィナなど

屋根の上のバイオリン弾き

Fiddler on the Roof

ミュージカル／ドラマ／歴史

　ブロードウェイの大ヒット・ミュージカルを映画化。20世紀初頭、帝政ロシア下にあったウクライナの架空の村アナテフカで、牛乳屋を営むユダヤ人のテヴィエは、5人の娘たちの結婚相手を探していた。一方、村ではユダヤ人迫害の動きが激しくなり……。撮影は旧ユーゴスラビアで現クロアチアのシサク＝モスラヴィナ郡にあるレケニクをメインに、マラ・ゴリツァや首都ザグレブなどで行われた。

🎬INFO　『ひまわり』のロケ地となったひまわり畑はウクライナにあり、登場する老婆もウクライナ語を話しているが、ウクライナが旧ソ連の一共和国だった公開当時は、モスクワのシェレメチェボ国際空港の近くで撮影したと発表されていた。

1

🏳️ チェコ

ズブロフカ共和国ネベルスバート （架空の国・町）
※ホテルのモデルはカルロヴィ・ヴァリの「グランドホテル・パップ」。撮影はドイツのゲルリッツやドレスデンなど

グランド・ブダペスト・ホテル

The Grand Budapest Hotel

コメディ／ミステリー

　斬新な映像とブラックユーモアで独特の世界を生み出す、ウェス・アンダーソン監督。本作の舞台は1932年、東欧の架空の国ズブロフカ共和国にある欧州随一の高級ホテル「グランド・ブダペスト・ホテル」。究極のおもてなしが評判の伝説のコンシェルジュ、グスタヴ・Hは、懇意だった常連の女性客が殺害されると彼女の遺言で名画を譲り受けるが、同時に殺人の容疑をかけられてしまう。

　アルプスの麓の温泉地ネベルスバードにある「グランド・ブダペスト・ホテル」のモデルとなったのは、世界的に有名なチェコの温泉地カルロヴィ・ヴァリにたたずむ「グランドホテル・パップ」。1701年にセレブのためのホールとして創設された建物はまるで宮殿で、『007／カジノ・ロワイヤル』(P.41)でもその豪華さがうかがえる。

2

3

1 1701年にザクセン州ホールとして建てられ、1907年にホテルとして再建された「グランドホテル・パップ」　2 ドイツのロケ地ツヴィンガー宮殿のアルテ・マイスター絵画館　3 雪の中での結婚式の舞台となったバスタイ橋

🎬 **More Info**

　ホテル内部の撮影には現在は閉業している「ゲルリッツ・デパート」が使用されるなど、おもなシーンは『愛を読むひと』(P.94)のロケ地でもあるドイツのゲルリッツで撮影される。また、弁護士が殺し屋に追われ逃げ込む美術館にはドレスデンのツヴィンガー宮殿が、結婚式のシーンの場所はザクセン・スイス東部鉱石山脈のバスタイ橋が使用されている。

Cinema Data

監督：ウェス・アンダーソン
出演：レイフ・ファインズ
　　　F・マーリー・エイブラハムほか
公開：2014年／製作：ドイツ、アメリカ
上映時間：100分

✈ **Access**

「グランドホテル・パップ」へはカルロヴィ・ヴァリ空港より車で約15分。

  チェコ・ボヘミア西部の温泉地カルロヴィ・ヴァリは、ドイツ語名のカールスバートとしても有名。ゲーテ、シラー、ベートーヴェン、ゴーゴリ、ショパンなどが滞在し、それを記念した碑が町のいたるところで見られる。

旧市街マラー・ストラナ地区にある聖ニコラス大聖堂

チェコ
聖ニコラス大聖堂（プラハ）

コーリャ 愛のプラハ
Kolja

`ドラマ`

社会主義崩壊直前のチェコスロバキアの首都プラハを舞台に、腕はいいが女癖が悪い独身中年チェリストと、母親が西ドイツに亡命し、ひとり残された5歳のロシア人の少年との心の交流を描く。国の体制に翻弄されながらも日常を過ごすふたりの暮らしを、プラハの町の風景とともに映し出した本作。主人公の生活拠点はアパートの窓から聖ニコラス大聖堂と鐘楼が間近に見えることから、マラー・ストラナ地区であることがわかる。

🎬 More Info
マラー・ストラナ地区はいわゆる旧市街であり、プラハ歴史地区として世界文化遺産に登録されている。そのほかのロケ地には、プラハのヴィノフラディ墓地やウーシュチェク、フランチシュコヴィ・ラーズニェ、美しいシュマヴァ山地のアンティーグル山など、チェコのさまざまな場所がある。

✈ Access
トラム「マロストランスケー・ナームニェスティー」駅より徒歩約2分。

Cinema Data
監督：ヤン・スヴェラーク
出演：ズデニェク・スヴェラーク、アンドレイ・ハリモンほか
公開：1996年／製作：チェコ、イギリス、フランス／上映時間：111分／発売元：アイ・ヴィー・シー
Blu-ray 5280円（税込）、DVD 4180円（税込）

チェコ
旧市街広場（プラハ）

存在の耐えられない軽さ
The Unbearable Lightness of Being

`ドラマ／恋愛`

1968年のチェコスロバキアの変革運動 "プラハの春" を背景に展開する人間ドラマ。プラハに住むプレイボーイの医者トマシュは、出張先の温泉街で出会った素朴な娘と結婚するが、女癖の悪さは変わらず結婚生活は間もなく暗礁に乗り上げる。そんな矢先、ソ連の軍事侵攻が始まり……。作中では、カレル橋や旧市街広場などプラハの名所が映るが、なかでも侵攻が始まった場面で映る天文時計の骸骨姿の死神の人形は、不穏な時代の到来を示唆するようで強烈な印象を与える。

1 一定の時間に死神の人形が鐘を鳴らす天文時計。右奥に写るのはティーン教会　2 作中では目隠しをされるヤン・フス像

🎬 More Info
ソ連の侵攻の場面はリヨンで撮られたほか、トマシュが窓拭き中に女主人に誘惑されるアパルトマンにはパリ4区のオテル・ド・ボーヴェが使用されるなど、いくつかの場面はフランスで撮影されている。

✈ Access
天文時計やヤン・フス像がある旧市街広場へは地下鉄「スタロムニェスツカー」駅より徒歩約4分。

Cinema Data

監督：フィリップ・カウフマン／出演：ダニエル・デイ＝ルイス、ジュリエット・ビノシュほか／公開：1988年／製作：アメリカ／上映時間：171分／発売元：ワーナー・ブラザース ホームエンターテイメント／販売元：NBCユニバーサル・エンターテイメント／DVD 1572円（税込）

 『存在の耐えられない軽さ』で主演を務めたダニエル・デイ＝ルイスは、2022年現在、アカデミー主演男優賞を3回受賞している唯一の俳優。相手役のジュリエット・ビノシュは、世界3大映画祭のすべての女優賞を受賞した女優である。

■ ロシア

モスクワ、サンクトペテルブルク

アンナ・カレーニナ

Anna Karenina

恋愛／ドラマ

　舞台は1880年代のロシア。政府高官の美貌の妻であるアンナは、兄夫婦の喧嘩の仲裁のためモスクワを訪れるが、青年士官のブロンスキーと出会い、道ならぬ恋に落ちる。真実の愛を貫くためアンナは離婚を決意するが、その先には辛く残酷な運命が待ち受けていた。

　ロシアの文豪トルストイによるこの名作は幾度も映像化されているが、全編ロシア・ロケが行われたのは本作が初。おもな撮影地はモスクワとサンクトペテルブルクで、荘厳な歴史的建造物の数々が物語に重厚感とリアリティを与えている。なかでも冒頭、モスクワのノヴォデヴィチ修道院前でのスケートや、サンクトペテルブルクにある宮殿キタイスキー・ドヴォレツで撮られた夏の別荘のシーンは印象的だ。

1 冒頭で映る1524年創建のノヴォデヴィチ修道院。凍った池でのスケートのシーンが印象的　2 オラニエンバウムにあるキタイスキー・ドヴォレツ
3 ウスペンスキー大聖堂と呼ばれるクレムリンの生神女就寝大聖堂も映る

🎥 *More Info*

ノヴォデヴィチ修道院は「ノヴォデヴィチ修道院の建造物群」として、オラニエンバウム宮殿と公園の中にあるキタイスキー・ドヴォレツは「サンクトペテルブルク歴史地区と関連建造物群」を構成する一部として、それぞれ世界文化遺産に登録されている。

✈ Access

ノヴォデヴィチ修道院へは地下鉄「スポルチヴナヤ」駅または「ルジニキ」駅より徒歩約15分。キタイスキー・ドヴォレツへはサンクトペテルブルク市街より車で約1時間。
※2023年4月現在、日本外務省よりロシアへの渡航中止勧告が出ている。

Cinema Data

監督：バーナード・ローズ
出演：ソフィー・マルソー、ショーン・ビーンほか
公開：1997年／製作：アメリカ、イギリス
上映時間：108分

 何度も映画化されている『アンナ・カレーニナ』。アンナ役を演じた女優には、グレタ・ガルボ、ヴィヴィアン・リー、ソフィー・マルソー、キーラ・ナイトレイのほか、20世紀最高のバレリーナと称されたマイヤ・プリセツカヤがいる。

高さ約140mのアルデアダビラ・ダム

Cinema Data 監督：デヴィッド・リーン／出演：オマー・シャリフ、ジュリー・クリスティ、ジェラルディン・チャップリンほか／公開：1965年／製作：アメリカ、イタリア／上映時間：197分／発売元：ワーナー・ブラザース ホームエンターテイメント／販売元：NBCユニバーサル・エンターテイメント／アニバーサリーエディション：Blu-ray 2619円（税込）、DVD 1572円（税込）

🟥 ロシア

モスクワなど
※撮影はスペインのアルデアダビラ・ダムなど

ドクトル・ジバゴ

Doctor Zhivago

戦争／ドラマ／恋愛

第2次世界大戦後のソ連のモンゴル国境近くのダムで、イエブグラフ・ジバゴ将軍は異母弟ユーリ・ジバゴの娘に彼女の父親の人生を語り始める。それは、ロシア革命前後の動乱期に生きた純真な医者ジバゴと妻のトーニャ、そして美しい娘ラーラの波瀾に満ちた壮大な物語だった。当時ソ連では撮影禁止だったためほぼセットで撮影されたが、冒頭のダムのシーンはスペインのアルデアダビラ・ダムが使用された。

📽 **More Info**
スペインのサラマンカとポルトガルのブラガンサの境を流れるドゥエロ川にあるダム。

✈ **Access**
ダムへはサラマンカ市街より車で約1時間30分。

🟥 ロシア

モスクワなど
※撮影はイタリアのストゥピニージ狩猟宮殿、ヴァレンティーノ城など

戦争と平和

War and Peace

戦争／歴史／ドラマ／恋愛

トルストイによる小説『戦争と平和』を、オードリー・ヘプバーンやヘンリー・フォンダなどの豪華キャストを揃えて映画化。19世紀初頭の帝政ロシアを舞台に、戦争に翻弄されながらもひたむきに生きる人々の姿を、愛憎模様を交えて描く。ロケ地はイタリアで、ロシア軍司令部にはストゥピニージ狩猟宮殿が、プロイセンでナポレオンとロシア皇帝が講和条件を協議した場所には、トリノのヴァレンティーノ城が使用された。

ロケ地のひとつストゥピニージ狩猟宮殿

Cinema Data 監督：キング・ヴィダー／出演：オードリー・ヘプバーン、ヘンリー・フォンダ、メル・ファーラーほか／公開：1956年／製作：アメリカ、イタリア／上映時間：208分／発売元：NBCユニバーサル・エンターテイメント／Blu-ray 2075円（税込）、DVD 1572円（税込）

📽 **More Info**
宮殿も城も「サヴォイア王家の王宮群」として世界遺産に登録されている。

✈ **Access**
ヴァレンティーノ城へはトラム「ヴァレンティーノ」駅すぐ。そこからストゥピニージ宮殿まで車で約25分。

アブハジアの山村のイメージ

Cinema Data
監督：ザザ・ウルシャゼ
出演：レムビット・ウルフサク
　　　エルモ・ニュガネン
　　　ギオルギ・ナカシゼほか
公開：2013年／製作：ジョージア、エストニア／上映時間：87分

➕ ジョージア

アブハジア自治共和国 ※撮影はグリア州

みかんの丘

Tangerines

ドラマ／戦争

1992年に勃発したジョージアとアブハジア間の紛争を背景に、戦争の不条理と人間としてあるべき姿を説いた作品。アブハジアのエストニア人集落でみかん栽培をするふたりのエストニア人の男は、紛争が激化するなか、収穫のため残ることを決意する。ある日、負傷した敵同士のふたりの兵士を自宅で介抱することになり……。アブハジアは90年代初頭から"アブハジア共和国"として、事実上独立状態にある。

📽 **More Info**
アブハジアは、国際的にはジョージア国内の自治共和国とされているが、ロシアを含む5カ国は独立を承認している。

✈ **Access**
※2023年2月現在、日本外務省よりアブハジアへの渡航中止勧告が出ている。

INFO スピルバーグ監督は『ドクトル・ジバゴ』を『アラビアのロレンス』（P.223）、『戦場にかける橋』（P.211）と並ぶリーン監督の傑作と絶賛しており、『シンドラーのリスト』（P.134）では本作の汽車の場面に影響を受けたとみられるカットがある。

1

■ ポーランド

アウシュヴィッツ強制収容所（オシフィエンチム）、クラクフ

シンドラーのリスト

Schindler's List

戦争／歴史／ドラマ

　ホロコーストからおよそ1200人ものユダヤ人を救ったドイツ人実業家、オスカー・シンドラーに焦点を当て、ナチスドイツ占領下のポーランドを映し出した大作。1939年、ポーランドを制したドイツ軍が国内のユダヤ人をクラクフへと移動させた頃、戦争でひと儲けしようと企むシンドラーは軍の要人に取り入り、工場を安く手に入れ、安い労働力としてユダヤ人を雇う。しかし、しだいにエスカレートする迫害を目の当たりにした彼は、ユダヤ人救済を決意する。

　重い歴史を物語る本作は、実際に傷跡が残るクラクフの町やオシフィエンチムのアウシュヴィッツ強制収容所などで撮影された。アウシュヴィッツにユダヤ人女性たちを運ぶ貨車が到着する場面は、敷地内での撮影許可が下りなかったため、門外にセットを組み、収容所内から汽車を走らせ、収容所内に到着したように見せている。

2

1 負の世界遺産として登録されているアウシュヴィッツ第2強制収容所ビルケナウ　2 エルサレムのシオン山にあるシンドラーの墓には石が供えられている

More Info

スピルバーグ監督が収容所内にビデオカメラを持ち込んだところ、まったく作動せず撮影できなかったという有名なエピソードがある。

✈ Access

クラクフへはワルシャワより電車で約2時間30分。クラクフよりアウシュヴィッツ強制収容所へは車で1時間～2時間。アウシュヴィッツ強制収容所が見学できるワルシャワやクラクフからの現地ツアーもある。

Cinema Data

監督：スティーヴン・スピルバーグ
出演：リーアム・ニーソン、ベン・キングスレー
　　　レイフ・ファインズほか
公開：1993年／製作：アメリカ
上映時間：195分
発売元：NBCユニバーサル・エンターテイメント
Blu-ray 2075円（税込）、DVD 1572円（税込）

『シンドラーのリスト』の舞台でありロケ地となった、アウシュヴィッツ＝ビルケナウ強制収容所。世界で初めてこの強制収容所でフィクション作品の撮影が許可されたのは、2003年に放送された日本のTVドラマ『白い巨塔』である。

主人公たちが歩いたコジャ通り

Cinema Data

監督：ロマン・ポランスキー
出演：エイドリアン・ブロディ
　　　トーマス・クレッチマンほか
公開：2002年／製作：フランス、ドイツ、
イギリス、ポーランド
上映時間：150分

🎬 *More Info*
ゲットーで路面電車が通る場面
は、プラガ＝プウノツ地区内のコ
ノパツカとスタロバの交差点。

✈ Access
トラム「スタレ・ミアスト」駅より
徒歩約7分。

■ ポーランド
コジャ通り（ワルシャワ）

戦場のピアニスト
The Pianist

戦争／歴史／ドラマ

　ドイツ占領下のポーランドでホロコースト
を生き抜いた、実在のユダヤ系ピアニス
トの半生を描く。いくつかの場面にワル
シャワの古い町並みが生かされており、序
盤に主人公が友人の妹と歩くのは、世界
遺産のワルシャワ歴史地区付近にあるコジャ
通り。ここで「ユダヤ人はカフェにも公園に
も入れずベンチに座ることさえ禁止されて
いる」という会話が交わされるが、この通り
沿いにはショパンのベンチがある。

■ ポーランド
※撮影はヴロツワフ、ワルシャワ

灰とダイヤモンド
Ashes and Diamonds

ドラマ

　ポーランドの巨匠アンジェイ・ワイダ監
督による『世代』、『地下水道』に次ぐ「抵抗3
部作」の3作目。ドイツ軍が降伏した1945
年のポーランドのとある町を舞台に、かつ
てはワルシャワ蜂起で対独レジスタンス運
動に加わり、戦後は反ソ連派のテロリスト
となった青年の葛藤に満ちた生き様を描
く。撮影は、第2次世界大戦後にポーラン
ド領となったヴロツワフのほか、ワルシャ
ワの映画スタジオ「カドル」で行われた。

ポーランドで最も古い都市のひと
つヴロツワフ

Cinema Data

監督：アンジェイ・ワイダ
出演：ズビグニエフ・チブルスキー
　　　エヴァ・クジジェフスカほか
公開：1958年／製作：ポーランド
上映時間：102分

🎬 *More Info*
1955年設立の映画スタジオ「カ
ドル」は、ワイダ監督作品のほ
か数々の名作を生み出している。

✈ Access
ワルシャワより飛行機で約1時間。

中央が市庁舎、左後ろは聖マリア教会

Cinema Data

監督：フォルカー・シュレンドルフ
出演：ダーヴィット・ベネントほか
公開／製作：西ドイツ、フ
ランス／上映時間：142分／発売
元：ニューライン／販売元：ハピネット・メディアマーケティング／Blu-ray
8580円（税込）※日本語吹替音声収
録コレクターズ版Blu-ray発売中

© 1979 ARGOS FILMS & SEITZ FILM PRODUCTION

■ ポーランド
グダンスク

ブリキの太鼓
The Tin Drum

ドラマ／戦争／歴史／ファンタジー

　ギュンター・グラスによる「ダンツィヒ3
部作」の1作目を、ニュー・ジャーマン・シ
ネマを代表する名匠フォルカー・シュレン
ドルフが映画化。1920〜40年代、戦争に
翻弄されたグダンスクを舞台に、3歳で自
らの成長を止めた少年の視点で見る大人の
世界を、グロテスクな描写を加え不気味に
映し出した異色のファンタジー。少年が塔
に登り太鼓をたたいた市庁舎をはじめ聖マ
リア教会など、数々の歴史ある名所が映る。

🎬 *More Info*
ポーランド最大の港町
ダンスク。ドイツ語ではダン
ツィヒと呼ぶ。

✈ Access
ワルシャワより電車で約3
時間30分。

 『灰とダイヤモンド』が撮影されたヴロツワフは、歴史上、ポーランド王国、ボヘミア王国、オーストリア帝国、プロイ
セン王国など、さまざまな国の一部となっていたが、第2次世界大戦後にポーランド領となった。

135

アメリカが
舞台の
映画104作品

ロケ地については
各作品のページをチェック

104 movies set in America

America

15の国と地域

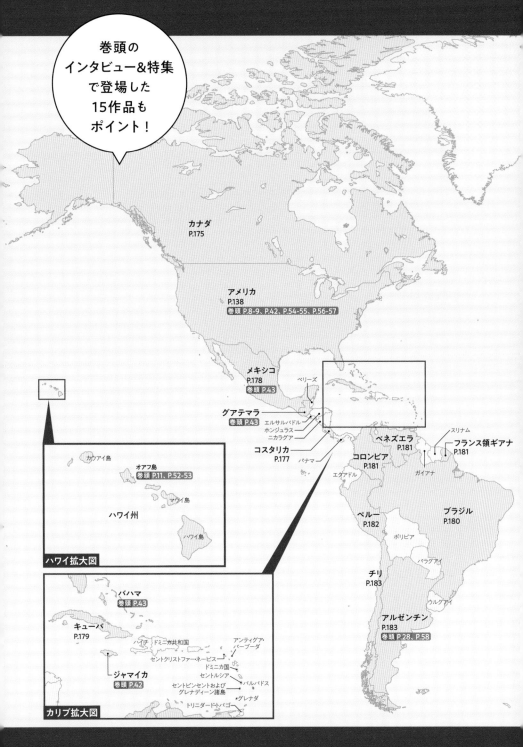

巻頭の
インタビュー&特集
で登場した
15作品も
ポイント！

カナダ
P.175

アメリカ
P.138
巻頭 P.8-9、P.42、P.54-55、P.56-57

メキシコ
P.178
巻頭 P.43

ベリーズ

グアテマラ
巻頭 P.43
エルサルバドル
ホンジュラス
ニカラグア

コスタリカ
P.177
パナマ

ベネズエラ
P.181

スリナム

フランス領ギアナ
P.181

コロンビア
P.181
エクアドル
ガイアナ

ペルー
P.182
ボリビア

ブラジル
P.180

パラグアイ

チリ
P.183

ウルグアイ

アルゼンチン
P.183
巻頭 P.28、P.58

カワイ島

オアフ島
巻頭 P.11、P.52-53

マウイ島

ハワイ州

ハワイ島

ハワイ拡大図

バハマ
巻頭 P.43

キューバ
P.179

ハイチ ドミニカ共和国

アンティグア・
バーブーダ

セントクリストファー・ネービス
ドミニカ国

ジャマイカ
巻頭 P.42

セントルシア

セントビンセントおよび
グレナディーン諸島

バルバドス

グレナダ

トリニダード・トバゴ

カリブ拡大図

アメリカを巡るロードムービー10

映画産業の中心地ハリウッドを有する映画製作の本場アメリカ合衆国は、北アメリカ大陸に広がる広大な国。50の州から構成されるこの大国の広さをうかがい知ることができる10本のロードムービーをご紹介。

①リンカーン記念館リフレクティングプール
（ワシントンDC）

01 アメリカを横断し走り続ける
純粋な愛に生きる男の物語

フォレスト・ガンプ／一期一会
Forrest Gump

ドラマ／恋愛

ロードムービーを、"旅でのさまざまなできごとが、成長や変化へつながる物語の映画"と定義するなら、本作はひとりの男の人生の旅を描いた壮大なロードムービーといえよう。知能指数は低いが意志が強く、純真無垢な性格が魅力のフォレスト・ガンプは、ジョージア州サバンナでバスを待ちながら、居合わせた女性に半生を語り始める。それは、時代を駆け抜ける活力に満ちた物語だった。

彼の人生の旅は故郷のアラバマ州グリーンボウ（架空の町）から始まり、メンフィス、ベトナム、ワシントンDC、中国、NY、バイユー・ラ・バトルなど、行く先々で人々に幸運を与えていく。なかでも、幼なじみのジェニーと再会するリンカーン記念館前や、大陸を横断するフォレストの背景に映るサンタモニカやモニュメントバレー、マーシャル・ポイント灯台の風景はドラマチックだ！

INFO 1950～80年のアメリカを描く『フォレスト・ガンプ』だが、50年代から60年に起きた公民権運動についてはほぼ語られていない。公民権運動を描いた作品は、『グローリー/明日への行進』や『ヘルプ～心がつなぐストーリー』など多数ある。

2 チッパワ・スクエア
（ジョージア州サバンナ）

3 サンタモニカ
（カリフォルニア州ロスアンゼルス）

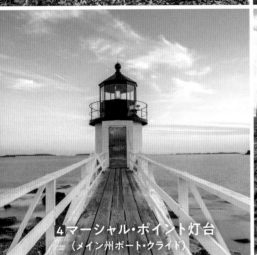

4 マーシャル・ポイント灯台
（メイン州ポート・クライド）

5 モニュメントバレー
（ユタ州南部〜アリゾナ州北部）

1 フォレストがジェニーと再会するリンカーン記念館リフレクティングプール。奥にそびえるのはワシントン記念塔　2 フォレストがバスを待つのはジョージア州サバンナにあるチッパワ・スクエア前のバス停。映画用の小道具として置かれたベンチは、サバンナ歴史博物館に移された　3 フォレストが走ってアメリカの西の端にたどり着くシーンは、観覧車があることで有名なサンタモニカ埠頭　4 東端までたどり着いたフォレストが折り返したマーシャル・ポイント灯台　5 3年と2ヵ月14日と16時間走り続けたフォレストが足を止めたモニュメントバレーは『駅馬車』（P.162）などの西部劇でもおなじみ

©1994, 2019 Paramount Pictures.

 More Info

アラバマ州グリーンボウのフォレストの実家として撮影された家は、サウスカロライナ州にあるブラフ・プランテーションだが、私有地のため訪れることはできない。そのほかのロケ地には、フォレストが理由もなく走り始め、アメリカ大陸を何往復も横断するシーンで映る、モンタナ州のグレイシャー国立公園やサウスカロライナ州のウッズ・メモリアル橋、アリゾナ州の国道66号線にあるゴーストタウン「ツインアローズ」などがある。

Cinema Data
監督：ロバート・ゼメキス
出演：トム・ハンクス、
　　　ロビン・ライトほか
公開：1994年
製作：アメリカ
上映時間：142分
発売元：NBCユニバーサル・エンターテイメント
Blu-ray 2075円（税込）、DVD 1572円（税込）

 『フォレスト・ガンプ』の「ママは言ってた。人生はチョコレートの箱みたいって。食べるまで中身は分からない」は、「アメリカ映画の名セリフベスト100」（AFI、2005年）で第40位。1位は『風と共に去りぬ』（P.169）の「俺には関係ない」。

02 差別に立ち向かい南部への演奏ツアーに挑む
天才黒人ピアニストと粗野なイタリア系用心棒の実話

グリーンブック
Green Book

『グリーンブック』とは、黒人が利用可能な施設を記した旅行ガイドブックのこと。1936年から1966年にかけて毎年出版され、特にアメリカ南部で重宝された。物語の舞台は1962年のアメリカ。NYの一流ナイトクラブで用心棒をするトニー・リップは、カーネギー・ホールの上にある高級アパートで暮らす黒人ピアニストのドン・シャーリーの運転手としてスカウトされ、差別色の強い南部

での演奏ツアーに同行することになる。実話に基づくこの物語でグリーンブックを手に巡るのは、ペンシルバニア州ピッツバーグ、オハイオ州、インディアナ州ハノーヴァー、アイオワ州シーダー・ラピッズ、ケンタッキー州ルイビル、ノースカロライナ州ローリー、ジョージア州メイコン、テネシー州メンフィスなどだが、その多くのシーンがルイジアナ州ニューオリンズで撮影されている。

1 ホーマス・ハウス・アンド・ガーデンズ
（ルイジアナ州ダロー）
※ノースカロライナ州ローリーの会場として登場

ドン・シャーリーの演奏シーンも魅力の『グリーン・ブック』。音楽を担当したクリス・バワーズは、ドン・シャーリー役のマハーシャラ・アリにピアノの指導をしたほか、演奏の手元を映すシーンでは代役として出演している。

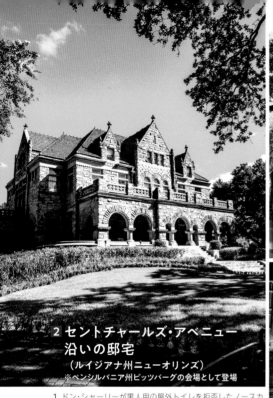

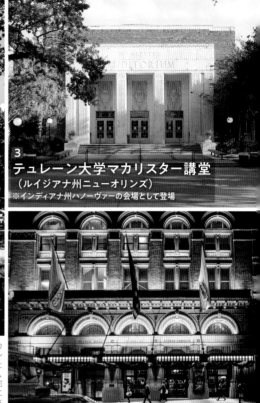

3 テュレーン大学マカリスター講堂
（ルイジアナ州ニューオリンズ）
※インディアナ州ハノーヴァーの会場として登場

2 セントチャールズ・アベニュー 沿いの邸宅
（ルイジアナ州ニューオリンズ）
※ペンシルバニア州ピッツバーグの会場として登場

1 ドン・シャーリーが黒人用の屋外トイレを拒否したノースカロライナ州の会場は、ルイジアナ州のホーマス・ハウス・アンド・ガーデンズがロケ地　2 ツアー最初の会場として登場したセントチャールズ・アベニュー沿いの邸宅。この場所をはじめ、ニューオリンズのアップタウン地域の沿道には、数多くの邸宅が立ち並ぶ　3 トニーがごみだらけのピアノをスタンウェイに替えさせた会場はテュレーン大学のマカリスター講堂が使用された　4 ドン・シャーリーがその上に住むカーネギー・ホールは、世界的に有名な格式高いNYのコンサートホール

4 カーネギー・ホール
（ニューヨーク）

Cinema Data
監督：ピーター・ファレリー
出演：ヴィゴ・モーテンセン
　　　マハーシャラ・アリほか
公開：2018年
製作：アメリカ
上映時間：130分
発売・販売元：ギャガ
Blu-ray 2200円（税込）、DVD 1257円（税込）※発売中

More Info
KFC発祥の地（ケンタッキー州ノースコービン）

「ケンタッキーでフライドチキンだ！」と飛びついたトニーに共感しチキンが食べたくなったと同時に、そのシーンでフライドチキンがもつ差別的な意味を初めて知った人は少なくないだろう。KFCのフランチャイズ1号店があるのはユタ州サウスソルトレイクだが、カーネル・サンダースがフライドチキンの販売を始めたのはケンタッキー州ノースコービンを通る国道25号線沿いのガソリンスタンドである。

 『グリーンブック』のトニー・リップは本名をフランク・アンソニー・ヴァレロンガといい、俳優としても活躍。映画『フェイク』や『グッドフェローズ』に出演している。また、本作の脚本家ニック・ヴァレロンガはトニーの息子である。

03 砂漠を彷徨う男が"家族の原点"を探して目指すテキサス州の"パリ"

パリ、テキサス
Paris, Texas

`ドラマ`

Cinema Data
監督：ヴィム・ヴェンダース
出演：ハリー・ディーン・スタントン
ナスターシャ・キンスキーほか
公開：1984年／製作：フランス、西ドイツ、イギリス、アメリカ／上映時間：145分／発売・販売元：TCエンタテインメント／提供：東北新社／2Kレストア版Blu-ray 5280円（税込）

テキサス州の町パリを目指し荒野で行き倒れた男。知らせを受けた弟は兄をLAの自宅に連れ帰り、4年前に置き去りにした兄の息子と再会させるが……。撮影はおもにテキサス州西部チワワ砂漠の一部であるトランス ペコス地域のフォート ストックトンやマラソンのほか、LAでも行われた。

04 LAからニューオリンズまで自由を求める若者たちの旅

イージー★ライダー
Easy Rider

`ドラマ`

Cinema Data
監督：デニス・ホッパー
出演：ピーター・フォンダ、デニス・ホッパーほか
公開：1969年／製作：アメリカ／上映時間：94分
発売・販売元：ソニー・ピクチャーズ エンタテインメント／デジタル配信中、Blu-ray 2619円（税込）、DVD 1551円（税込）

テーマ曲『BORN TO BE WILD』でも有名な1960年代のアメリカを反映したロードムービー。麻薬の密輸で大金を得たふたりの男が、ハーレーダビッドソンにまたがり、LAからニューオリンズを目指す旅に出る。自由に旅する彼らだが、道中でさまざまな目に遭い、この国の現実を目の当たりにする。

05 シンシナティからLAまでいびつな兄弟の絆の旅

レインマン
Rain Man

`ドラマ`

Cinema Data
監督：バリー・レヴィンソン
出演：ダスティン・ホフマン、トム・クルーズほか
公開：1988年／製作：アメリカ／上映時間：134分
発売元：ワーナー・ブラザース ホームエンターテイメント／販売元：NBCユニバーサル・エンターテイメント／Blu-ray 2619円（税込）

兄弟の絆を描く人間ドラマ。父の遺産相続人がサヴァン症候群の兄だと知った弟は、兄を施設から連れ出し、シンシナティからLAへと向かう。並木道のある施設はケンタッキー州メルボルンの聖アン修道院、弟が兄の特殊能力を利用したのはラスベガスの「シーザーズパレス」がロケ地。

名門カジノホテル「シーザーズパレス」

06 伝説の強盗カップルを映画化 アメリカ・ニュー・シネマの代表格

俺たちに明日はない
Bonnie and Clyde

`クライム／ドラマ`

Cinema Data
監督：アーサー・ペン／出演：ウォーレン・ベイティ、フェイ・ダナウェイほか／公開：1967年／製作：アメリカ／上映時間：112分／発売元：ワーナー・ブラザース ホームエンターテイメント／販売元：NBCユニバーサル・エンターテイメント／Blu-ray 2619円（税込）、DVD 1572円（税込）

大不況の1930年代に実在した強盗カップル、ボニーとクライドの出会いと逃走を描いた物語。テキサス州には、ふたりが最初に強盗したポンダー銀行ビルや、銃撃戦が繰り広げられたトリニティ川があるほか、ミズーリ州ジョプリンには実際に彼らが住んだアパートが今も残されている。

ふたりが住んだジョプリンのアパート

INFO 1930年代前半にアメリカ中西部で銀行強盗や殺人を繰り返したボニーとクライドは、金持ちに狙いを定め貧乏人からは金品を巻き上げなかったことから支持者が多く、逃亡中に彼らを匿った者は起訴されただけで23人に上ったという。

07 オレゴンの小さな町 少年たちのひと夏の冒険

スタンド・バイ・ミー
Stand by Me

ドラマ

Cinema Data
監督：ロブ・ライナー
出演：ウィル・ウィートン、リヴァー・フェニックスほか
公開：1986年／製作：アメリカ／上映時間：89分
発売・販売元：ソニー・ピクチャーズ エンタテインメント／デジタル配信中、Blu-ray 2619円(税込)、DVD 1551円(税込)、4K ULTRA HD 5217円(税込)

　オレゴン州の架空の町キャッスル・ロックを舞台に、死体を探す旅に出た4人の少年たちの友情を描く。撮影はほぼオレゴンで行われたが、汽車から逃げる名シーンにはカリフォルニア州シャスタ郡のブリットン湖にある鉄道橋を使用。橋は映画を機に"スタンド・バイ・ミー橋"と呼ばれている。

©1986 COLUMBIA PICTURES INDUSTRIES, INC. ALL RIGHTS RESERVED.

08 母親を亡くした少女と 詐欺師の男の珍道中

ペーパー・ムーン
Paper Moon

コメディ／ドラマ

Cinema Data
監督：ピーター・ボグダノヴィッチ
出演：ライアン・オニール、テイタム・オニールほか
公開：1973年
製作：アメリカ
上映時間：102分
発売元：NBCユニバーサル・エンターテイメント
DVD 1572円(税込)

　1935年、大恐慌期の米中西部。詐欺師の男が母親を亡くした少女と出会い、親子のような絆を深めていく物語。終盤、けがを負った男を少女が見つけるシーンは、ミズーリ州セント・ジョゼフのフェリックス通りと南4番通りの交差点にあるコマース銀行のあたりで、今でもその面影が残る。

TM & COPYRIGHT ©2004BY PARAMOUNT PICTURES. All Rights Reserved.

09 娘の夢のためオンボロ車で走る 負け組家族の珍道中

リトル・ミス・サンシャイン
Little Miss Sunshine

ドラマ／コメディ

Cinema Data
監督：ジョナサン・デイトン、ヴァレリー・ファリス
出演：グレッグ・キニア、スティーヴ・カレル、トニ・コレット
　　　ポール・ダノ、アビゲイル・ブレスリン、アラン・アーキンほか
公開：2006年
製作：アメリカ
上映時間：100分

　アルバカーキに住む負け組家族が、末娘のミスコン出場のためオンボロのマイクロバスに乗り込み、およそ1300km先のカリフォルニア州のレドンドビーチを目指す。ミスコンの会場として映るのは「クラウン・プラザ・ホテル・ベンチュラ・ビーチ」。近くのベンチュラ埠頭もロケ地となった。

ロケ地の埠頭とホテル(ビーチ左)

10 2400kmの道のりで考える 教育に大切なこととは?

はじまりへの旅
Captain Fantastic

ドラマ／コメディ

Cinema Data
監督：マット・ロス
出演：ヴィゴ・モーテンセン、ジョージ・マッケイほか
公開：2016年／製作：アメリカ
上映時間：119分
発売・販売元：松竹／DVD 4180円(税込) ※発売中
※2023年4月時点の情報です

©2016 CAPTAIN FANTASTIC PRODUCTIONS, LLC ALL RIGHTS RESERVED.

　世間から10年間離れ森で生活していた家族が、あるきっかけから社会に戻ることに。極端な教育方針を貫く一風変わった家族の、米北西部の森からニューメキシコ州にかけての旅の物語。ラストのドラマチックな葬儀のシーンは、ワシントン州のデセプションパス州立公園で撮影された。

旅の終着点はデセプションパス州立公園

『ペーパー・ムーン』で詐欺師のモーゼ役のライアン・オニールと、少女アディを演じたテイタム・オニールは実の親子。おしゃまで自然な演技が評価され、テイタム・オニールはアカデミー賞で助演女優賞を史上最年少で受賞した。

143

はじまりのうた

Begin Again

ドラマ／恋愛

　全米5館での上映が、口コミで人気となり1300館にまで広がった話題作。売れっ子ミュージシャンとなった恋人とイギリスからNYにやってきたシンガーソングライターのグレタは、その後、恋人に裏切られ傷心のままライブハウスで歌っていたところを、落ち目の音楽プロデューサーのダンの目に留まり、アルバム制作の話をもちかけられる。

　NYの町がスタジオというコンセプト・アルバムのため、路地裏からセントラルパークなどの観光名所まであらゆる場所での演奏シーンがあり、映像を通じて町を巡ることができる。ダンとグレタがお互いの音楽リストをシェアしながら夜の町を歩くシーンで映る、タイムズスクエアやチャイナタウン、マンハッタンの夜景は特に印象的だ。

1 世界中の企業が巨大看板を掲げるタイムズスクエアはNYを象徴する場所
2 数々の映画やドラマのロケ地であるセントラルパークのベセスダ・テラス

▶ More Info

演奏シーンでは、ワシントンスクエア・パークの凱旋門（P.150）をはじめ、エンパイア・ステート・ビル（P.148）を望むビルや地下鉄ブロード・ストリート駅などが登場。なかでもセントラルパークのベセスダ・テラスや池のボートでのレコーディングシーンはフォトジェニック！

© 2013 KILLIFISH PRODUCTIONS,
INC. ALL RIGHTS RESERVED.

Cinema Data

監督：ジョン・カーニー
出演：キーラ・ナイトレイ、マーク・ラファロほか
公開：2013年／製作：アメリカ
上映時間：104分
発売・販売元：ポニーキャニオン
デジタル配信中、Blu-ray 5170円（税込）
DVD 4180円（税込）※発売中

✈ Access

タイムズスクエアへは地下鉄「タイムズスクエア-42丁目」駅より徒歩約1分。ワシントンスクエア・パークの凱旋門へは地下鉄「8丁目」駅より徒歩約5分。ベセスダ・テラスへは地下鉄「72丁目」駅より徒歩約9分。

　『はじまりのうた』の演奏シーンで使われたワシントンスクエア・パークの凱旋門は、『恋人たちの予感』で車でNYに到着したハリーとサリーが別れる場所でもあるなど、NYのロケ地は複数の作品が重複している。

湖を一望できるハーンズヘッド

🇺🇸 **アメリカ**

セントラルパーク内ハーンズヘッド（ニューヨーク）

ものすごくうるさくて、ありえないほど近い

Extremely Loud & Incredibly Close

（ドラマ／ミステリー）

9.11同時多発テロで最愛の父親を亡くした少年オスカーは、事件の1年後に父の部屋で、ある鍵を見つける。そこに重大なメッセージが残されていると考えたオスカーは、鍵の正体を探るべくNYの町を奔走する。たくさんの人たちに出会い、ある事実にたどり着く。物語終盤、父親との思い出の場所であるセントラルパークの湖畔の岩場ハーンズヘッドで手紙を書くシーンには、オスカー少年の心の成長を感じる。

Cinema Data 監督：スティーブン・ダルドリー／出演：トム・ハンクス、サンドラ・ブロック、トーマス・ホーンほか／公開：2011年／製作：アメリカ／上映時間：129分／発売元：ワーナー・ブラザース ホームエンターテイメント／販売元：NBCユニバーサル・エンターテイメント／Blu-ray 2619円(税込)、DVD 1572円(税込)

More Info
公園内のもうひとつの重要な場所は、岩場から650mほど離れたボウ・ブリッジ近くのブランコ。

✈ **Access**
地下鉄「72丁目」駅より徒歩約9分。

🇺🇸 **アメリカ**

セントラルパーク内ザ・モール（ニューヨーク）

クレイマー、クレイマー

Kramer vs. Kramer

（ドラマ）

仕事ばかりで家庭を顧みない夫テッドに愛想をつかし家を出た、自立心の強い妻ジョアンナ。テッドのもとには5歳の息子ビリーが残され、父と子の不器用な生活が始まる。息子のために慣れない手つきで朝食のフレンチトーストを焼き、学校への送り迎えをするうち、しだいに父親らしくなってゆくテッド。セントラルパークの並木道ザ・モールでビリーに自転車の乗り方を教える場面ではすっかり父親の顔になっている。

大きなニレの木が並ぶ美しいザ・モール

Cinema Data 監督：ロバート・ベントン／出演：ダスティン・ホフマン、メリル・ストリープほか／公開：1979年／製作：アメリカ／上映時間：105分／発売・販売元：ソニー・ピクチャーズ エンタテインメント／デジタル配信中、Blu-ray 2619円(税込)、DVD 1551円(税込)

More Info
ビリーが家を出た母親と再会するシーンもザ・モールで撮影されている。

✈ **Access**
地下鉄「72丁目」駅より徒歩約7分。

冬はスケートが楽しめるウールマン・リンク

Cinema Data 監督：アーサー・ヒラー／出演：アリ・マッグロー ライアン・オニールほか／公開：1970年／製作：アメリカ／上映時間：100分／発売元：NBCユニバーサル・エンターテイメント／Blu-rayデジタル・リマスター版 2075円(税込)、DVD 1572円(税込)

More Info
10月下旬から4月上旬の間、アイスリンクとして解放されている。

✈ **Access**
地下鉄「5番街-59丁目」駅より徒歩約5分。

🇺🇸 **アメリカ**

セントラルパーク内ウールマン・リンク（ニューヨーク）

ある愛の詩

Love Story

（恋愛／ドラマ）

「愛とは決して後悔しないこと」の名台詞とフランシス・レイによる切ないピアノの旋律が記憶に残る純愛映画。名家の御曹司でハーバード大学生のオリバーは、父親の反対を押し切り、イタリア系移民の娘ジェニーと結婚するが、彼女は白血病で余命わずかだと判明する。ふたりの思い出の場所となったスケート場は、セントラルパークのウールマン・リンク。1986年に改修されたため、現在は雰囲気が若干映画と異なる。

ℹ️ 『クレイマー、クレイマー』の原題は、原告クレイマー対被告クレイマーの離婚裁判を示している。また、息子ビリーを演じたジャスティン・ヘンリーは8歳でアカデミー助演男優賞にノミネートされ、史上最年少記録を樹立した。

演説会場となったのは写真の左の辺り

アメリカ
コロンバス・サークル（ニューヨーク）

タクシードライバー
Taxi Driver

`ドラマ／クライム`

不眠症と孤独を抱えながらタクシードライバーとして働くベトナム帰還兵のトラビスは、汚れた社会を嫌悪し、意中の女性の気も引けないモヤモヤする日々を送るなか、あるきっかけから過激な計画を思いつく。何かが壊れたトラビスが驚きの姿で登場するのは、議員演説が行われるコロンバス・サークル。向かいのセントラルパークの角にあるUSSメインモニュメントの前で像と同じポーズをとる議員にも注目を。

More Info
コロンバス・サークルは『ゴーストバスターズ』（P.149）でマシュマロマンが登場する場所でもある。

Access
地下鉄「59丁目-コロンバス・サークル」駅より徒歩約1分。

Cinema Data 監督：マーティン・スコセッシ 出演：ロバート・デ・ニーロ シビル・シェパードほか 公開：1976年／製作：アメリカ／上映時間：114分／発売・販売元：ソニー・ピクチャーズ エンタテインメント／デジタル配信中、Blu-ray 2619円（税込）、DVD 1551円（税込）

アメリカ
プラザ・ホテル（ニューヨーク）

ホーム・アローン2
Home Alone 2: Lost in New York

`コメディ`

大ヒット・クリスマス・コメディ『ホーム・アローン』の続編。ほぼシカゴの家の中で泥棒退治劇をする1作目に比べ、続編はNYの町を巡る展開。主人公のケビンの拠点となったのは「プラザ・ホテル」で、当時オーナーだったドナルド・トランプがカメオ出演したことも話題に。ホテルの隣のセントラルパークは、ハトおばさんのシーンのロケ地。そのほか、おもちゃ屋「FAOシュワルツ」やロックフェラーセンターなどが登場する。

フレンチ・ルネッサンス様式の高級老舗ホテル

Cinema Data
監督：クリス・コロンバス
出演：マコーレー・カルキン、ジョー・ペシ、ダニエル・スターンほか
公開：1992年／製作：アメリカ
上映時間：120分

More Info
ケビンが家族とはぐれたのは、1作目でも登場したシカゴのオヘア国際空港。

Access
地下鉄「5番街-59丁目」駅または「57丁目」駅より徒歩約5分。

芸術施設が集まるリンカーン・センター

Cinema Data 監督：ロバート・ワイズ、ジェローム・ロビンズ／出演：ナタリー・ウッド、リチャード・ベイマーほか／公開：1961年／製作：アメリカ／上映時間：152分／発売元：ワーナー・ブラザース ホームエンターテイメント／販売元：NBCユニバーサル・エンターテイメント／Blu-ray 2619円（税込）

アメリカ
ウェストサイド・マンハッタン（ニューヨーク）

ウエスト・サイド物語
West Side Story

`ミュージカル／恋愛`

ミュージカル映画の金字塔。不良少年によるポーランド系のジェット団とプエルトリコ系のシャーク団は、一触即発の状況が続いていた。そんなある日、パーティでジェット団の元リーダーのトニーとシャーク団リーダーの妹マリアが出会い恋に落ち……。この現代版『ロミオとジュリエット』の舞台となったウエストサイド・マンハッタンは、現在の文化地区リンカーン・センターあたり。再開発により当時の姿はない。

More Info
リンカーン・センターは『ゴーストバスターズ』（P.149）のロケ地でもある。

Access
地下鉄「66丁目-リンカーン・センター」駅よりすぐ。

「ホーム・アローン2」でケビンがリムジンで見たアニメは『グリンチ』。フランクおじさんがお風呂で歌う曲は、ザ・キャピトルズの『クール・ジャーク』。また、ロケ地の「プラザ・ホテル」は『華麗なるギャツビー』の舞台でもある。

時計を支えるアトラス神の像がシンボル

More Info
映画の影響を受け、2017年にはブランド初飲食スペース「ブルーボックスカフェ」がオープンした。

Access
地下鉄「5番街-59丁目」駅より徒歩約4分。

Cinema Data
監督：ブレイク・エドワーズ
出演：オードリー・ヘプバーン、ジョージ・ペパードほか
公開：1961年／製作：アメリカ
上映時間：115分／発売元：NBCユニバーサル・エンターテイメント／Blu-ray 2075円(税込)、DVD 1572円(税込)

アメリカ
5番街・ティファニー（ニューヨーク）

ティファニーで朝食を
Breakfast at Tiffany's

恋愛／ドラマ

トルーマン・カポーティの小説を映画化した都会的なラブ・ストーリー。上流階級に憧れるホリーは、NYのアパートに名なしの猫と暮らす自由奔放な女性。隣に越してきた作家志望のポールはそんな彼女に惹かれていく。冒頭、夜明けの5番街にタクシーで乗り付けたホリーが、ティファニーの前でデニッシュとコーヒーの朝食をとるシーンはあまりに有名。同店でおもちゃの指輪に刻印を入れてもらうやりとりも名場面のひとつだ。

アメリカ
聖バルトロメオ教会（ニューヨーク）

ミスター・アーサー
Arthur

コメディ／恋愛

ハチャメチャな毎日を送る大富豪の御曹司アーサーは、ある日父親から政略結婚を押しつけられ、断れば財産を相続させないと脅される。覚悟を決めようとした矢先、町で出会ったリンダにハートを射抜かれて……。リッチだが愛のない生活か、貧しくても愛のある生活か？ その判断が下されるのは、ミッドタウンのパーク・アベニューと51番通りの角に位置する聖バルトロメオ教会。神様の前でのアーサーの決断やいかに!?

1917年建築の由緒正しい教会

Cinema Data
監督：スティーヴ・ゴードン
出演：ダドリー・ムーア
　　　ライザ・ミネリほか
公開：1981年
製作：アメリカ
上映時間：97分

More Info
聖バルトロメオ教会は、20世紀初頭の教会建築の重要な例として、2016年に国定歴史建造物に指定された。

Access
地下鉄「51丁目」より徒歩約1分。

世界最大級の売場面積を誇る百貨店

Cinema Data
監督：ジョージ・シートン
出演：モーリン・オハラ、ジョン・ペイン
　　　エドマンド・グウェンほか
公開：1947年
製作：アメリカ
上映時間：96分

More Info
ヘラルド・スクエアと7番街、34、35丁目の通り内一角を占めるこの百貨店は、映画『モダン・タイムス』の舞台でもある。

Access
地下鉄「34丁目-ヘラルド・スクエア」駅よりすぐ。

アメリカ
メイシーズ（ニューヨーク）

三十四丁目の奇蹟
Miracle on 34th Street

ドラマ／コメディ／ファンタジー

マンハッタン34丁目に実在する大型百貨店「メイシーズ」を舞台に繰り広げられるハートウォーミングな物語。メイシーズでバリバリと働くシングルマザーとそんな現実的な母に育てられた娘の前に、本物のサンタを名乗る老人が現れる。ひょんなきっかけから、メイシーズのクリスマス商戦のためのサンタ役に抜擢されるが、ライバル社に悪評を流され裁判沙汰に。その争点は「サンタは本当にいるのか？」だった!?

『ティファニーで朝食を』を象徴する朝食シーンで、ヘプバーン扮するホリーはデニッシュを食べているが、ヘプバーン自身はデニッシュが苦手だったそう。アイスクリームに変更を希望したが、朝食の設定のため却下されたといわれている。

1 ライトアップされたエンパイア・ステート・ビル **2** シアトルでサムが住むのはユニオン湖のハウスボート **3** アニーの心境を同僚が探ってきたのはボルチモアのマウント・バーノン歴史地区

🇺🇸 アメリカ

エンパイア・ステート・ビル（ニューヨーク）

めぐり逢えたら
Sleepless in Seattle

恋愛／コメディ

　妻を亡くし、シカゴからシアトルに引っ越したサム。喪失感から眠れぬ夜を過ごす父を励まそうと、幼い息子はラジオの相談番組に「パパに新しい奥さんを」とリクエストし、サムをむりやり電話口にひっぱり出す。渋々ながらも妻への思いを語り始めるサム。それを偶然聞いたボルチモアのアニーは、会ったこともない彼に惹かれていく。アメリカの東と西に住むふたりが"めぐり逢う"のはNYのエンパイア・ステート・ビル。運命を信じるロマンティストのアニーが、古い映画『めぐり逢い』(1957年版)に影響を受け憧れる場所で、その作品と本作を合わせて見ればおもしろさに深みが増す。

🎬 *More Info*

作中でアニーが憧れた、ケーリー・グラントとデボラ・カーが主演の1957年公開の『めぐり逢い』は、1939年公開の『邂逅（めぐりあい）』のリメイク。1994年にも同じ『めぐり逢い』のタイトルでリメイクされている。

✈ Access

地下鉄「34丁目-ヘラルド・スクエア」駅より徒歩約3分。または、地下鉄「34丁目-ペン・ステーション」駅より徒歩約7分。

Cinema Data

監督：ノーラ・エフロン
出演：トム・ハンクス、メグ・ライアンほか
公開：1993年
製作：アメリカ
上映時間：105分
発売・販売元：ソニー・ピクチャーズエンタテインメント
Blu-ray 2381円(税別)

レキシントン街の世界一有名な通気口

©Tucker

🎬 *More Info*

このロケ地はGoogleマップに「Marilyn Monroe's subway grate.」という名で登録されている。

✈ Access

地下鉄「51丁目」駅または「レキシントン・アベニュー-53丁目」駅より徒歩約1分。

Cinema Data

監督：ビリー・ワイルダー
出演：マリリン・モンロー
　　　トム・イーウェルほか
公開：1955年
製作：アメリカ
上映時間：105分

🇺🇸 アメリカ

レキシントン街（ニューヨーク）

七年目の浮気
The Seven Year Itch

コメディ

　マリリン・モンローの白いスカートが風に煽られて翻る。映画を知らずともこのシーンには見覚えがあるという人は少なくないだろう。彼女の代表作のひとつである本作は、妻子がバカンスに出かけ束の間の独身気分を味わう男が、アパートの上の階に越してきた金髪美女に浮気心をくすぐられるという物語。スカートのシーンは、レキシントン街とイースト52丁目の交差点近くにある地下鉄の通気口で撮影された。

INFO 『めぐり逢えたら』とそのモチーフになった『めぐり逢い』の舞台エンパイア・ステート・ビルは、1933年版『キング・コング』でコングが登るビルとしても有名。なお、1976年版ではコングはワールド・トレード・センターに登っている。

ゴーストバスターズ本部の外観

More Info
消防署内の場面はLAのスタジオと廃止された消防署で撮影されている。

Access
地下鉄「フランクリン・ストリート」駅より徒歩約1分。

Cinema Data

監督：アイヴァン・ライトマン
出演：ビル・マーレイ、ダン・エイクロイド、ハロルド・レイミスほか
公開：1984年／製作：アメリカ
上映時間：105分／発売・販売元：ソニー・ピクチャーズ エンタテインメント／デジタル配信中、Blu-ray 2619円（税込）、DVD 1551円（税込）、4K ULTRA HD&Blu-rayセット 5217円（税込）

■ アメリカ
ゴーストバスターズ本部（ニューヨーク）

ゴーストバスターズ
Ghostbusters

`ファンタジー／コメディ`

NYにゴーストが大量発生!?　オバケ退治に立ち上がったのは個性豊かな3人の博士たちによる"ゴーストバスターズ"！　彼らの拠点、トライベッカのノースムーア通り14番地の消防署は、映画公開後人気のスポットに。オバケたちが出没するのは、チャイナタウンやロックフェラー・センターなどのNYの観光名所。物語の最後、ラスボスが待つのは、セントラルパーク・ウェスト55番地のアパートだ。

■ アメリカ
コロンビア大学（ニューヨーク）

スパイダーマン™
Spider-Man

`アクション／SF／アドベンチャー`

幼い頃両親を亡くし伯父夫婦に育てられたピーターは、地味で真面目な高校生。授業の一環でコロンビア大学の研究室を見学した際に、遺伝子操作されたクモに噛まれたことから"大いなる力"をもち、スパイダーマンとなる。伝説のヒーローを生み出したこの大学は、1754年に創立された大学ランク最上位クラスの名門校で、アイビー・リーグ加盟校としても有名。作中で映るのは、ロー・メモリアル・ライブラリーだ。

ロー・メモリアル・ライブラリー

Cinema Data

監督：サム・ライミ／出演：トビー・マグワイア、ウィレム・デフォー、キルスティン・ダンストほか／公開：2002年／製作：アメリカ／上映時間：121分／発売・販売元：ソニー・ピクチャーズ エンタテインメント／デジタル配信中、Blu-ray 2619円（税込）、DVD 1551円（税込）、4K ULTRA HD&Blu-rayセット 5217円（税込）

More Info
宿敵グリーン・ゴブリンとの対決の舞台は、タイムズスクエア（P.144）やクイーンズボロ橋など。

Access
地下鉄「116丁目-コロンビア大学」駅よりすぐ。

町の象徴であるNY証券取引所

Cinema Data

監督：オリバー・ストーン
出演：マイケル・ダグラス　チャーリー・シーンほか
公開：1987年
製作：アメリカ
上映時間：128分

More Info
ラストシーンで映るローマ様式の建物は、ロウワー・マンハッタンのフォーリー広場の前にあるニューヨーク郡裁判所。

Access
地下鉄「ウォール・ストリート」駅よりすぐ。

■ アメリカ
ウォール・ストリート（ニューヨーク）

ウォール街
Wall Street

`ドラマ／クライム`

1980年代のアメリカで、一攫千金の夢にとらわれた若い証券マンが、大物投資家に取り入るため道を踏み外していく……。タイトルのウォール街（ストリート）は、マンハッタン南部にある通りの名で、その周辺を含めた金融街の通称でもある。撮影は、ウォール・ストリートの象徴であるNY証券取引所の協力を得て行われ、臨場感あるシーンが実現。また、2010年には続編『ウォール・ストリート』が製作された。

1977年に国家歴史登録財に登録された

📽 More Info
『2001年宇宙の旅』の原作（P243）が誕生した場所であり、セックス・ピストルズのシドの恋人ナンシーが殺された場所としても有名。

➤ Access
地下鉄「23丁目」駅より徒歩約4分。

Cinema Data

監督：リュック・ベッソン
出演：ジャン・レノ、ナタリー・ポートマンほか
公開：1994年／製作：フランス、アメリカ
上映時間：110分／発売元・販売元：TCエンタテインメント／レオン 完全版／オリジナル版 4KレストアBlu-ray（2枚組）9020円（税込）、レオン完全版／オリジナル版 4K UHD+Blu-ray（4枚組）1万780円（税込）

🇺🇸 アメリカ
チェルシー・ホテル（ニューヨーク）

レオン
Léon:The Professional

`アクション／ドラマ`

家族を殺された12歳の少女マチルダが、隣室の孤独な殺し屋レオンのもとに転がり込み、復讐のために殺しの訓練を乞う。ふたりが住む年季の入ったアパートとして映るのは1883年に建てられたチェルシー・ホテル。かつては長期滞在者向けで、数々のミュージシャンやアーティストが滞在していたことで知られている。部屋数は250室あり、現在では以前からの長期滞在者を除き、一般の宿泊ホテルとなっている。

🇺🇸 アメリカ
ハドソン川（ニューヨーク）

ハドソン川の奇跡
Sully

`ドラマ`

2009年1月15日にNYで起きた不時着水事故を映画化。ラガーディア空港を発ったUSエアウェイズ1549便は、離陸直後バード・ストライクにより両エンジンが停止。マンハッタンとニュージャージーの間を流れるハドソン川に不時着する。機長の判断力と着水技術が奏功、着水地点が警戒船や消防艇が停泊する港に近かったことなどから、乗客乗員は全員無事に救出され、機長は英雄と讃えられたが、後日の事故調査で判断を問われ……。

マンハッタンの西を流れるハドソン川

Cinema Data
監督：クリント・イーストウッド／出演：トム・ハンクス、アーロン・エッカート、ローラ・リニーほか／公開：2016年／製作：アメリカ／上映時間：96分／発売元：ワーナー・ブラザース ホームエンターテイメント／販売元：NBCユニバーサル・エンターテイメント／デジタル配信中、Blu-ray 2619円（税込）、DVD 1572円（税込）

📽 More Info
NYウォーターウェイのフェリーの活躍も有名。

➤ Access
着水現場辺りを通るフェリーは「ミッドタウン-西39丁目」フェリー乗り場から出ている。

門は1892年に大理石で再建された

Cinema Data
監督：ガウリ・シンデー
出演：シュリデヴィ、メーディ・ネブーほか
公開：2012年
製作：インド
上映時間：134分

📽 More Info
凱旋門はジョージ・ワシントンが初代合衆国大統領に就任した100周年を記念し1889年に建設されたもの。

➤ Access
地下鉄「8丁目-ニューヨーク大学」駅より徒歩約5分。

🇺🇸 アメリカ
ワシントンスクエア・パーク（ニューヨーク）

マダム・イン・ニューヨーク
English Vinglish

`ドラマ`

家族で自分だけが英語を話せず存在価値を認めてもらえないインドで暮らす専業主婦のシャシは、姪の結婚式でNYを訪れたことを機に、こっそり英会話学校に通い始める。彼女の人生の転機となる英会話の広告を見かけた場所は、NY大学に通う姪と待ち合わせをしたワシントン・スクエア・パーク。凱旋門が目印の歴史的な公園で、映画の通り多国籍の人々や大道芸人、ミュージシャンが集う憩いの場所である。

『レオン』のロケ地となったチェルシー・ホテルは、アーサー・ミラー、チャールズ・ブコウスキー、ボブ・ディラン、ジャニス・ジョプリン、イギー・ポップなど多くの著名な作家やアーティスト、ミュージシャンなどが滞在していたことで有名。

ミッドタウンにある有名な高級ホテル

Cinema Data

監督：デヴィッド・フランケル
出演：メリル・ストリープ、アン・ハサウェイ
ほか
公開：2006年
製作：アメリカ
上映時間：110分

🎬 *More Info*

「セント・レジス」は『ゴッドファーザー』(P.120) のロケも行われた場所。

➤ **Access**

地下鉄「5番街 - 53丁目」駅より徒歩3分。

🇺🇸 **アメリカ**
セント・レジス（ニューヨーク）

プラダを着た悪魔

The Devil Wears Prada

`ドラマ／コメディ`

ファッションに興味のないジャーナリスト志望のアンディが採用されたのは、一流ファッション誌のカリスマ鬼編集長のアシスタントだった!?　本作では数々の華やかな場所が登場するが、アンディが『ハリー・ポッター』の出版前の原稿を手に入れるため向かった「セント・レジス」のキング・コール・バーはそのひとつ。アンディが勤める出版社の設定であるニューズ・コーポレーション本社ビルから約1kmの場所にある。

🇺🇸 **アメリカ**
ニューヨーク公共図書館本館（ニューヨーク）

セックス・アンド・ザ・シティ［ザ・ムービー］

Sex and the City

`恋愛／コメディ／ドラマ`

NYに暮らす4人の独身女性のゴージャスでスキャンダラスな日常を映し出し、大ヒットしたTVシリーズの映画版で、TVドラマの4年後を描く。コラムニストのキャリーは、理想の男ビッグと暮らすアパートを探すついでに結婚も決める。キャリーが式場に選んだのは、由緒ある場所で、ラブ・ストーリーの宝庫でもあるNY公共図書館本館。歴史的建物にヴィヴィアン・ウエストウッドのウエディングドレスが映える！

1911年に建設されたNY公共図書館本館

Cinema Data
監督：マイケル・パトリック・キング
出演：サラ・ジェシカ・パーカー、キム・キャトラル、クリスティン・デイヴィス、シンシア・ニクソン
公開：2008年／製作：アメリカ
上映時間：150分／発売・販売元：ギャガ／フジテレビジョン／Blu-ray 2200円(税込)　※発売中

🎬 *More Info*

ライオン像には各2つの名があり、向かって左が「アスター」と「忍耐」、右が「レノックス」と「不屈」。

➤ **Access**

地下鉄「5番街-53丁目」駅より徒歩2分。

ふたりが暮らしたクラシックなアパート

🎬 *More Info*

サムの職場はウォール・ストリート (P.149) で、霊媒師オダ・メイに寄付させたのは同街のフェデラル・ホール・ナショナル・メモリアル。

➤ **Access**

地下鉄「ブロードウェイ-ラファイエット・ストリート」駅より徒歩約4分。

Cinema Data

監督：ジェリー・ザッカー／出演：パトリック・スウェイジ、デミ・ムーア、ウーピー・ゴールドバーグほか／公開：1990年／製作：アメリカ／上映時間：127分／発売元：NBCユニバーサル・エンターテイメント／Blu-ray 2075円(税込)、DVD 1572円(税込)

🇺🇸 **アメリカ**
SOHO（ニューヨーク）

ゴースト／ニューヨークの幻

Ghost

`恋愛／ドラマ／ファンタジー`

陶芸家の恋人のモリーと同棲を始めたばかりで幸せの絶頂にいた銀行員のサムは、ある夜デートの帰り道で強盗に殺されてしまう。恋人への未練から魂はこの世に残るが、幽霊として彼女を見守るうちに強盗事件の真相を知る。舞台となるSOHOは、芸術家のモリーに似合うアート・エリア。ふたりが暮らすプリンス通り104番地のアパートのように、19世紀に建てられたキャスト・アイアン建築の建物が集まっている。

ℹ️ ニューヨーク公共図書館本館は、『ティファニーで朝食を』(P.147)をはじめ、『ゴーストバスターズ』(P.149)ではオバケが出没する図書館として、『スパイダーマン』(P.149)ではベンおじさんがピーターに忠告するシーンで登場している。

🇺🇸 アメリカ
ヴェラザノ＝ナローズ・ブリッジ（ニューヨーク）

サタデー・ナイト・フィーバー
Saturday Night Fever

`ドラマ／ダンス／恋愛`

　代わり映えのない毎日にうんざりし、毎週土曜にディスコで踊ることで憂さを晴らすトニーは、そこで出会ったステファニーに魅了され、ダンスコンテストのパートナーに誘う。1970年代の若者たちの葛藤を、ビー・ジーズのダンスナンバーにのせて描いた青春映画。トニーがときに夢に浸り、ときに地元仲間とふざけ合うヴェラザノ＝ナローズ・ブリッジは、彼らの夢と不安と葛藤が入り交じる場所のように映る。

ベイ・リッジ・プロムナードからの眺め

Cinema Data 監督：ジョン・バダム／出演：ジョン・トラボルタほか／公開：1977年／製作：アメリカ／上映時間：119分／発売元：NBCユニバーサル・エンターテイメント／Blu-ray 2075円（税込）、DVD 1572円（税込）

📽️ **More Info**
冒頭のトニーの登場シーンは、ブルックリン86番通りの高架鉄道沿い。

✈️ **Access**
ビュー・ポイントのベイ・リッジ・プロムナードへは、地下鉄「Bベイ・リッジ-95丁目」駅より徒歩約10分。

🇺🇸 アメリカ
フラッシング・メドウ・コロナ・パーク（ニューヨーク）

メン・イン・ブラック
Men in Black

`SF／アクション／コメディ`

　スピルバーグ総指揮のSFアクション・コメディ。地球に住むエイリアンを監視する秘密組織「MIB」が、NY市警の敏腕刑事ジェームズを巻き込み、人間に姿を変えて侵入し地球壊滅を企む昆虫型エイリアンのバグを大追跡！　バグが逃げ込む宇宙船の場所として登場するのは、クイーンズ区北部にあるフラッシング・メドウ・コロナ・パーク。宇宙船は1964年の万博時に建設されたNY州パビリオン展望塔の円盤部分だった!?

作中で登場する巨大地球儀と展望塔

Cinema Data 監督：バリー・ソネンフェルド／出演：トミー・リー・ジョーンズ、ウィル・スミスほか／公開：1997年／製作：アメリカ／上映時間：98分／発売・販売元：ソニー・ピクチャーズ エンタテインメント デジタル配信中、Blu-ray 2619円（税込）、DVD 1551円（税込）

📽️ **More Info**
この公園はもともと、ごみ処分場だった。

✈️ **Access**
地下鉄「メッツ-ウィレッツ・ポイント」駅よりNY州パビリオンまで徒歩約15分。

🇺🇸 アメリカ
ベイ50丁目駅（ニューヨーク）

フレンチ・コネクション
The French Connection

`クライム／アクション／ドラマ`

　トルコからフランス経由でアメリカに麻薬を運ぶかつての密輸ルート"フレンチ・コネクション"を取り締まった実際の事件をモデルに、捜査のためなら強引な手口も厭わないNY市警のドイル刑事が命がけで犯人一味を追う姿を描く。おもな舞台はNY。犯人が乗った電車をドイルが車で追う、ブルックリンの高架鉄道の上下で繰り広げられるチェイス・シーンは迫力満点！　追跡の起点は地下鉄「ベイ50丁目」駅。

ブルックリン名物の高架鉄道

Cinema Data
監督：ウィリアム・フリードキン
出演：ジーン・ハックマンほか
公開：1971年
製作：アメリカ
上映時間：104分

📽️ **More Info**
「ベイ50丁目」駅は、コニーアイランド（P.153）へ通じるBMTウエスト・エンド線の駅のひとつ。

✈️ **Access**
地下鉄「ベイ50丁目」駅へはマンハッタンの「グランド・ストリート」駅より約38分。

 『フレンチ・コネクション』の冒頭で麻薬犯たちが密会するマルセイユの島シャトー・ディフは元刑務所で、『モンテ・クリスト伯』の舞台としても知られている。島へはマルセイユ旧港からフェリーで15分ほどで到着する。

遊園地、水族館、ビーチなど
があり多くの人でにぎわう

Cinema Data

監督：ウディ・アレン
出演：ウディ・アレン
　　　ダイアン・キートンほか
公開：1977年
製作：アメリカ／上映時間：93分

More Info
もとは島だったが埋め立てられ、ロン
グアイランドと陸続きとなった。

Access
遊園地へは地下鉄「コニーアイランド
-スティルウェル・アベニュー」駅より徒
歩約6分。

🇺🇸 **アメリカ**

コニーアイランド（ニューヨーク）

アニー・ホール

Annie Hall

`恋愛／コメディ`

冴えないコメディアンのアルビーは、陽
気なクラブ歌手のアニーと出会い意気投合。
やがて同棲を始めるが、しだいにお互いの
嫌なところが目につき始め……。都会の男
女の出会いから別れまでをコメディタッチ
で描く。アルビーのちょっぴり面倒な性格
の原因は、子供の頃コニーアイランドの遊
園地にあるローラーコースターの下に住ん
でいたせい。アルビーには試練だったが、
多くの人々には楽しくて人気のリゾートだ。

🇺🇸 **アメリカ**

モントーク（ニューヨーク）

エターナル・サンシャイン

Eternal Sunshine of the Spotless Mind

`恋愛／SF`

喧嘩別れした恋人とヨリを戻そうと彼女
のもとへ向かったジョエルは、まるで他人
のように扱われ愕然とする。後に彼女が
ジョエルの記憶を消す手術を受けたと知
り、ショックのあまり自分も同じ手術を受
けようとするが……。男女の出会いから別
れまでを巧みな構成で描いた作品。ふたり
が出会うモントークは、ロングアイランド
東端にある地元ニューヨーカーに人気のリ
ゾート地。夏には多くの人でにぎわう。

NY州最東端にある通称"終わりの地"

Cinema Data

監督：ミシェル・ゴンドリー
出演：ジム・キャリー、ケイト・
　　　ウィンスレットほか
公開：2004年／製作：アメリ
カ／上映時間：107分／発売
元：NBCユニバーサル・エン
ターテイメント／Blu-ray 2075
円（税込）、DVD 1572円（税込）

More Info
モントークには1796年に
完成したニューヨーク州
初の歴史ある灯台がある。

Access
マンハッタンより「モントー
ク」駅まで電車で約3時
間30分。

1828年に誕生した町セネカ・フォールズ

Cinema Data

監督：フランク・キャプラ
出演：ジェームズ・スチュワート
　　　ドナ・リードほか
公開：1946年／製作：アメリカ
上映時間：131分
発売元：NBCユニバーサル・
エンターテイメント／Blu-ray
2075円（税込）

More Info
ダンスパーティのシーンは
ビバリーヒルズ高校で撮
影されている。

Access
セネカ・フォールズへはシ
ラキューズ・ハンコック国
際空港より車で約55分。

🇺🇸 **アメリカ**

ベッドフォード・フォールズ（ニューヨークの架空の町）
※モデルはセネカ・フォールズ。撮影はロスアンゼルスなど

素晴らしき哉、人生！

It's a Wonderful Life

`ドラマ／ファンタジー`

アメリカ映画協会が選ぶ「感動の映画ベス
ト100」で1位に輝くクリスマス映画。不
運続きで人生に絶望する男の前に守護天
使を名乗る老人が現れ……。物語の舞台、
NYのベッドフォード・フォールズは架空
の町で、撮影はほぼLAのスタジオで行わ
れているが、ファンの間では町のモデルは
セネカ・フォールズだと伝えられており、
町には映画にまつわる展示がされている
「素晴らしき哉、人生！博物館」がある。

INFO アメリカ映画協会が選ぶ「感動の映画ベスト100」（2006年）の1位は『素晴らしき哉、人生！』。2位以降は、『アラバマ物
語』、『シンドラーのリスト』（P.134）、『ロッキー』（P.170）、『スミス都へ行く』、『E.T.』（P.159）、『怒りの葡萄』と続く。

153

🇺🇸 アメリカ
サンフランシスコ

ミセス・ダウト
Mrs. Doubtfire

コメディ／ドラマ

　失業した声優のダニエル・ヒラードは、稼ぎはなくとも子煩悩の優しいパパ。しかし、仕事に家事に夫の尻拭いをさせられてばかりの妻は、たまりにたまったストレスが爆発！　ついに夫に三行半を突きつける。親権を失ったダニエルは、子供たちと離れたくない一心で上品な婦人に変装し家政婦として家に潜り込むが、そこには今まで妻に任せきりで疎かにしていた家事との戦いが待っていた！

　サンフランシスコが舞台の本作では、ゴールデンゲート・ブリッジやそれを望むレクリエーション・エリアのクリッシー・フィールドをはじめ名物のケーブルカーなど、象徴的な景色が映る。ヒラード家として登場した住宅もこの作品で一躍有名観光地となった。

🎬 More Info
ヒラード家として撮影された住宅は、この映画公開以降"ミセス・ダウトファイヤーズ・ハウス"と呼ばれ、人気の観光スポットとなった。また、ミセス・ダウトファイヤーズ・ハウスから車で30分ほどの場所には、法廷の場面で使われたサンマテオ郡歴史博物館や、プールのシーンが撮られた「クレアモント・クラブ & スパ - A フェアモント・ホテル」がある。

✈ Access
ゴールデンゲート・ブリッジ東のクリッシー・フィールドへは、ダウンタウンより車で約15分。そこからステイナー通り2640番地のミセス・ダウトファイヤーズ・ハウスまでは車で約10分。

1 サンフランシスコのランドマークとして有名なゴールデンゲート・ブリッジ
2 ロケ地となったミセス・ダウトファイヤーズ・ハウス

Cinema Data
監督：クリス・コロンバス／出演：ロビン・ウィリアムズ、サリー・フィールド、ピアース・ブロスナンほか／公開：1993年／製作：アメリカ／上映時間：126分

『グッド・ウィル・ハンティング/旅立ち』（P.172）でアカデミー助演男優賞を受賞したロビン・ウィリアムズ。主演作品のなかでも人気の『ミセス・ダウト』は、2014年に続編の製作が発表されたが、彼の死去にともない実現はかなわなかった。

アルメニア人虐殺の犠牲者に捧ぐ追悼碑

Cinema Data 監督：ドン・シーゲル／出演：クリント・イーストウッドほか／公開：1971年／製作：アメリカ／上映時間：102分／発売元：ワーナー・ブラザース ホームエンターテイメント／販売元：NBCユニバーサル・エンターテイメント／Blu-ray 2619円（税込）、DVD特別版 1572円（税込）

🇺🇸 **アメリカ**
マウント・デイビッドソン（サンフランシスコ）

ダーティハリー
Dirty Harry

アクション／クライム

型破りなサンフランシスコ市警のハリー刑事は、常に汚れ仕事を任せられるため"ダーティ・ハリー"の異名をとる。ある事件を皮切りにスコルピオと名乗る犯人による連続殺人事件が発生すると、ハリーは組織のルールを無視して犯人を突き止めようと奔走する。初めてスコルピオと接触を図る場所は、十字架の立つマウント・デイビッドソンの頂。標高283mのサンフランシスコでは最も高い山で、十字架の高さは31.4m。

🎥 **More Info**
十字架の近くにはツインピークスが見えるビュー・ポイントがある。

➤ **Access**
地下鉄「ウエスト・ポータル」駅より登り口まで徒歩約15分、そこから十字架まで徒歩約10分。

🇺🇸 **アメリカ**
アルカトラズ島（サンフランシスコ）

アルカトラズからの脱出
Escape From Alcatraz

アクション／クライム

鉄壁の牢獄アルカトラズ刑務所からの脱獄を描いた実話に基づく物語。頭脳明晰な囚人モリスは、建物の性質を調べ、道具を調達し、脱出のルートを探る。潮の流れが激しく水温が低い海に浮かぶこの天然の要塞からどう脱出するのか？　この刑務所は、モリスが脱獄を図った後1年足らずで閉鎖され、現在ではゴールデン・ゲート・ナショナル・レクリエーションエリアの歴史地区の一部として一般公開されている。

岩盤の島のため"ザ・ロック"と呼ばれる

Cinema Data 監督：ドン・シーゲル／出演：クリント・イーストウッド、パトリック・マッグーハンほか／公開：1979年／製作：アメリカ／上映時間：112分／発売元：NBCユニバーサル・エンターテイメント／Blu-ray 2619円（税込）、DVD 1572円（税込）

🎥 **More Info**
かつては灯台、軍事要塞、軍事監獄、そして1963年まで連邦刑務所だった。

➤ **Access**
フィッシャーマンズワーフ近くのピア33よりフェリーで約15分。

広大なレタス畑が広がるサリナス

Cinema Data 監督：エリア・カザン／出演：ジェームズ・ディーン、ジュリー・ハリス、レイモンド・マッセイほか／公開：1955年／製作：アメリカ／上映時間：115分／発売元：ワーナー・ブラザース ホームエンターテイメント／販売元：NBCユニバーサル・エンターテイメント／Blu-ray 2619円（税込）、DVD 1572円（税込）

🇺🇸 **アメリカ**
サリナス、モントレー（カリフォルニア）
※モントレーのシーンはメンドシノで撮影

エデンの東
East of Eden

ドラマ

ジェームズ・ディーンの映画初主演作であり代表作のひとつ。旧約聖書のカインとアベルをモチーフに、父親にかわいがられる優等生の兄に嫉妬し、不器用に親の愛情を求める青年の苦悩と成長を描く。物語の舞台は1917年ののどかな農業の町サリナスで、撮影も現地で行われたが、もうひとつの舞台である母親が住むモントレーは、小説当時と雰囲気が異なっていたため、メンドシノで撮影されたといわれている。

🎥 **More Info**
サリナスは原作者ジョン・スタインベックの故郷。

➤ **Access**
サリナスへはサンフランシスコより車で約1時間45分。そこからモントレーへは車で約30分。メンドシノへは車で約4時間半。

『エデンの東』の舞台サリナスはレタス栽培で有名。ダウンタウンにはナショナル・スタインベック・センターとジョン・スタインベック図書館がある。有名な水族館があるリゾート地のモントレーやカーメルへはハイウェイ68で約30分。

ロスアンゼルス

ラ・ラ・ランド
La La Land

恋愛／ドラマ／ミュージカル

　夢追い人が集まるカルフォルニアの大都市LA。映画スタジオのカフェで働くミアは、女優を目指すもオーディションに落ちてばかり。ジャズを愛するピアニストのセバスチャンはいつか自分の店をもつのが夢。ふたりはやがて恋に落ち、互いの夢を応援し合うが……。

　いちばんの見せ場は、第一印象が最悪だったふたりが距離を縮めた丘の上でのダンス・シーン。撮影はグリフィス・パークの山道キャシーズ・コーナーで行われ、撮影用にベンチが置かれた。また、物語中盤、映画館デートのあとに向かったグリフィス天文台は、この公園の上にある。なお、この天文台は、ふたりが映画館で観たジェームズ・ディーン主演の青春映画『理由なき反抗』の舞台でもある。

🎥 More Info
　印象的な冒頭の高速道路でのダンスシーンのロケ地は、ロスアンゼルス国際空港からダウンタウンに向かう途中の105・110フリーウェイ・インターチェンジ。また、セバスチャンとミアが夢を語り合った「ライトハウス・カフェ」はハモサビーチにあり、そこでミアとリアルト劇場での映画デートの約束をとりつけたセバスチャンが『City of Star』をBGMに歩いた夕暮れのハモサビーチ埠頭は、カフェの目と鼻の先にある。

✈ Access
　グリフィス天文台へはダウンタウンより車で約20分。そこからキャシーズ・コーナーへは車で約20分もしくは徒歩約50分。

1 アールデコ調の建物と、町を一望できる立地で人気のグリフィス天文台
2 夕暮れ時に訪れたいロケ地、ハモサビーチ埠頭

Cinema Data
監督：デイミアン・チャゼル
出演：ライアン・ゴズリング
　　　エマ・ストーンほか
公開：2016年／製作：アメリカ
上映時間：128分
発売元：ギャガ
販売元：ポニーキャニオン
デジタル配信中、【おトク値！】Blu-ray 2750円（税込）、DVD 1980円（税込）※発売中

📽 INFO 『ラ・ラ・ランド』のロケ地のグリフィス天文台は、作中に出てきた『理由なき反抗』のほか、『ターミネーター』や『トランスフォーマー』、『チャーリーズ・エンジェル・フルスロットル』など、数々の作品が撮影された場所でもある。

ヤシの木がカリフォルニアらしい大通り

More Info
ヤシの並木が美しいサンセット大通りの全長は約35km。ハリウッドやビバリーヒルズを通る。

Access
舞台となった豪邸へはハリウッドより車で約15分。

Cinema Data

監督：ビリー・ワイルダー
出演：グロリア・スワンソン、ウィリアム・ホールデンほか
公開：1950年／製作：アメリカ／上映時間：110分／発売元：NBCユニバーサル・エンターテイメント／Blu-ray 2075円（税込）、DVD 1572円（税込）

🇺🇸 アメリカ
サンセット大通り（ロスアンゼルス）

サンセット大通り
Sunset Boulevard

`ドラマ`

サンセット大通りにある豪邸に、無声映画時代の大女優が暮らしている。過去の栄光が忘れられない彼女は、ひょんなことから家に迷い込んできたB級映画脚本家に、住み込みで脚本の手直しをさせるが、共同生活が続くにつれ彼女は精神を病んでいく。ハリウッドの光と影を描いた物語の舞台となった屋敷は、サンセット大通り10086番地にあるという設定。近くには今も多くのセレブが住んでいる。

🇺🇸 アメリカ
ハリウッド記念墓地（ロスアンゼルス）

ルビー・スパークス
Ruby Sparks

`恋愛／ファンタジー`

文系男子の妄想が現実に!?　スランプ中の小説家カルビンは、精神科医のすすめから夢で見た女の子を主人公にした小説を書き始める。すると突然、ヒロインのルビーが現実世界に現れ……。社交的なルビーと内向的なカルビン。時空を超えた恋の行方はいかに？　サブカル好きの心をつかむこの作品。ハリウッド記念墓地での屋外上映や歴史あるエジプシャン・シアターなど、出てくるデート・スポットもツボをおさえている。

Cinema Data
監督：ジョナサン・デイトン、ヴァレリー・ファリス／出演：ポール・ダノ、ゾーイ・カザンほか／公開：2012年／製作：アメリカ／上映時間：104分

ライブや夏の映画上映が行われるハリウッド記念墓地

More Info
ルビーがカルビンにグラスの水をかけたカフェはノース・バーモント街1802番地の「Figaro Bistrot」。ハリウッド記念墓地から約4kmの場所にある。

Access
ダウンタウンより車で約10分。

超高層ビルの設定だが実際は5階建て

More Info
『(500)日のサマー』（P.159）のロケ地でもある。また、警察署の場面はユニオン駅で撮影された。

Access
地下鉄「パーシングスクエア」駅より徒歩約3分。

Cinema Data

監督：リドリー・スコット
出演：ハリソン・フォード、ルトガー・ハウアーほか
公開：1982年／製作：アメリカ上映時間：117分／発売元：ワーナー・ブラザース ホームエンターテイメント／販売元：NBCユニバーサル・エンターテイメント／Blu-ray 2619円（税込）、DVD 1572円（税込）

🇺🇸 アメリカ
ブラッドベリービルディング（ロスアンゼルス）

ブレードランナー
BLADE RUNNER

`SF`

リドリー・スコット監督が抜群の映像センスで描くSF映画。酸性雨が降る近未来のLAを舞台に、謀反を起こし逃亡した人造人間"レプリカント"を捜査官"ブレードランナー"が追う！　レプリカントの技師が住むアパートとして映るダウンタウンのブラッドベリービルディングは、1893年に建てられた国定歴史建造物。ガラス張りの天井越しに、あの和服美女のデジタルサイネージ広告が通ったと思うと胸熱！

INFO 『サンセット大通り』はアメリカ国立フィルム登録簿に最初に登録されたうちの1本。デヴィッド・リンチの『マルホランド・ドライブ』ほか、数々の作品に影響を与えている。なお、作中では巨匠セシル・B・デミル監督が本人役で登場している。

衝撃のひき逃げシーンの交差点

Cinema Data 監督：クエンティン・タランティーノ／出演：ジョン・トラボルタ、サミュエル・L・ジャクソンほか／公開：1994年／製作：アメリカ／上映時間：154分／発売元：NBCユニバーサル・エンターテイメント／Blu-ray 2075円（税込）、DVD 1572円（税込）

🇺🇸 アメリカ

アトウォーター・ビレッジ（ロスアンゼルス）

パルプ・フィクション

Pulp Fiction

`クライム／ドラマ`

　強盗カップルにギャングのコンビ、そのボスと若妻、八百長試合を頼まれたボクサー……複数の運命が絡み合うストーリー。ドラッグや強盗など過激な描写が多い作品だが、逃走中のボクサーがギャングのボスをひき逃げしようとするシーンはとりわけ衝撃的！　ロケ地はLAの北部、アトウォーター・ビレッジにあるアトウォーター街とフレッチャー・ドライブの交差点で、その風景は今もあまり変わっていない。

🎥 **More Info**
5ドルのシェイクのレストランの内観は撮影セット。外観はフラワー・ストリート1435番地の建物を使用。

➤ **Access**
ダウンタウンより車で約15分。

🇺🇸 アメリカ

サンペドロ（ロスアンゼルス）

ユージュアル・サスペクツ

The Usual Suspects

`クライム／サスペンス`

　LAのサンペドロ港で麻薬密輸船が爆破された。多くの死者が出るなか、唯一の生存者となった男を関税局捜査官が尋問する。彼は6週間前に5人の"常連容疑者"のひとりとして警察に呼ばれ、釈放後に5人で結託し宝石強奪を決行。その後、売人からさらなるヤマをもちかけられていた。LAとNYを舞台に、爆破事件に至るまでの犯罪の顛末を巧妙に描いた作品。5人が売人と接触するLAの色鮮やかな「韓国友情の鐘」が印象的だ。

高さ約3.6m、直径約2.3mの巨大な鐘

Cinema Data 監督：ブライアン・シンガー／出演：ケヴィン・スペイシー、ガブリエル・バーンほか／公開：1995年／製作：アメリカ／上映時間：106分／発売元：NBCユニバーサル・エンターテイメント／Blu-ray 2075円（税込）、DVD 1572円（税込）

🎥 **More Info**
鐘は1976年にアメリカ独立200年を祝って韓国が寄贈したもの。

➤ **Access**
ダウンタウンよりサンペドロ港へは車で約45分。港より韓国友情の鐘へは車で約35分。

数々の映画が撮られたベニスビーチ

Cinema Data 監督：トニー・ケイ／出演：エドワード・ノートン、エドワード・ファーロングほか／公開：1998年／製作：アメリカ／上映時間：119分／発売元：ワーナー・ブラザース ホームエンターテイメント／販売元：NBCユニバーサル・エンターテイメント／Blu-ray 2619円（税込）、DVD 1572円（税込）

🇺🇸 アメリカ

ベニスビーチ（ロスアンゼルス）

アメリカン・ヒストリーX

American History X

`ドラマ／クライム`

　白人至上主義に傾倒するデレクは、車泥棒の黒人を殺し3年の懲役を受けたことで、白人コミュニティのカリスマとなる。そんな兄を崇拝する弟は出所を心待ちにしていたが、帰ってきたデレクはまるで別人のようになっていた。アメリカの人種問題を描く本作の舞台は、白人が多数を占める地域ベニスビーチ。兄のヒーローっぷりを感じるバスケシーンは、ベニスビーチ・レクリエーションセンターで撮影された。

🎥 **More Info**
ビーチからベニス・ブールバード大通りを北へ車で10分ほど行くと、弟が通うベニス高校がある。

➤ **Access**
ロスアンゼルス国際空港より車で約15分。

INFO 『パルプ・フィクション』でボクサーのブッチが試合から抜け出すシーンが撮られた史跡ケンダル・アレイは、パサデナ旧市街の商業地区を通る石畳の道のひとつ。『ペーパー・ムーン』(P.143)や『ダイ・ハード』のロケ地としても知られている。

アメリカ
グランドパーク（ロスアンゼルス）

（500）日のサマー
(500) Days of Summer

`恋愛／ドラマ`

運命の恋を夢見る文化系草食男子が、キュートな小悪魔女子に振り回される500日を描いた作品。物語は、現在と過去と妄想が入り交じる形で進んでいく。恋に浮かれる主人公が踊るのは、LA市庁舎前にあるグランドパークで、高く上がる噴水はアーサー J. ウィル・メモリアル・ファウンテン。そこから南西に800mほど行くと、ふたりがベンチで語った公園エンゼルズノールがあるので、あわせて訪れたい。

噴水の水は高まる気持ちを表すよう

Cinema Data
監督：マーク・ウェブ
出演：ジョセフ・ゴードン＝レヴィット　ズーイー・デシャネルほか
公開：2009年
製作：アメリカ
上映時間：96分

More Info
エンゼルズノールから西に1kmほど行くとトムがサマーを案内したファイン・アーツ・ビルがある。

Access
地下鉄「グランドパーク」駅より徒歩約2分。

アメリカ
マンハッタンビーチ（ロスアンゼルス）

her／世界でひとつの彼女
Her

`恋愛／SF`

舞台は近未来のLA。妻と別れ傷心の男セオドアは、人工知能型OS"サマンサ"を手に入れる。知的で優しく人間味ある彼女は、やがてかけがえのない存在になっていき……。人間とAIという異色のカップルが"初デート"に出かけたのはマンハッタンビーチ。サーフィンとビーチバレーが盛んな場所として有名で、ビーチの長さは約3kmにおよぶ。近くにはおしゃれなカフェやパブ、ショップなどが点在し、散策するのも楽しい。

西海岸一古い桟橋の先端には水族館がある

Cinema Data

監督：スパイク・ジョーンズ
出演：ホアキン・フェニックス　エイミー・アダムスほか
公開：2013年
製作：アメリカ
上映時間：126分
※好評配信中

More Info
近未来の町は上海の五角場、雪山のシーンはカリフォルニアのシュガー・ボウルで撮影された。

Access
ダウンタウンより車で約30分。

アメリカ
ポーター・リッジ・パーク（ロスアンゼルス）

E.T.
E.T. The Extra-Terrestrial

`SF／アドベンチャー`

アメリカのとある郊外の町で出会った、異星人E.T.と少年エリオットの友情を描いた物語。おもなロケ地はLA北端の新興住宅エリア、ポーター・ランチ。エリオットの家はロンゾ・ストリート7121番地で、子供たちが警察に囲まれるシーンは、ポーター・リッジ・パーク（通称"E.T.パーク"）で撮影された。子供たちはその公園から自転車でホワイト・オーク・アベニューへと走り抜け、あの名シーンへとつながる！

毛虫の遊具がシンボルの"E.T.パーク"

Cinema Data

監督：スティーヴン・スピルバーグ／出演：ディー・ウォーレス、ヘンリー・トーマス、ロバート・マクノートンほか／公開：1982年／製作：アメリカ／上映時間：115分／発売元：NBCユニバーサル・エンターテイメント／Blu-ray 2075円（税込）、DVD 1572円（税込）

More Info
自転車が空へ飛び立つのは、ホワイト・オーク・アベニューとタルサ・ストリートの交差点あたり。

Access
ダウンタウンより車で約30分。

一般公開されているギャンブル・ハウス

アメリカ
ヒル・バレー（カリフォルニア州の架空の町）
※撮影はパサデナのギャンブルハウスなど

バック・トゥ・ザ・フューチャー
Back to the Future

`SF／アドベンチャー`

高校生のマーティは、仲良しの科学者のドクが造ったタイムマシンで30年前の1955年にタイムスリップ！　物語の舞台ヒル・バレーは架空の町で、シンボルの時計台や周辺の町並みはセットだが、ドクの1955年の家にはパサデナにあるギャンブル・ハウスが、ヒルバレー高校にはウィッティア高校が、タイムスリップした二本松モールにはアズーサ・アベニュー1600番地のプエンテ・ヒルズ・モールが使用された。

More Info
時計台のセットは火事で消失したが、復元されたものがユニバーサル・スタジオ・ハリウッドで見られる。

Access
ギャンブル・ハウスへはダウンタウンより車で約20分。

Cinema Data 監督：ロバート・ゼメキス／出演：マイケル・J・フォックス、クリストファー・ロイドほか／公開：1985年／製作：アメリカ／上映時間：116分／発売元：NBCユニバーサル・エンターテイメント／Blu-ray 2075円（税込）、DVD 1572円（税込）

アメリカ
サンタバーバラ（カリフォルニア州）
※撮影はラ・バーンのラ・バーン・ユナイテッド・メソジスト・チャーチ

卒　業
The Graduate

`ドラマ／恋愛`

大学を卒業し前途洋洋だが将来に希望を見出せないベンジャミンは、ミセス・ロビンソンに誘惑され泥沼の関係に陥る。そんな折、親のすすめでしぶしぶ会ったロビンソン夫妻の娘エレーンに恋をしてしまい……。映画史に残る伝説的なラストシーンは、作中ではサンタバーバラの教会の設定だが、実際はLAから東へ50kmほど離れた小さな町にあるラ・バーン・ユナイテッド・メソジスト・チャーチで撮影された。

窓をたたいてベンジャミンが叫ぶ！

Cinema Data
監督：マイク・ニコルズ
出演：ダスティン・ホフマン、アン・バンクロフト、キャサリン・ロスほか
公開：1967年
製作：アメリカ
上映時間：105分

More Info
ミセス・ロビンソンの家はビバリーヒルズのノース・パーム・ドライブ607番地にある。

Access
ロケ地の教会へはダウンタウンより車で約40分。

ビクトリア様式の建物が残るペタルマ

アメリカ
モデスト（カリフォルニア州）※撮影はペタルマ

アメリカン・グラフィティ
American Graffiti

`ドラマ／コメディ`

1962年のカリフォルニアのとある町。高校を卒業し、旅立ちを翌日に控えた若者たちがともに過ごす最後の一夜を描く。舞台はルーカス監督の故郷モデストだが、撮影時に町の景色があまりに変わってしまっていたため、多くのシーンが古きよき雰囲気が残るペタルマで撮影された。登場人物たちのたまり場である「メルズ・ドライブ・イン」は、サンフランシスコに実在していたが、撮影終了後に取り壊された。

More Info
「メルズ・ドライブ・イン」は、世界各国のユニバーサル・スタジオで再現されている。

Access
サンフランシスコより車で約50分。

Cinema Data 監督：ジョージ・ルーカス　出演：リチャード・ドレイファス、ロン・ハワードほか　公開：1973年／製作：アメリカ　上映時間：112分／発売元：NBCユニバーサル・エンターテイメント／Blu-ray 2075円（税込）、DVD 1572円（税込）

『バック・トゥ・ザ・フューチャー』の作中でロナルド・レーガン大統領の話題が出てくる。同大統領は1986年の一般教書演説で本作のドクのラストのセリフを引用し「我々がこれから行こうとする場所には、道など必要ないのです」と語っている。

1 映画のままの姿を残すダイナー「バグダッド・カフェ」　**2** モハベ砂漠には映画のようにときおり大型トレーラーが走り抜ける

Cinema Data

監督：パーシー・アドロン／出演：マリアンネ・ゼーゲブレヒト、CCH・パウンダーほか／公開：1987年／製作：西ドイツ／上映時間：91分／発売元：WOWOWプラス／販売元：紀伊國屋書店／4K修復版Blu-ray 5800円(税別)、DVD 4800円(税別) ※ソフトの商品情報は本書の発売当時のもの

🎬 アメリカ

バグダッド・カフェ（カリフォルニア州）

バグダッド・カフェ
Bagdad Café

`ドラマ／コメディ`

　主題歌『コーリング・ユー』のアンニュイな歌声と鮮烈な映像で彩られる大人のおとぎ話。ラスベガスへの旅の道中で夫と喧嘩別れしたドイツ人女性が、砂漠のなかのさびれたモーテルにたどり着く。そこには不機嫌な女主人をはじめ、クセの強い面々が集い、物憂げな空気を醸し出していた。ロケ地に選ばれたのは、カリフォルニアのモハベ砂漠を通る幹線道路ルート66沿いのダイナー。この映画を機に「バグダッド・カフェ」に改名され、映画ファンの聖地となっている。

🎥 More Info

「バグダッド・カフェ」の名前はカリフォルニアのゴーストタウンである「バグダッド」に由来しており、中東の同名の都市とは関係ない。また、北米で最も乾燥したモハベ砂漠は、ジョシュアツリーやデスバレーといった国立公園があることでも有名。

✈ Access

ダウンタウンより車で約2時間30分。

🎬 アメリカ

ベラッジオ（ネバダ州ラスベガス）

オーシャンズ11
OCEAN'S ELEVEN

`クライム／コメディ`

　ハリウッドの豪華スターたちが犯罪のプロフェッショナルに扮し、難攻不落の金庫を狙う！舞台はラスベガス。ターゲットとなるのは「ベラッジオ」、「ミラージュ」、「MGMグランド」の3大カジノの金が集まるベラッジオの巨大地下金庫。ベラッジオといえば、正面の人工湖での噴水ショーも有名で、終盤、登場人物たちがそれぞれの思いを噛みしめながら光と音の噴水ショーを眺め、一人ひとり立ち去ってゆくシーンは感慨深い。

🎥 More Info

ホテル名は北イタリアのコモ湖畔にある町ベラッジオに由来し、噴水ショーが行われる人工湖はコモ湖をイメージしたもの。北隣には『レインマン』(P.142)で兄弟が滞在した「シーザースパレス」が、さらに北に行くと『007/ダイヤモンドは永遠に』(P.42)の舞台「サーカスサーカス」がある。

✈ Access

ハリー・リード国際空港より車で約10分。

1 左側がベラッジオ。「シルク・ドゥ・ソレイユ O」がロングラン公演している　**2** 光と音楽の大迫力の噴水ショーは一見の価値アリ！

Cinema Data

監督：スティーブン・ソダーバーグ／出演：ジョージ・クルーニー、ブラッド・ピットほか／公開：2001年／製作：アメリカ／上映時間：116分／発売元：ワーナー・ブラザース ホームエンターテイメント／販売元：NBCユニバーサル・エンターテイメント／デジタル配信中、Blu-ray 2619円(税込)、DVD特別版 1572円(税込)

 『オーシャンズ11』は、1960年の映画『オーシャンと十一人の仲間』のリメイク。大ヒットを受けシリーズ化し、続編に『オーシャンズ12』(2004年)、『オーシャンズ13』(2007年)、スピンオフ作品『オーシャンズ8』(2018年)がある。

手前の馬がいる卓上台地が"ジョン・フォード・ポイント"

🇺🇸 アメリカ

モニュメントバレー（アリゾナ州、ユタ州）

駅馬車
Stagecoach

西部劇

アメリカ映画史に燦然と輝く西部劇の金字塔。アリゾナから一路ニューメキシコへと疾走する駅馬車に乗り合わせた乗客たちの人間模様を軸に、アパッチ族の総攻撃や、ならず者の決闘といったエピソードをダイナミックに描く。道中、脱獄囚を拾った馬が通り抜けるのは、アリゾナ州からユタ州にかけて広がるモニュメントバレー。メサという卓上台地や浸食された岩山ビュートが点在する雄大な風景は、本作をはじめ数々のジョン・フォード監督作品で登場する。なお、フォード監督お気に入りの撮影地点は"ジョン・フォード・ポイント"と呼ばれ、西部劇ファンに人気のスポットとなっている。

🎥 More Info
モニュメントバレーは、『フォレスト・ガンプ／一期一会』（P.138）や『バック・トゥ・ザ・フューチャー PART3』など数々の映画のロケ地としても有名。なお、フォード監督はモニュメントバレーで9本の映画作品を撮影。当時、現地に住んでいたナバホ族をスタッフとして雇って報酬を払い、彼らの困窮した生活を助けたそう。

🏃 Access
ラスベガスより車で約6時間30分。

Cinema Data
監督：ジョン・フォード
出演：ジョン・ウェイン、トーマス・ミッチェルほか
公開：1939年
製作：アメリカ
上映時間：99分

先住民族が信仰の対象としていた岩山

🇺🇸 アメリカ

デビルスタワー（ワイオミング州）

未知との遭遇
Close Encounters of the Third Kind

SF／ドラマ

メキシコの砂漠で、第2次世界大戦で消えた戦闘機が当時の姿で発見された。一方、インディアナ州では大規模停電が発生し、電気工事士の男は謎の飛行物体を目撃する。以来、取り憑かれたように、ある山の形を追い求める男は、その正体がワイオミング州のデビルスタワーだと知る。宇宙船が降りる場所となった岩山は、マグマが冷え固まりできた地形で、アメリカ初のナショナル・モニュメントに指定されている。

Cinema Data
監督：スティーヴン・スピルバーグ／出演：リチャード・ドレイファス、フランソワ・トリュフォーほか／公開：1977年／製作：アメリカ／上映時間：135分／発売・販売元：ソニー・ピクチャーズ エンタテインメント／デジタル配信中、Blu-ray 2619円(税込)、DVD 1551円(税込)、4K ULTRA HD&Blu-rayセット 6380円(税込)

🎥 More Info
標高は1558mだが、麓からの高さは386mほど。登頂を試みる者もいる。

🏃 Access
ラピッドシティ地域空港より車で約2時間。

  『駅馬車』は低予算の映画だったため、当初はゲイリー・クーパーを主役に想定していたがかなわず、フォードの友人でB級映画俳優だったジョン・ウェインが起用された。この作品を機にウェインはフォード監督作品の看板役者となった。

1 海食柱のヘイスタック・ロック。高さは約72m **2** オレゴン映画博物館の前にはあの四駆が！ **3** グーニーズの少年たちが住むアストリアの町

🇺🇸 **アメリカ**

アストリア、キャノン・ビーチ（オレゴン州）

グーニーズ

The Goonies

`アドベンチャー`

オレゴン州アストリアの町を舞台に、7人の少年少女が海賊の宝を求めて冒険の旅に繰り出す！　行く手を阻むのはギャング一家。ハラハラドキドキの物語の行方はいかに!? 物語はギャング一家が、刑務所に収監されている長男を奪還するところから始まる。キャノン・ビーチで開催中のカーレースに紛れて追手をまき、アジトである岬の廃墟レストランへと逃走する。このビーチにある大きな岩ヘイスタック・ロックは、少年グループ"グーニーズ"のメンバーが宝の地図を読み解くうえで重要なヒントとなる。なお、このビーチと岩はオレゴン諸島国立野生生物保護区の一部となっている。

🎬 **More Info**
冒頭で出てくる刑務所は、現在はオレゴン映画博物館であり、国家歴史登録財となっている。

✈ **Access**
ポートランド国際空港よりアストリアへは車で約2時間。そこからキャノン・ビーチへは車で約35分。

Cinema Data

監督：リチャード・ドナー
出演：ショーン・アスティン
　　　ジョシュ・ブローリンほか
公開：1985年／製作：アメリカ／上映時間：114分／発売元：ワーナー・ブラザース ホームエンターテイメント／販売元：NBCユニバーサル・エンターテイメント／デジタル配信中、Blu-ray 2619円（税込）、特別版DVD 1572円（税込）

フライフィッシングの聖地ギャラティン川

🇺🇸 **アメリカ**

ミズーラ（モンタナ州）※撮影はリビングストンなど

リバー・ランズ・スルー・イット

A River Runs Through It

`ドラマ`

20世紀初頭のモンタナの雄大な自然を背景に、フライフィッシングを通しての、厳格な牧師の父と優等生の兄、自由奔放な弟の心の交流を描く。舞台となるのはモンタナ州ミズーラ、釣りをするのはブラックフット川の設定だが、撮影は同州のリビングストンやボーズマン、その近くを流れるイエローストーン川、ギャラティン川、ボルダー川で行われた。なお、激流下りのシーンは、ワイオミング州のグラニット滝。

🎬 **More Info**
本作の影響でフライフィッシング人口は急増した。

Cinema Data 監督：ロバート・レッドフォード
出演：クレイグ・シェイファー
　　　ブラッド・ピットほか
公開：1992年／製作：アメリカ／上映時間：124分／発売・販売元：キングレコード／4Kレストア版Blu-ray 2750円（税込）、DVD 2090円（税込）

✈ **Access**
〔舞台〕ミズーラへはミズーラ・モンタナ空港より車で約10分。〔ロケ地〕リビングストンへはビリングス＝ローガン国際空港より車で約1時間50分。

📽 ハリウッドに近いオレゴン州は映画製作者に人気の撮影場所。同州クラツソップ郡にあるアストリアの町は、『グーニーズ』をはじめ、『キンダガートン・コップ』や『フリー・ウィリー』、『ザ・リング2』などの映画のロケ地として有名である。

ボザール様式の美しく歴史ある駅舎

Cinema Data 監督：ブライアン・デ・パルマ／出演：ケヴィン・コスナー、ショーン・コネリーほか／公開：1987年／製作：アメリカ／上映時間：119分／発売元：NBCユニバーサル・エンターテイメント／Blu-ray 2075円（税込）、DVD 1572円（税込）

アメリカ
ユニオン駅（シカゴ）

アンタッチャブル
The Untouchables

クライム／ドラマ

禁酒法下の1930年のシカゴ。密造酒を売買し巨額の利益をあげていたアル・カポネを摘発するため、財務省特別派遣捜査官のネスは3人の仲間と奔走する。本作で最も有名なのは何といっても、乳母車が階段を落ちていくなかでの手に汗握る銃撃シーン。ユニオン駅の大階段で撮影されたこの場面は準備に2週間ほど費やしており、電力会社は撮影での膨大な電力を賄うために一時的に同駅への送電量を増やしたそう。

More Info
長距離列車アムトラックと州内鉄道メトラが発着するターミナル駅。

Access
大階段は駅のメイン・ビル内グレート・ホール東側のカナル・ストリート出口にある。

アメリカ
ラサールストリート駅（シカゴ）

スティング
The Sting

クライム／コメディ

1936年のシカゴを舞台に、ポール・ニューマンとロバート・レッドフォードが詐欺師に扮し、ギャングの大物相手に一世一代の大博打！ コン・ゲームの序盤、ふたりの詐欺師とそのカモのギャングが乗った列車が到着するのはラサールストリート駅。1852年に建てられた駅舎は、1866年、1903年、1981年に姿を変え、映画で映るのは1903年に建てられたもの。ヒッチコックの『北北西に進路を取れ』でも登場する。

駅のホームは証券取引所に隣接している

Cinema Data 監督：ジョージ・ロイ・ヒル／出演：ポール・ニューマン、ロバート・レッドフォードほか／公開：1973年／製作：アメリカ／上映時間：129分／発売元：NBCユニバーサル・エンターテイメント／Blu-ray 2075円（税込）、DVD 1572円（税込）

More Info
現在の駅舎は、1981年にシカゴ証券取引所の高層ビルの下部に建てられたもの。

Access
地下鉄「ラサール」駅より徒歩約1分。

ラサール通りのシカゴ商品取引所

More Info
香港でバットマンが飛び降りる高層ビルは、香港島の中環にあるIFCビル。

Access
シカゴ商品取引所へは地下鉄「ラサール／ヴァン・ブレン」駅より徒歩約1分。

Cinema Data
監督：クリストファー・ノーラン／出演：クリスチャン・ベール、ヒース・レジャーほか／公開：2008年／製作：アメリカ、イギリス／上映時間：152分／発売元：ワーナー・ブラザース ホームエンターテイメント／販売元：NBCユニバーサル・エンターテイメント デジタル配信元、Blu-ray 2619円（税込）、DVD 1572円（税込）

アメリカ
ゴッサムシティ（架空の都市）※撮影はシカゴなど

ダークナイト
The Dark Knight

アクション／アドベンチャー

大富豪のブルース扮するバットマンが、ゴードン警察本部長と地方検事のハービーと協力し、史上最悪の犯罪者ジョーカーに立ち向かう！ 架空都市ゴッサム・シティとして選ばれたロケ地はシカゴ。バットマンがバットポッド（変形バイク）にまたがり、ジョーカーに挑む迫力のシーンは、シカゴ商品取引所の前で撮影された。ここは『アンタッチャブル』のラストシーンでも登場するドラマチックな場所だ。

『アンタッチャブル』の名シーンが撮られたユニオン駅は、アメリカン・ルネッサンス時代を象徴するボザール様式の美しい建物。『スティング』や『ベスト・フレンズ・ウェディング』などのロケも行われている。

1921年に建てられたシカゴ劇場

More Info
ブロードウェイの伝説的演出家である振付師ボブ・フォッシーによる名作ミュージカルを映画化した作品。

Access
地下鉄「ステート/レイク」駅より徒歩約1分。

Cinema Data
監督：ロブ・マーシャル／出演：レニー・ゼルウィガー、リチャード・ギアほか／公開：2002年／製作：アメリカ／上映時間：113分／発売元：NBCユニバーサル・エンターテイメント／Blu-ray 2075円（税込）、DVD 1572円（税込）

🇺🇸 アメリカ
シカゴ劇場（シカゴ）

シカゴ
Chicago

`ミュージカル／クライム`

1920年代のシカゴを舞台に、華やかな世界に固執するしたたかな女たちの生き様を描く。スターのヴェルマと彼女に憧れるロキシーは、殺人の罪で刑務所に投獄される。敏腕弁護士を雇い、被害者を演出することで世間の注目を集めるヴェルマを見て、ロキシーも同じ手を使うが……。羨望と嫉妬が入り交じる人気合戦を経て、タッグを組むことになったふたりが立つのは町のランドマーク、シカゴ劇場のステージ！

🇺🇸 アメリカ
ブロークバック・マウンテン（ワイオミング州の架空の山）
※撮影はカナディアン・ロッキー

ブロークバック・マウンテン
Brokeback Mountain

`恋愛／ドラマ`

1963年夏。ワイオミング州ブロークバック・マウンテンの牧場で、季節労働者として羊番をすることになったふたりのカウボーイの純愛を、同性愛に差別的な時代と大自然を背景に描く。"カウボーイ州"の愛称をもつワイオミング州は、多くをロッキー山脈の山岳地帯と丘陵の牧草地帯が占めるが、ブロークバック・マウンテンという山は実在せず、撮影はカナダのアルバータ州南部のカナディアン・ロッキーで行われた。

舞台となる山の一部として映るリード山

Cinema Data

監督：アン・リー
出演：ヒース・レジャー、ジェイク・ギレンホールほか
公開：2005年／製作：アメリカ
上映時間：134分／発売元：NBCユニバーサル・エンターテイメント／Blu-ray 2075円（税込）、DVD 1572円（税込）

More Info
ロケ地はロッキー山脈のリード山、ザ・フォートレス、ムース山など。

Access
撮影地のひとつリード山へはカルガリー市街より車で約2時間。

全長およそ320mの垂直昇開橋

Cinema Data

監督：ピーター・ホルトン
出演：ブラッド・レンフロ
ジョゼフ・マゼロほか
公開：1995年／製作：アメリカ
上映時間：97分
Blu-ray発売元：マクザム

🇺🇸 アメリカ
スティルウォーター・リフト橋（ミネソタ州）

マイ・フレンド・フォーエバー
The Cure

`ドラマ`

隣の家に住むHIV感染者の少年と親友になった主人公は、病気治療の方法を探るうちニューオリンズでエイズの特効薬が見つかったという記事を見つけ、ふたりでミネソタ州スティルウォーターから川を下り、ニューオリンズを目指す。ニューオリンズ行きの船に乗り込む際に映るのは、地元名物のスティルウォーター・リフト橋。セントクロイ川に架かるこの垂直昇開橋が、ふたりの旅のスタートラインとなる。

More Info
ミネソタ州とウィスコンシン州をつなぐ橋である。

Access
ミネアポリス・セントポール国際空港より車で約40分。

INFO 『シカゴ』の舞台となったシカゴ劇場は、ダウンタウン中心部のステート通り沿いにあるランドマークで、オープン当時は映画館だった。バロック様式の豪華な内装が目を引く劇場は、歴史的価値としての評価も高く観光名所となっている。

フォトジェニックなローズマン・ブリッジ

Cinema Data 監督：クリント・イーストウッド／出演：クリント・イーストウッド、メリル・ストリープほか／公開：1995年／製作：アメリカ／上映時間：134分／発売元：ワーナー・ブラザース ホームエンターテイメント／販売元：NBCユニバーサル・エンターテイメント／デジタル配信中、Blu-ray 2619円(税込)、DVD特別版 1572円(税込)

🇺🇸 **アメリカ**

ローズマン・ブリッジ（アイオワ州）

マディソン郡の橋

The Bridges of Madison County

`恋愛／ドラマ`

　原作はロバート・ジェームズ・ウォラーのベストセラー小説で、4日間の大人の恋を描く。アイオワ州マディソン郡の田舎町に暮らす主婦フランチェスカは、穏やかだが満たされない毎日を送っていた。夫と子供たちが留守中のある日、家の近所にある橋を撮りにやってきた旅のカメラマンと出会う。物語を象徴するローズマン・ブリッジは1883年に建設された屋根付きの橋で、国家歴史登録財に指定されている。

🎥 **More Info**
原作は世界で5000万部を売り上げ、20世紀におけるベストセラーとなった。

✈ **Access**
デモイン国際空港より車で約50分。

🇺🇸 **アメリカ**

ダイアーズビル（アイオワ州）

フィールド・オブ・ドリームス

Field of Dreams

`ドラマ／ファンタジー`

　「それを造れば彼が来る」とささやく謎の声に導かれた男が、自宅のトウモロコシ畑をつぶし野球場を造り始める。信念を貫く大切さと家族の絆を描いたこの作品は、ダイアーズビルで撮影。2021年にはロケで使われた野球場で、シカゴ・ホワイトソックス対ニューヨーク・ヤンキースのMLB公式戦が実現し、開会式でケヴィン・コスナーが、試合では選手らが、映画同様トウモロコシ畑から登場する胸熱な演出がなされた。

畑から亡き伝説の大リーガーが現れる

🎥 **More Info**
本作の公開前の邦題は『とうもろこし畑のキャッチボール』だったが、公開前に変更された。

✈ **Access**
オヘア国際空港より車で約3時間30分。

Cinema Data 監督：フィル・アルデン・ロビンソン 出演：ケヴィン・コスナー、エイミー・マディガンほか 公開：1989年／製作：アメリカ／上映時間：106分／発売元：NBCユニバーサル・エンターテイメント／Blu-ray 2075円(税込)、DVD 1572円(税込)

1894年竣工のコールドウェル郡庁舎

Cinema Data 監督：ラッセ・ハルストレム 出演：ジョニー・デップ、レオナルド・ディカプリオほか 公開：1993年／製作：アメリカ 上映時間：118分 発売・販売元：キングレコード Blu-ray 2750円(税込)、DVD 2090円(税込)

🇺🇸 **アメリカ**

エンドーラ（アイオワ州の架空の町）
※撮影はテキサス州マナー、ロックハート

ギルバート・グレイプ

What's Eating Gilbert Grape

`ドラマ／恋愛`

　知的障害の弟と、過食症で引きこもりの母、そしてふたりの姉妹と暮らし、食料品店で働くギルバート。ある日、旅の途中でトレーラーが故障し町に滞在することになったベッキーと出会い、日々に変化が生まれていく。舞台はアイオワ州の架空の町エンドーラだが、撮影地はテキサス州のマナーやロックハートなど。給水塔に登り連行された弟を連れ戻しに家族が向かうのは、ロックハートのコールドウェル郡庁舎。

🎥 **More Info**
食料品店と給水塔はマナーのオールド・ハイウェイ20とサウス・レキシントン通りの近くにある。

✈ **Access**
コールドウェル郡庁舎へはロックハート空港より車で約5分。

ⓘ 『マディソン郡の橋』の撮影は、アイオワ州マディソン郡ウィンターセットに造られた特設セット「フランチェスカの家」で、延べ42日間にわたって行われた。イーストウッドはフランチェスカの視点を大事にし、時系列を追って撮っている。

1 1743年から植えられ始めたといわれるオークの並木　2 ヒロインの別荘として登場したブーン・ホール・プランテーション　3 敷地内にある奴隷小屋も重要な歴史文化財

🇺🇸 **アメリカ**

シーブルック（サウスカロライナ州）
※撮影は同州のブーン・ホール・プランテーションなど

きみに読む物語

The Notebook

`恋愛／ドラマ`

　認知症を患い療養施設で過ごす老女に、男性が物語を読み聞かせている。それは1940年代の南部の町シーブルックでの、貧しい青年ノアと良家の子女アリーの身分違いの恋物語。話に引き込まれるにつれ、老女にある記憶がよみがえる。

　シーブルックのアリーの別荘として撮影されたのは、1681年に造られたブーン・ホール・プランテーション。コロニアル・リバイバル・スタイルの住居とスパニッシュ・モスが揺れるオーク並木は『風と共に去りぬ』（P.169）などでもおなじみの南部農園の特徴的な造り。並木の背景に映るれんが造りの奴隷小屋とあわせて国家歴史登録財に登録されている。

🎬 *More Info*

チャールストンの外れにあるブーン・ホール・プランテーションは、シーブルックから120kmほど離れている。また、本作でのロマンティックな場面として印象的な、池でのデートシーンは、ブーン・ホール・プランテーションから30kmほど北にあるサイプレイス・ガーデンズで、池に大量のアヒルを放ち撮影された。

✈ **Access**

チャールストン国際空港より車で約30分。

Cinema Data

監督：ニック・カサヴェテス
出演：ライアン・ゴズリング、レイチェル・マクアダムスほか
公開：2004年
製作：アメリカ
上映時間：123分

アメリカ南部有数の大都市ダラス

Cinema Data

監督：ポール・バーホーベン
出演：ピーター・ウェラー
　　　ナンシー・アレンほか
公開：1987年
製作：アメリカ
上映時間：103分

🎬 *More Info*

序盤のカーチェイスシーンで映るリユニオンタワーはダラスのシンボル。

✈ **Access**

ダラス・フォートワース国際空港より車で約25分。

🇺🇸 **アメリカ**

デトロイト（ミシガン州）※撮影はテキサス州ダラスなど

ロボコップ

RoboCop

`アクション／SF`

　犯罪が横行する近未来のデトロイトで瀕死の重症を負った警察官が、サイボーグ警官「ロボコップ」としてよみがえり、人間の頭脳とロボットのパワーで活躍する、大ヒットSFアクション。舞台となったデトロイトは、当時自動車産業の衰退で荒廃していたため、ロケ地には近未来的な高層ビルが立ち並ぶテキサス州ダラスが選ばれた。前市長が銃を持って立てこもった市庁舎は、実際の建物の外観が使用された。

ラストで少女たちが駆け抜ける旧市街

Cinema Data 監督：ショーン・ベイカー／出演：ブルックリン・プリンス、ブリア・ヴィネイトほか／公開：2017年／製作：アメリカ／上映時間：112分／発売元：クロックワークス／販売元：TCエンタテインメント／Blu-ray 5830円（税込）、DVD 4180円（税込）

© 2017 Florida Project 2016, LLC.

キシミー（フロリダ州）

フロリダ・プロジェクト 真夏の魔法
The Florida Project

ドラマ

　人魚の形のギフトショップに、ソフトクリーム形のアイス屋、フロリダの夏の日射しに映えるカラフルな町で遊ぶ子供たち……一見夢のある風景だが、どこか悲しげに映るのはなぜ？　2008年に起きたサブプライム住宅ローン危機で家を失い、ディズニー・ワールド近くの町キシミーのモーテルで暮らす貧困層の毎日を、6歳の少女の目線で描き出した問題作。題名はディズニー・ワールドの計画段階の名称である。

More Info
少女が暮らすモーテル「マジック・キャッスル」を中心に国道192号線沿い数kmで撮影された。

Access
ディズニー・ワールドより車で約10分。

バージニア・キーなど（フロリダ州）

ムーンライト
Moonlight

ドラマ

　貧困・人種・性の問題を抱える少年が、居場所とアイデンティティを模索し成長する姿を、輝くマイアミの景色のなかで映し出す。物語で特に重要となる場所は、主人公が暮らすリバティ・シティ、泳ぎを習うバージニア・キー島のビーチ、思春期に親友と過ごすサウスビーチの3つ。なかでもバージニア・キーは、幼い主人公が父のように慕う男から世界の広さを教わる、希望の光が差すシーンとして印象に残る。

バージニア・キー。右側のビーチがロケ地

Cinema Data 監督：バリー・ジェンキンス／出演：トレヴァンテ・ローズ、アンドレ・ホランドほか／公開：2016年／製作：アメリカ／上映時間：111分／発売元：カルチュア・パブリッシャーズ／販売元：TCエンタテインメント／Blu-ray 5170円（税込）／DVD 4180円（税込）

© 2016 A24 Distribution, LLC

More Info
ロケ地のリバティ・シティNW22番街の一部は「ムーンライト・ウェイ」と命名されている。

Access
マイアミのダウンタウンより車で約10分。

フレンチ・クオーターにある有名店

Cinema Data 監督：ジョン・ファヴロー／出演：ジョン・ファヴロー、ソフィア・ベルガラほか／公開：2014年／製作：アメリカ／上映時間：115分／発売・販売元：ソニー・ピクチャーズ エンタテインメント／デジタル配信中、Blu-ray 1980円（税込）、DVD 1408円（税込）

カフェ・デュ・モンド（ルイジアナ州ニューオリンズ）

シェフ 三ツ星フードトラック始めました
Chef

ドラマ／コメディ

　腕は一流だが評論家と折り合いが悪く業界を追われた料理人カール。失意のなかLAから故郷マイアミへ帰るが、そこで本場のキューバサンドイッチに感動し、フードトラックでの商売を思いつく。アメリカ南部の風景とおいしそうなご当地料理が旅情をそそる本作。LAへの道すがら立ち寄るニューオリンズの「カフェ・デュ・モンド」もそのひとつだ。1862年創業の老舗で、揚げたてのベニエに毎日行列ができる。

More Info
「カフェ・デュ・モンド」からカール親子がベニエを食べ歩きしたフレンチ・マーケットまで徒歩約5分。

Access
ニューオリンズ・レイクフロント空港より車で約15分。

　　『ムーンライト』のジェンキンス監督と原作者のマクレイニーは、同じリバティ・シティの公共住宅で育ち、同じ小中学校に通っていたこともあり、ふたりが育った住宅地であるリバティ・スクエアが撮影地に選ばれた。

スペクターの教会。入口の靴もそのまま

Cinema Data

監督：ティム・バートン／出演：ユアン・マクレガー、アルバート・フィニー、ビリー・クラダップほか／公開：2003年／製作：アメリカ／上映時間：125分／発売・販売元：ソニー・ピクチャーズ エンタテインメント デジタル配信中、Blu-ray 2619円（税込）、DVD 1551円（税込）

🎬 **More Info**
島近くの町ウェトゥンプカには、若き日の父が母に贈った家がある。

➤ **Access**
バーミングハム＝シャトルズワース国際空港より車で約1時間30分。

🇺🇸 **アメリカ**
スペクター（架空の町）※撮影はアラバマ州の島

ビッグ・フィッシュ
Big Fish

〔ファンタジー／ドラマ〕

父と息子の確執と和解を美しい映像にのせ幻想的に綴ったヒューマン・ドラマ。おとぎ話のような"人生の物語"で人々をひきつける父と、そんな父のホラ話にうんざりし距離をおく息子。ある日、父の死期が近いと知り、息子はホラ話のなかの真実を探り始める。作中でひときわインパクトの強いスペクターの町は、アラバマ州の小島に建てたセットで現在も残されており、この島は"スペクターの町"と呼ばれている。

🇺🇸 **アメリカ**
タラ（ジョージア州の架空の町）
※撮影はアーカンソー州やカリフォルニア州など

風と共に去りぬ
Gone with the Wind

〔恋愛／戦争／ドラマ〕

南部の大地主の美しい娘が、戦争や恋に翻弄されながらも力強く生きる様を描いた大作。舞台となるタラは架空の地名で、アトランタから32kmほど南にある設定。映画で映る建物はほぼカリフォルニアのスタジオに組まれたセットだが、実際にロケが行われた建物としては、冒頭にタラの風景として映る水車小屋がある。これはアーカンソーのTRビュー記念公園にあるオールドミルで、国家歴史登録財のひとつである。

🎬 **More Info**
主人公が父と歩く場面はカリフォルニアのマリブ湖。

➤ **Access**
ビル・アンド・ヒラリー・クリントン・ナショナル空港よりTRビュー記念公園まで車で約15分。

Cinema Data

監督：ヴィクター・フレミング
出演：ヴィヴィアン・リー、クラーク・ゲーブルほか／公開：1939年／製作：アメリカ／上映時間：222分発売元：ワーナー・ブラザース ホームエンターテイメント／販売元：NBCユニバーサル・エンターテイメント Blu-ray 2619円（税込）、DVD 1572円（税込）

19世紀の水力製粉所を再現した水車

裏側（南側）から見たホワイトハウス

Cinema Data

監督：リー・ダニエルズ
出演：フォレスト・ウィテカー、オプラ・ウィンフリー、デヴィッド・オイェロウォほか
公開：2013年
製作：アメリカ
上映時間：132分

🎬 **More Info**
ホワイトハウスを正面から見るなら北側のラファイエット広場へ。

➤ **Access**
地下鉄「マクファーソン・スクエア」駅または「ファラガット・ウエスト」駅より徒歩約3分。

🇺🇸 **アメリカ**
ホワイトハウス（ワシントンDC）

大統領の執事の涙
Lee Daniels' The Butler

〔ドラマ／歴史〕

白人の主人に父を殺され、女主人にハウス・キーパーとして給仕をたたき込まれた奴隷の息子セシルは、ひょんなことからホテルのボーイとなるが、その実直な仕事ぶりからホワイトハウス付きの執事にスカウトされる。アイゼンハワーをはじめ、歴代7人の大統領に仕えた黒人執事の実話に基づくヒューマンドラマ。公民権運動を中心にアメリカ激動の時代を政治の中枢であるホワイトハウス内外から綴った感動作。

 オバマ大統領は『大統領の執事の涙』を観て「ホワイトハウスで働いていた執事だけではなく、才能と技術を備えた世代全体のことを考え、涙があふれた。しかしジム・クロウ法や差別のために彼らの行ける道は限られていた」と述べた。

ロッキーが駆け上がった美術館正面の72段の階段

🇺🇸 **アメリカ**
フィラデルフィア美術館（ペンシルバニア州）

ロッキー
Rocky

`スポーツ／ドラマ`

フィラデルフィアに住む三流ボクサーのロッキーは、賞金だけでは食べていけず、高利貸しの取り立てで日銭を稼ぐ日々を過ごしていた。そんなある日、世界チャンピオンのアポロから世界ヘビー級タイトルマッチの対戦相手に指名され、勝てばゴロツキの汚名が返上される大チャンスに、恋人エイドリアンの支えを受け、トレーニングに力を注ぎ始める。『ロッキーのテーマ』にのせて、フィラデルフィア美術館の階段を駆け上がり、夜明けの町に向かってガッツポーズをするシーンはあまりに有名。この階段は映画の公開以降"ロッキーステップ"と呼ばれ、町を代表する観光名所のひとつとなった。

🎬 **More Info**
脚本と主演を務めたシルヴェスター・スタローン自身、当時は主人公のように貧しく無名だったが、本作の大ヒットで一躍スターダムに上り詰めた。続編には『ロッキー2』、『ロッキー3』、『ロッキー4/炎の友情』、『ロッキー5/最後のドラマ』、『ロッキー・ザ・ファイナル』のほか、スピンオフ『クリード チャンプを継ぐ男』、『クリード 炎の宿敵』もある。

➤ **Access**
地下鉄「スプリング・ガーデン」駅より車で約10分。

Cinema Data
監督：ジョン・G・アヴィルドセン
出演：シルヴェスター・スタローン、タリア・シャイアほか
公開：1976年
製作：アメリカ
上映時間：119分

牧歌的なランカスターのアーミッシュ村

🇺🇸 **アメリカ**
ランカスター（ペンシルバニア州）

刑事ジョン・ブック 目撃者
Witness

`クライム／サスペンス`

電気や車といった現代技術を拒み、農耕や牧畜で自給自足の生活を営む宗教集団アーミッシュを題材にした、サスペンス・ドラマ。ジョン・ブック刑事は、殺人事件の目撃者となったアーミッシュの少年を守るため、彼の住む村に身を寄せることになる。作品の舞台となったのはアーミッシュの村があるペンシルバニア州ランカスター。アーミッシュはこの州のほか、アメリカ中西部やカナダのオンタリオ州に多く住む。

Cinema Data 監督：ピーター・ウィアー／出演：ハリソン・フォード、ケリー・マクギリス、ルーカス・ハースほか／公開：1985年／製作：アメリカ／上映時間：112分／発売元：NBCユニバーサル・エンターテイメント／Blu-ray 2619円（税込）、DVD 1572円（税込）

🎬 **More Info**
ペンシルバニア州ではアーミッシュの村を巡るツアーがある。

➤ **Access**
フィラデルフィアより電車で約1時間10分。

📽️**INFO** 『刑事ジョン・ブック 目撃者』や『誓い』（P.227）、『危険な年』で世界的に注目を集めたピーター・ウィアー監督は、コメディ俳優のロビン・ウィリアムズが教師を演じた『いまを生きる』などでも高い評価を受けている。

1 3人が鮫退治のため出港した漁村メネムシャ **2** 町のシーンが撮られたエドガータウン **3** 作中で背景に映る島の最西端にあるゲイ・ヘッド灯台

🇺🇸 アメリカ

アミティ島（架空の島）※撮影はマサチューセッツ州マーサス・ヴィニヤード島

ジョーズ

Jaws

サスペンス／アドベンチャー

　公開当時28歳だったスピルバーグ監督が、その才能を世に知らしめた大ヒット・パニック映画。東海岸に浮かぶ穏やかなアミティ島の海水浴場に遺体が打ち上げられ、警察署長のブロディは巨大な人喰い鮫によるものと断定するが、観光収益を優先する市長のせいで対応が遅れ、犠牲者が増えていく。ついにブロディは、海洋学者のフーパー、漁師のクイントとともに巨大鮫退治に乗り出すが……。架空の島アミティ島として撮影されたのは、マサチューセッツ州のマーサス・ヴィニヤード島。ワシントンやボストン、NYなどの大都市から近く、快適な気候と美しい海で人気の避暑地である。

🎬 More Info
ロケ地は先住民のワンパノアグ族が住む土地。島の先住民であるクリストファー・リベロがブロディ署長の長男役に、ジェイ・メローが次男役に抜擢されたほか、多くの先住民がエキストラとして参加した。

➤ Access
NYよりマーサス・ヴィニヤード島へは飛行機で約1時間。そこからエドガータウンへは車で約15分、そこからメネムシャへは車で約20分。そこからゲイ・ヘッド灯台へは車で約15分。

Cinema Data
監督：スティーヴン・スピルバーグ
出演：ロイ・シャイダー、ロバート・ショウ、リチャード・ドレイファスほか
公開：1975年／製作：アメリカ／上映時間：124分／発売元：NBCユニバーサル・エンターテイメント／Blu-ray 2075円(税込)、DVD 1572円(税込)

モダニズムの代表的建築である市庁舎

Cinema Data
監督：フレデリック・ワイズマン
公開：2020年／製作：アメリカ
上映時間：274分／発売元：ミモザフィルムズ、ムヴィオラ
販売元：ハピネット・メディアマーケティング／Blu-ray 7480円(税込)、DVD 6380円(税込)
※Blu-ray＆DVD好評発売中

🎬 More Info
ボストンはアメリカで最も歴史の古い町のひとつで多様な人種が共存する。

➤ Access
ジェネラル・エドワード・ローレンス・ローガン国際空港より車で約10分。

🇺🇸 アメリカ

ボストン（マサチューセッツ州）

ボストン市庁舎

City Hall

ドキュメンタリー

　杓子定規なお役所仕事のイメージを覆すボストン市役所。本作では市庁舎内部にカメラが入り込み、警察、消防、出産、結婚など、多岐にわたるサービスを融通を利かせて提供する様子を映し出す。「困ったことがあれば市に電話してください」と、力強く市民に訴えかけるマーティ・ウォルシュ市長と職員たちの姿が印象的。ボストン生まれのフレデリック・ワイズマン監督による4時間超えのドキュメンタリー大作。

📄 INFO 『ジョーズ』で、偽物の背びれをつけて泳ぎ人々を驚かせるいたずらを仕掛けた少年役として出演したジョナサン・サールは、2022年に同作のロケ地であるマーサス・ヴィニヤード島の町、オークブラッフスの警察署長に選任された。

大学のシンボルの通称グレート・ドーム

マサチューセッツ工科大学（マサチューセッツ州）

グッド・ウィル・ハンティング/旅立ち
Good Will Hunting

`ドラマ`

マサチューセッツ工科大学の数学教授が廊下に張り出した難題を、あっさり解いた唯一の人物はなんと清掃員の青年だった！同大学は数々のノーベル賞受賞者を輩出する全米屈指のエリート校。QS世界大学ランキングで2013年から11年間首位の座をキープしていると聞けば、そのすごさがわかるだろう。主人公の恋のお相手は同じケンブリッジ市内にあるハーバード大学の学生で、こちらも言わずと知れた名門校だ。

Cinema Data

監督：ガス・バン・サント
出演：マット・デイモン
ロビン・ウィリアムズほか
公開：1997年／製作：アメリカ
上映時間：126分／発売元：
NBCユニバーサル・エンターテイメント／Blu-ray 2075円（税込）、DVD 1572円（税込）

🎥 *More Info*
主演のマット・デイモンがハーバード大学在籍中に授業用に書いたシナリオが基になっている。

🎯 **Access**
地下鉄「ケンダル/MIT」駅より徒歩約7分。

マンチェスター・バイ・ザ・シー（マサチューセッツ州）

マンチェスター・バイ・ザ・シー
Manchester by the Sea

`ドラマ`

兄の急死を受け、ボストンから故郷マンチェスター・バイ・ザ・シーに戻った主人公。遺言で16歳の甥の後見人となったことで故郷に留まり、過去の悲劇と向き合うことになる。舞台であるマンチェスター・バイ・ザ・シーは風光明媚な港町で、避暑地としても人気の場所。観光名所には鳴き砂が特徴のシンギング・ビーチがある。映画では、この美しい町を冬の日差しで静かに映すことで物語の切ない空気を醸し出している。

中央に写るのは町役場と第一教区教会

Cinema Data
監督：ケネス・ロナーガン
出演：ケイシー・アフレック、ミシェル・ウィリアムズほか／公開：2016年／製作：アメリカ
上映時間：137分／発売元：NBCユニバーサル・エンターテイメント／Blu-ray 2075円（税込）、DVD 1572円（税込）

🎥 *More Info*
同州のセーラム、ノース・ショア、ビバリー、グロスターでも撮影が行われた。

🎯 **Access**
ジェネラル・エドワード・ローレンス・ローガン国際空港より車で約40分。

少年院は木曜から日曜に一般公開される

メイン州 ※撮影はオハイオ州立少年院

ショーシャンクの空に
The Shawshank Redemption

`ドラマ`

無実の罪でショーシャンク刑務所に投獄された頭脳明晰な銀行員アンディが、劣悪な環境でも希望を捨てず生き抜く姿を描く。舞台はメイン州ポートランドの刑務所だが、ロケが行われたのは1990年に閉鎖されていたオハイオ州マンスフィールドにあるオハイオ州立少年院。現在は週4日のみ一般公開されている。また、ラストのメキシコのジワタネホの場面は、アメリカ領ヴァージン諸島サンタクルス島で撮影された。

Cinema Data
監督：フランク・ダラボン／出演：ティム・ロビンス、モーガン・フリーマンほか／公開：1994年／製作：アメリカ
上映時間：142分／発売元：ワーナー・ブラザース ホームエンターテイメント／販売元：NBCユニバーサル・エンターテイメント／Blu-ray 2619円（税込）

🎥 *More Info*
作中で登場するカシの木は、ラバー・ファーム州立公園の近くにあったが、落雷と強風で倒れた。

🎯 **Access**
クリーブランド・ホプキンス国際空港またはポート・コロンバス国際空港より車で約1時間。

INFO 『グッド・ウィル・ハンティング』の脚本は、当時無名だったマット・デイモンが自ら手がけた戯曲をもとに親友ベン・アフレックと仕上げたもの。ちなみに『マンチェスター・バイ・ザ・シー』で、マットはベンの弟ケイシーに主役を譲っている。

1 日中はエメラルドグリーンの澄んだ
海が広がるハロナ・ビーチ・コーブ
2 ワイマナロにある体験型マリンパー
ク「シーライフ・パーク・ハワイ」では、
ペンギンやアシカのショーが見られる

🇺🇸 **アメリカ**

ハロナ・ビーチ・コーブ（ハワイ州オアフ島）

50回目のファースト・キス
50 First Dates

恋愛／コメディ

　ハワイの水族館で働く獣医師のヘンリーは、その場限りのお手軽
な恋を楽しむプレイボーイ。ある朝、カフェで地元の女性ルーシー
にひと目惚れし声をかけるが、彼女は事故の後遺症で前日に起こっ
たことを忘れてしまう記憶障害を抱えていた。彼女に心を奪われた
ヘンリーは、毎日アプローチし恋をやり直し続けるが……。

　繰り返される"ファースト・キス"の初めての場所は、オアフ島南
東部に位置する断崖に囲まれた美しい小さな入江ハロナ・ビーチ・
コーブ。満天の星と波の音に包まれたビーチは最高にロマンティッ
ク！　ほかにも、絶景が拝めるマカプウ・ポイント・ライトハウス
や、ハナウマ湾の北、ワイマナロにあるヘンリーの職場「シーライ
フ・パーク・ハワイ」も"ファースト・キス"の場所となっている。

🎬 More Info

ハロナ・ビーチ・コーブは『パイレーツ・オブ・カリビアン/生命の泉』
で、人魚のすむホワイトキャップ・ベイとして登場したことでも知られてい
る。また、ヘンリーがルーシーを車で待ち伏せするシーンの場所は、『ジュ
ラシック・パーク』（P.177）や『ゴジラ』などのロケ地として有名な自然
保護区クアロア・ランチ。

✈ Access

ワイキキより車で約30分。

Cinema Data

監督：ピーター・シーガル
出演：アダム・サンドラー、ドリュー・バリモアほか
公開：2004年
製作：アメリカ
上映時間：99分
発売・販売元：ソニー・ピクチャーズ エンタテイ
ンメント／Blu-ray 2619円（税込）

『50回目のファースト・キス』はもともと、アメリカのシアトルが舞台として設定されていたが、キャストやスタッフが
推したことでハワイとなった。2018年には日本版がリメイクされたが、同じくハワイが舞台となっている。

主人公が働く町の小さな映画館

© 2009 FUJITELEVISION/DENTSU/ROBOT

🇺🇸 アメリカ
ホノカア（ハワイ州ハワイ島）

ホノカアボーイ
Honokaa Boy

`ドラマ`

「この町は甘い匂いがする。取り残されて野生化したサトウキビの匂いだ」と冒頭で語られる本作。かつてサトウキビ栽培で栄え、日本人が多く移住したハワイ島のホノカアのひなびた町を舞台に、映写技師をすることになった青年と風変わりな日系アメリカ人たちとの交流を描く。素朴な町並み、ゆっくりと流れる時間、愛情が込もった料理、淡い恋心……映し出されるすべてのものが愛おしく、優しい気持ちをくれる。

Cinema Data
監督：真田敦
出演：岡田将生
　　　倍賞千恵子ほか
公開：2009年／製作：日本
上映時間：111分／発売元：
フジテレビジョン／電通／販
売元：ポニーキャニオン／
DVD 5170円（税込）※発売中

🎥 **More Info**
ホノカアは、ワイピオ渓谷への観光拠点となる町でもある。

➤ **Access**
ヒロ国際空港より車で約1時間。

🇺🇸 アメリカ
真珠湾（ハワイ州オアフ島）

トラ・トラ・トラ！
Tora! Tora! Tora!

`戦争／歴史／アクション`

日本軍の真珠湾攻撃が奇襲により開始されることを伝えた電信の暗号略号で、「ワレ奇襲ニ成功セリ」を意味する"トラ・トラ・トラ"。1941年12月8日の日本軍によるハワイ真珠湾奇襲攻撃を日米両国の立場から描いたスペクタクル超大作。当初日本側の監督を務める予定だった黒澤明が携わった脚本をベースに、深作欣二がアクション監督を務めた見応えのあるドラマ。3300万ドルを投じ再現した真珠湾攻撃シーンは圧巻！

真珠湾。写真左手前に浮かぶのは戦艦ミズーリ

Cinema Data
監督：リチャード・フライシャー
出演：マーティン・バルサム、ジョゼフ・
　　　コットン、山村聰ほか
公開：1970年／製作：アメリカ、日本
上映時間：144分

🎥 **More Info**
オアフ島の真珠湾内には、国家歴史登録財であるアリゾナ記念館などの追悼施設がある。

➤ **Access**
ワイキキ市街より車で約25分。

山頂にある展望台からは島を一望できる

🇺🇸 アメリカ
タポチョ山（サイパン島）※撮影はタイ南部など

太平洋の奇跡 -フォックスと呼ばれた男-
Oba: The Last Samurai

`戦争／ドラマ`

ドン・ジョーンズの長編実録小説を映画化。1944年のサイパンの戦いにおいて、わずか47人の兵で4万5000人もの米軍を巧妙な戦略で翻弄した大場栄陸軍大尉は、米兵から畏敬の念を込めて"フォックス"と呼ばれていた。絶望的な状況にもかかわらず、最後まで生き抜こうと戦った大場大尉と日本兵たちの姿を描く。彼らの拠点となったタポチョ山は、サイパン島中央にそびえる標高473mの火山で、島の最高峰である。

Cinema Data
監督：平山秀幸
出演：竹野内豊、井上真央、唐
　　　沢寿明ほか
公開：2011年／製作：日本／上
映時間：128分／発売元：バッ
プ／Blu-ray&DVD発売中

🎥 **More Info**
撮影はほぼタイ南部で行われ、一部のシーンのみサイパンで撮られた。

➤ **Access**
山道は舗装されておらず悪路を行くため、ツアーに参加するのがおすすめ。

© 2011「太平洋の奇跡」製作委員会

日米双方の場面を別個に撮影し組み合わせた『トラ・トラ・トラ！』。日本側の監督には黒澤明が選ばれたが、クランクインからわずか3週間後に体調不良を理由に降板。その後、舛田利雄と深作欣二が引き継ぐ形となった。

カナダ
モントリオール、トロワリヴィエール、クードル島

わたしはロランス
Laurence Anyways

ドラマ／恋愛

　女になりたい男とそんな男を愛する女の10年にわたる愛を、"映画界の若き救世主"と称賛されるグザヴィエ・ドラン監督が、圧倒的な映像センスで繊細かつ力強く描き出す。恋人のロランスに「自分は間違った体で生まれてきた」と告白されたフレッドは、困惑し悩みながらも理解者として彼を支える道を選ぶが……。

　モントリオール、トロワリヴィエール、クードル島と、場所を変え、時間を越え、ふたりの関係は変化していく。移りゆく数々の美しい風景のなかでも、ロランスが恋人に秘密を告白する前や女装姿で出勤する前に、まるで男の人生に終わりを告げるように訪れる、モントリオールのモン・ロワイヤル墓地は印象的。

1 国定史跡に認定されているモン・ロワイヤル墓地　2 トロワリヴィエールの町並み　3 黒い土の「イル・オ・ノワール」。映画では雪と氷に覆われている

More Info
作品ポスターにもなった、雪で覆われた町に空から色とりどりの服が降ってくるセンセーショナルな場面の背景に映るのは、クードル島（作中名は「イル・オ・ノワール（黒い島）」）のリスル＝オー＝クードルにあるプレスビーテレ・セント・ルイス教会。

Access
モン・ロワイヤル墓地へはモントリオール・ピエール・エリオット・トルドー国際空港より車で約25分。そこからトロワリヴィエールへは車で約1時間30分。そこからリスル＝オー＝クードルへは車とフェリーで約3時間30分。

Cinema Data
監督：グザヴィエ・ドラン
出演：メルヴィル・プポー
　　　スザンヌ・クレマンほか
公開：2012年
製作：カナダ、フランス
上映時間：168分

INFO　グザヴィエ・ドラン監督の3作目となる長編映画『わたしはロランス』は、カンヌ国際映画祭の「ある視点部門」で上映され、カンヌ国際映画祭の独立賞のひとつで、LGBTやクィアをテーマにした映画に与えられるクィア・パルムも受賞した。

1 プリンス・エドワード島屈指の景勝地フレンチ・リバー　2 グリーン・ゲイブルスはモンゴメリのいとこの家から着想を得ている　3「恋人の小径」はトレイルコースとなっている

カナダ
プリンス・エドワード島

赤毛のアン
Anne of Green Gables

`ドラマ`

　1908年に出版されて以来、世界中で愛され続ける、L・M・モンゴメリの長編小説を実写化。プリンス・エドワード島の村アヴォンリーに住む年老いた兄妹マシューとマリラは、孤児院から男の子を養子に迎えようとするが、約束の日にやって来たのは赤毛の少女アンだった。

　物語の舞台となったアヴォンリーは架空の村だが、モデルとなったプリンス・エドワード島のキャベンディッシュには、アンがマシューとマリラと暮らしたグリーン・ゲイブルス（緑の切妻屋根の家）が再現されているほか、アンが名づけた「恋人の小径」や「お化けの森」、「輝く湖水」も存在する。

More Info
複数の旅行会社が『赤毛のアン』ゆかりの地を巡るツアーを扱っており、作品内の場所のほか、モンゴメリの生家や赤毛のアン博物館などにも案内してくれる。

Access
シャーロットタウン空港よりグリーンゲイブルスまで車で約35分。

Cinema Data
監督：ジョン・ケント・ハリソン／出演：エラ・バレンタイン、サラ・ボッツフォード、マーティン・シーンほか／公開：2016年／製作：カナダ／上映時間：89分／発売元：ハピネットファントム・スタジオ
販売元：ハピネット・メディアマーケティング／Blu-ray 5280円(税込)、DVD 4290円(税込)／※2023年4月時点の情報です ※Blu-ray&DVD好評発売中

© 2015 GABLES PRODUCTIONS INC. ALL RIGHTS RESERVED.

ロケ地となったトリニティーの素朴な漁村

Cinema Data
監督：アシュリング・ウォルシュ
出演：サリー・ホーキンス、イーサン・ホークほか
公開：2016年／製作：カナダ、アイルランド／上映時間：116分／発売・販売元：松竹
DVD 4180円(税込) ※発売中

Access
〔舞台〕ディグビーへはハリファックス・ロバート・L・スタンフィールド国際空港より車で約3時間。
〔ロケ地〕トリニティーへはセント・ジョンズ国際空港より車で約3時間。

© 2016 Small Shack Productions Inc./ Painted House Films Inc./ Parallel Films (Maudie) Ltd.

カナダ
ディグビー ※撮影はニューファンドランド島

しあわせの絵の具 愛を描く人 モード・ルイス
Maudie

`ドラマ／恋愛`

　フォークアート画家モード・ルイスとその夫エベレットとの絆を描いた物語。カナダの小さな港町で叔母と暮らすモードは、幼少期から重度のリウマチを患い、家族から厄介者扱いを受けていた。ある日、買い物先の雑貨店で、無骨な行商人エベレットが家政婦募集中と知り、住み込み家政婦を志願する。舞台はノバスコシア州の町ディグビーだが、撮影地はニューファンドランド島。なかでもトリニティーの漁村の風景は印象的だ。

L・M・モンゴメリが1908年に発表した長編小説『赤毛のアン』は、各国で映画・ドラマ・アニメ化されている。日本では、1979年に放送されたアニメーションが有名。高畑勲と宮崎駿がクレジットに名を連ねた最後の作品でもある。

コスタリカ

イスラ・ヌブラル島（架空の島）※撮影はハワイのオアフ島、カウアイ島

ジュラシック・パーク
Jurassic Park

SF／アクション

　最新のバイオ技術で現代によみがえった恐竜が大暴れ！　当時最先端のSFXを駆使した大迫力の映像と、息つく間もない展開で世界的大ヒットを記録したシリーズ第1作。古生物学者グラントと古植物学者サトラーは、大富豪ハモンドからコスタリカ沖のイスラ・ヌブラル島に造られた恐竜たちがすむ「ジュラシック・パーク」に招待されるが、予期せぬ事態が発生し、突然恐竜たちが襲いかかる！

　ジュラシック・パークはコスタリカにある設定だが、ロケ地となったのはハワイ。主人公たちが恐竜の群れから逃げる場面がオアフ島の自然保護区クアロア・ランチで撮られたほか、ヘリコプターが島に到着する場面がカウアイ島のマナワイオプナ滝で撮影された。

1 ロケ地はハワイ。ティラノサウルスから逃げるガリミムスの群れに遭遇した場面は約1600ヘクタールのクアロア・ランチ **2** カウアイ島のハナペペ渓谷にある高さ122mのマナワイオプナ滝

🐾 More Info

コオラウ山脈を背景とした大平原が印象的なクアロア・ランチでは、敷地内をバスで巡るツアーがある。また、この場所は本作のほかシリーズ4作目となる『ジュラシック・ワールド』や、『ゴジラ』、『パール・ハーバー』、『50回目のファースト・キス』（P.173）のロケ地としても有名。ドラマやCMなどの撮影も頻繁に行われている。

✈ Access

オアフ島のクアロア・ランチへはパッケージツアーに、カウアイ島のマナワイオプナ滝へはヘリコプターツアーに参加するのが一般的。

Cinema Data

監督：スティーヴン・スピルバーグ
出演：サム・ニール、ローラ・ダーン、ジェフ・ゴールドブラム、リチャード・アッテンボローほか
公開：1993年／製作：アメリカ／上映時間：127分／発売元：NBCユニバーサル・エンターテイメント／Blu-ray 2075円(税込)、DVD 1572円(税込)

 『ジュラシック・パーク』の続編には『ロスト・ワールド/ジュラシック・パーク』、『ジュラシック・パークⅢ』、『ジュラシック・ワールド』、『ジュラシック・ワールド/炎の王国』、『ジュラシック・ワールド/新たなる支配者』がある。

アクセスの不便さが逆に魅力？　秘境感漂うバイア・デ・カカルタ

🇲🇽 メキシコ
バイア・デ・カカルタ（オアハカ州）

天国の口、終りの楽園。
And Your Mom Too

`ドラマ／ロードムービー`

　酒とマリファナと女のことしか頭にない17歳の悪ガキ……もとい少年ふたりが、憂いある年上のスペイン美女を誘い、幻のビーチ「天国の口」を目指す。メキシコ・シティからプエブラ、オアハカ、カカルタと、輝く夏のメキシコの風景を走り過ぎていくなかで、彼らはしだいに少年期の終わりを予感する。

　3人が最初にたどり着くビーチは、バイア・デ・カカルタ（カカルタ湾）。36のビーチと9つの入江で構成されるリゾート地ウアトゥルコにあるビーチのひとつとして知られているが、アクセスしづらい場所にあるため人が少なく、映画のようなひっそりとした秘境感が漂っている。

🎥 More Info
外国映画が上位のほとんどを占めるメキシコでは珍しく、2001年度のメキシコ国内興行収入1位を記録し、話題となった作品。

✈ Access
バイアスデワトゥルコ国際空港より車で約25分。

Cinema Data
監督：アルフォンソ・キュアロン
出演：ガエル・ガルシア・ベルナル、ディエゴ・ルナ
　　　マリベル・ベルドゥほか
公開：2001年
製作：メキシコ
上映時間：105分

鮮やかな色彩に人柄を感じる
フリーダの"青い家"

Cinema Data
監督：ジュリー・テイモア
出演：サルマ・ハエック
　　　アルフレッド・モリーナほか
公開：2002年／製作：アメリカ、カナダ、メキシコ／上映時間：123分

🇲🇽 メキシコ
フリーダ・カーロ博物館（メキシコ・シティ）

フリーダ
Frida

`ドラマ／恋愛`

　メキシコの現代絵画を代表する画家で民族芸術の第一人者でもある、フリーダ・カーロの伝記映画。活発な18歳のフリーダは、事故に巻き込まれ瀕死の重症を負いながらも、絵画の才能を開花させていく。やがて画家のディエゴ・リベラと結婚するが……。試練と情熱に満ちた激動の人生を映し出した作品。彼女が幼年期を過ごし終のすみかとなった"青い家"は、現在「フリーダ・カーロ博物館」として一般公開されている。

🎥 More Info
フリーダが革命家レフ・トロツキーと訪れた遺跡は、古代の巨大な宗教都市遺跡で世界遺産のテオティワカン。

✈ Access
フリーダ・カーロ博物館へは地下鉄「コヨアカン」駅より車で約5分。

『フリーダ』で、ロックフェラーで壁画を描く仕事を受けた夫とともにNYに渡ったフリーダが見た夢は、『キングコング』のパロディ。キングコングになった夫が登るのはエンパイア・ステート・ビルではなくロックフェラー・センター。

1 チェによって解放された地サンタ・クララ　2 トレン・ブリンダード記念碑　3 チェ・ゲバラ霊廟。チェの遺骨は没後30年の1997年に納められた

キューバ
サンタ・クララ

チェ 28歳の革命
Che: Part 1

歴史／戦争／ドラマ

　アルゼンチン人でありながら、キューバ革命を成功に導いた歴史に名を残すカリスマ的指導者チェ・ゲバラの半生を2部作に分け綴った『チェ』の第1部で、チェがフィデル・カストロとともにフルヘンシオ・バティスタによる独裁政権を倒すキューバ革命までを臨場感たっぷりに描く。

　第1部のクライマックス、最後の決戦地となったのはキューバのサンタ・クララで、革命軍による政府軍の列車の襲撃や町での銃撃戦が繰り広げられた。現在、町にはトレン・ブリンダード記念碑が建てられているほか、チェが眠る霊廟もあり、多くの人々が英雄をしのび訪れている。

More Info
第2部『チェ 39歳 別れの手紙』では、チェ・ゲバラのボリビアでの敗北と処刑されるまでを描いている。また、チェの学生時代の旅を描いた『モーターサイクル・ダイアリーズ』（P.182）では、彼が革命家になったきっかけを知ることができる。

Access
サンタ・クララ市街へはハバナより車で約3時間20分。サンタ・クララのトレン・ブリンダード記念碑よりチェ・ゲバラ霊廟へは車で約10分。

Cinema Data
監督：スティーヴン・ソダーバーグ
出演：ベニチオ・デル・トロほか
公開：2008年／製作：アメリカ、フランス、スペイン
上映時間：132分

冒頭で映る波が打ち寄せるマレコン通り

Cinema Data
監督：ヴィム・ヴェンダース
出演：ライ・クーダー、ブエナ・ビスタ・ソシアル・クラブのメンバー
公開：1999年／製作：ドイツ、アメリカ、フランス、キューバ／上映時間：105分／発売・販売元：TCエンタテインメント／2Kニューマスター版Blu-ray 5280円（税込）

More Info
コンサートシーンは、アムステルダムのカッレ劇場とNYの音楽の殿堂カーネギー・ホール（P.141）。

Access
ハバナ市街へはホセ・マルティ国際空港より車で約35分。

© Wim Wenders Stiftung 2014

キューバ
ハバナ

ブエナ・ビスタ・ソシアル・クラブ
Buena Vista Social Club

ドキュメンタリー／音楽

　『ブエナ・ビスタ・ソシアル・クラブ』とは、世界的なギタリストのライ・クーダーがキューバの旅で出会った、国外ではほぼ無名だった老ミュージシャンたちと制作した大ヒットアルバムのこと。本作は、ヴィム・ヴェンダース監督がクーダーのキューバ再訪に同行し、老ミュージシャンたちとの交流を映したドキュメンタリー。すばらしい音楽はもちろん、色彩豊かなハバナの町を背景に語られる彼らの生き様も魅力的だ。

 『ブエナ・ビスタ・ソシアル・クラブ』の名は、参加したミュージシャンの大半が1940年代のキューバにあった同名の会員制音楽クラブの会員だったことに由来。2016年の引退ツアーの様子は、ドキュメンタリー映画として2017年に公開された。

社会問題となっているファヴェーラ。写真はリオ最大のスラム街ロシーニャ

ブラジル

シダージ・ジ・デウス（リオ・デ・ジャネイロ）
※撮影はシダージ・アルタや、ノヴァ・セペチバなど

シティ・オブ・ゴッド
City of God

クライム／ドラマ

　リオ・デ・ジャネイロのスラム街"ファヴェーラ"で社会問題となっている、強盗や麻薬の売買で稼ぐストリートチルドレンの抗争を、1960年代、70年代、80年代の3期に分けて描いた実話に基づく物語。原題『シダージ・ジ・デウス（"神の町"の意）』とは舞台となる町の名だが、当時は激しい抗争が起きていたため撮影は別のスラム街シダージ・アルタやノヴァ・セペチバで行われた。役者には実際にファヴェーラに住んでいる人々を起用し、リアリティを追求したことでも話題に。なお、映画からもうかがい知れるが、舞台・ロケ地とも危険なエリアなので個人で訪れることは控えたい。

More Info
シダージ・ジ・デウスは、政府が建設した団地で、1960年に都心付近のファヴェーラを一掃後、住民を郊外へ移すためのものだったが、やがて荒廃し、ファヴェーラとあまり変わらない状態になった。

Access
〔舞台〕シダージ・ジ・デウスへはリオ市街より車で約40分。〔ロケ地〕シダージ・アルタへはリオ市街より車で約25分、ノヴァ・セペチバへは車で約1時間10分。※ファヴェーラはとても危険な場所。どうしても行きたい場合は、現地のツアーに参加すること。あくまで自己責任で。

Cinema Data
監督：フェルナンド・メイレレス／出演：アレシャンドレ・ホドリゲス、レアンドロ・フィルミ・ダ・オーラほか／公開：2002年／製作：ブラジル／上映時間：130分／発売・販売元：TCエンタテインメント／Blu-ray 5280円（税込）、DVD 4180円（税込）

© O2 Filmes curtos Ltda. and Hank Levine film GmbH 2002.

セントラル・ド・ブラジル駅とも呼ばれる

More Info
中央駅はリオの都市圏近郊鉄道「スーペルヴィーア」の拠点駅であり、地下鉄の駅とも接続している。

Access
リオ・デ・ジャネイロ中心地より車で約5分。

Cinema Data
監督：ヴァルテル・サレス
出演：フェルナンダ・モンテネグロ、ヴィニシウス・デ・オリヴェイラほか
公開：1998年
製作：ブラジル、フランス
上映時間：113分

ブラジル

リオ・デ・ジャネイロ中央駅

セントラル・ステーション
Central Station

ドラマ／ロードムービー

　リオ・デ・ジャネイロ中央駅で、字を書けない人のために手紙を書く代書業を営む、元教師の中年女性ドーラのもとに、幼い息子を連れた女性が代筆の依頼に訪れる。しかし、手紙を書き終えたあと、女性は事故で亡くなってしまい、ドーラは仕方なく残された少年ジョズエと父親探しの旅に出る。舞台の駅は1858年に開業したブラジルで最も有名な鉄道駅で、現在のアール・デコ調の建物は1943年に完成した。

ファヴェーラの住人を役者として採用した『シティ・オブ・ゴッド』。彼らの家には電話がなく、撮影の日時や場所などの連絡事項は電報で知らせるというアナログな手段を使ったが、撮影現場に現れない役者はひとりもいなかったという。

舞台となったコロンビアの首都ボゴタ

Cinema Data
監督：フィリップ・ノイス／出演：ハリソン・フォード、ウィレム・デフォー、アン・アーチャーほか／公開：1994年／製作：アメリカ／上映時間：141分／発売元：NBCユニバーサル・エンターテイメント／Blu-ray 2075円(税込)、DVD 1572円(税込)

コロンビア

ボゴタ ※撮影はメキシコ・シティのクエルナバカなど

今そこにある危機
Clear and Present Danger

`クライム／アクション`

『レッド・オクトーバーを追え！』、『パトリオット・ゲーム』に続き、CIA情報アナリストのジャック・ライアンの活躍を描く。クルーザーで実業家一家が惨殺される事件が発生。ライアンは、被害者が麻薬組織の資金洗浄係だったことを突き止め、調査のためコロンビアに向かう。当時コロンビアでのロケは危険だったため、メキシコの首都メキシコ・シティのクエルナバカがコロンビアの首都ボゴタとして撮影された。

More Info
ボゴタは標高2640mにある都市。

Access
〔舞台〕ボゴタへはエル・ドラード国際空港より車で約20分。
〔ロケ地〕クエルナバカへはメキシコ・シティ国際空港より車で約1時間25分。

ベネズエラ
カラカス

黙して契れ
Hermano

`ドラマ／スポーツ`

ごみ捨て場に捨てられていたところを拾われた赤ん坊のダニエルは、兄フリオと分け隔てなく育てられ、16年後には兄弟で地元のサッカーチームで活躍するまでに成長する。ある日、プロチーム「カラカスFC」からメンバー選抜の話が舞い込むが、そんな矢先、母親が路上で殺されてしまう。複雑な環境での家族の絆や復讐を痛切に描いたこの作品は、治安の悪さで有名なベネズエラの首都カラカスのスラム街が舞台。

警察も安易に立ち入れない危険なスラム街

Cinema Data
監督：マルセル・ラスキン
出演：エリウ・アルマス
フェルナンド・モレノほか
公開：2010年
製作：ベネズエラ
上映時間：97分
発売・販売元：オンリー・ハーツ
DVD 3800円(税別)

© A&B

More Info
「カラカスFC」はベネズエラ最上位リーグで史上最多12度の優勝を誇る。

Access
カラカス市街へはシモン・ボリバル国際空港より車で約30分。

隣のロイヤル島から望むデビルズ島

Cinema Data
監督：フランクリン・J・シャフナー
出演：スティーブ・マックイーン
ダスティン・ホフマンほか
公開：1973年
製作：アメリカ、フランス
上映時間：150分

フランス領ギアナ

デビルズ島 ※撮影はスペイン、ジャマイカ、ハワイなど

パピヨン
Papillon

`ドラマ／クライム`

胸に蝶の刺青があることから"パピヨン"と呼ばれる主人公は、仲間の裏切りにより終身刑となり、仏領ギアナに浮かぶデビルズ島に送られる。過酷な労働を強いられる地獄のような日々から抜け出すため、偽札造りの天才ドガを仲間に誘い脱獄計画を企てる。原作者H・シャリエールが自らの体験を綴ったベストセラーを映画化。舞台であるデビルズ島の監獄は1953年に閉鎖され、その跡地が観光地化されている。

More Info
主人公が崖から海に飛び込むラストシーンは、ハワイのマウイ島で撮影された。

Access
地元のクルーズツアーに参加するのが一般的。

INFO スティーブ・マックイーンとダスティン・ホフマンの2大スターを主演に迎え大ヒットした1973年の『パピヨン』。2017年にはチャーリー・ハナムとラミ・マレック主演のリメイク版が公開。そちらはマルタなど欧州各地で撮影されている。

181

1

🇵🇪 ペルー

マチュピチュ

モーターサイクル・ダイアリーズ

The Motorcycle Diaries

ドラマ／ロードムービー

　キューバ革命の名高き指導者チェ・ゲバラの青春時代の旅を映画化。23歳の医学生エルネスト（ゲバラ）は喘息を患いながらも、先輩の生化学者アルベルトとともに、バイクで総距離 約1万2000kmの南米大陸縦断の旅に出る。道中、銅山で働く最下層の労働者やアンデスで迫害された先住民、アマゾン川岸に隔離されたハンセン病患者たちと交流することで、南米社会の現状を直に思い知ることに。

　アルゼンチン、チリ、ペルー、ベネズエラと、南米の壮大な風景が映し出されるなかでも、強いインパクトを放つのはペルーのマチュピチュ。インカ帝国時代の首都クスコを通り、徒歩で向かった山道の先に突如広がる遺跡の迫力ある風景には思わず息をのむ。

2

1 インカ帝国の遺跡マチュピチュ。帝国は1533年にスペイン人の征服により滅亡した　2 ゲバラが地元の少年に歴史を教わったクスコのラ・コンパニーア・デ・ヘスス教会

🌿 More Info

　標高2430mにある15世紀インカ帝国の遺跡マチュピチュは「マチュピチュの歴史保護区」として、標高3400mにあるインカ帝国の首都だったクスコは「クスコ市街」として、世界遺産に登録されている。なお、マチュピチュの山の険しさは『アギーレ／神の怒り』の冒頭でうかがい知ることができる。

✈ Access

　アレハンドロ・ベラスコ・アステテ空港よりクスコ市街地のラ・コンパニーア・デ・ヘスス教会へは車で約15分。クスコからマチュピチュへは、ペルーレイルで「マチュピチュ」駅まで約4時間、駅から遺跡までは車で約25分。

Cinema Data

監督：ウォルター・サレス
出演：ガエル・ガルシア・ベルナル
　　　ロドリゴ・デ・ラ・セルナほか
公開：2004年／製作：アルゼンチン、アメリカ、チリ、ペルー、ブラジル、イギリス、ドイツ、フランス
上映時間：126分／発売元：アイ・ヴィー・シー
Blu-ray 5280円(税込)、DVD 4180円(税込)

『モーターサイクル・ダイアリーズ』で、ゲバラが“ポデローサ号”と呼んだバイク「ノートン500」は1939年製の旧式で、本来長距離ツーリング向きではない。また、本作の最後には、ゲバラと旅をしたアルベルト本人が少しだけ登場する。

1 アルゼンチン側にある高さ82m、幅150m、長さ700ｍのある「悪魔の喉笛」　**2** 作中で映るブエノス・アイレスのオベリスク　**3** ファイが働く「Bar Sur」では生のタンゴを楽しめる

🇦🇷 アルゼンチン
ブエノス・アイレス

ブエノス・アイレス
Happy Together

恋愛／ドラマ

　南米アルゼンチンを舞台に、激しく愛し合いながらも傷つけ合う男性同士の恋愛を描いた物語。香港人カップルのウィンとファイは何度も別れては元サヤに収まる不安定な関係。何度目かの関係修復のため香港から地球の裏側にあるアルゼンチンへ旅に出るが、イグアスの滝を目指す道中、再びささいなことで喧嘩別れしてしまい……。ふたりの激しくとどまることのない関係を象徴するようなイグアスの滝は、アルゼンチンとブラジルにまたがる世界最大の滝。この滝を含むブラジルのイグアス国立公園とアルゼンチンのイグアス国立公園は、どちらもユネスコの世界遺産に登録されている。

🎦 More Info
ビクトリア、ナイアガラと並び世界3大瀑布に挙げられるイグアスの滝。その規模はナイアガラを大きく上回り、イグアスの滝を見た大統領夫人エレノア・ルーズベルトは、「かわいそうなナイアガラ……」と呟いた。

✈ Access
プエルト・イグアスのバスターミナルより路線バスで国立公園内のビジターセンター前で下車。軽便鉄道に乗り換え、終点の遊歩道入口で下車し、そこから徒歩で向かうのが一般的。滝は、徒歩、船、ヘリコプターで観光できる。

Cinema Data
監督：王家衛（ウォン・カーウァイ）
出演：張國榮（レスリー・チャン）
　　　梁朝偉（トニー・レオン）ほか
公開：1997年／製作：イギリス領香港／上映時間：96分

無数の星々の光が砂漠の秘密を照らす

Cinema Data
監督：パトリシオ・グスマン
公開：2010年
製作：フランス、ドイツ、チリ
上映時間：90分

🎦 More Info
3部作の2作目は『真珠のボタン』、3作目は『夢のアンデス』。

✈ Access
エル・ロア空港より砂漠の玄関口サン・ペドロ・デ・アタカマまで車で約1時間15分。

🇨🇱 チリ
アタカマ砂漠

光のノスタルジア
Nostalgia for the Light

ドキュメンタリー

　パトリシオ・グスマンが、祖国チリの弾圧の歴史を美しい映像で綴った3部作の1作目。平均標高約2000mの高地にあるアタカマ砂漠は世界で最も乾燥した砂漠。澄んだ空気が天文観測に適しているため、世界中の天文学者が集まり銀河の光を見つめる。一方で、足元にはピノチェト独裁政権下で政治犯として捕らわれた人々の遺体が埋まっていて……。はるかかなたの宇宙と砂漠の大地の記憶を探るドキュメンタリー。

 『光のノスタルジア』、『真珠のボタン』、『夢のアンデス』の3部作を手がけた監督のパトリシオ・グスマンは、ラテンアメリカを代表するドキュメンタリー映画監督で、「チリの闘い」3部作などの作品でも国際的に知られている。

アジアが舞台の
映画85作品

ロケ地については
各作品のページをチェック

85 movies set in Asia

Asia

26の国と地域

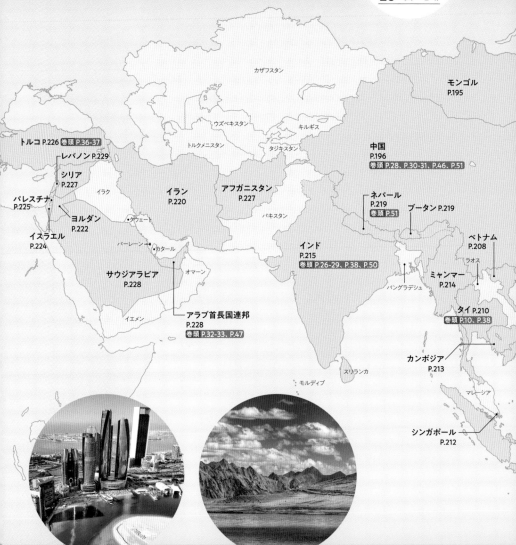

カザフスタン

モンゴル
P.195

ウズベキスタン

キルギス

トルコ P.226 巻頭 P.36-37

トルクメニスタン

タジキスタン

中国
P.196
巻頭 P.28、P.30-31、P.46、P.51

レバノン P.229

シリア
P.227

イラク

イラン
P.220

アフガニスタン
P.227

ネパール
P.219
巻頭 P.51

ブータン P.219

パレスチナ
P.225

パキスタン

ヨルダン
P.222

クウェート

イスラエル
P.224

バーレーン

カタール

インド
P.215
巻頭 P.26-29、P.38、P.50

ベトナム
P.208

ラオス

ミャンマー
P.214

サウジアラビア
P.228

オマーン

バングラデシュ

アラブ首長国連邦
P.228
巻頭 P.32-33、P.47

タイ P.210
巻頭 P.10、P.38

イエメン

カンボジア
P.213

スリランカ

モルディブ

マレーシア

シンガポール
P.212

北朝鮮

韓国
P.202

日本
P.206
巻頭 P.13-14、P.38、P.64-65、P.68-69

台湾
P.191

マカオ
香港
P.186
巻頭 P.51

フィリピン
P.214

ブルネイ

インドネシア
P.214
巻頭 P.28

東ティモール

巻頭の
インタビュー&特集
で登場した
20作品も
ポイント！

✿ 香港
重慶大厦（尖沙咀）、ミッドレベル・エスカレーター（中環）

恋する惑星
Chungking Express

恋愛／ドラマ

中国返還前のイギリス領香港で、すれ違う男女の刹那的な恋をスタイリッシュに描いた、ウォン・カーウァイ監督の出世作。前半は、九龍半島の尖沙咀にある雑居ビル「重慶大厦」を舞台に、失恋した警官モウと金髪ウィッグにサングラス姿の麻薬ディーラーの女とのひと晩の奇妙な関係を追い、後半は香港島の中心地・中環での、警官663号とデリで働く娘フェイとの物語にスイッチする。

ふたつの物語の舞台はどちらも多国籍なエリア。前半の「重慶大厦」は南アジアや中東、アフリカの人々によるコミュニティが形成されている場所。後半の中環は、欧米人が多く住むビジネスの中心地。映画で登場するミッドレベル・エスカレーターは市民の足であり、本作公開以降は人気の観光スポットとなった。

🎞 More Info
九龍半島の目抜き通りネイザンロードに面して1961年に建てられた重慶大厦は、安宿や両替商、インドやアフリカ系の飲食店などが集まるバックパッカーに人気の場所。香港島のミッドレベル・エスカレーターは、ビジネス街の中環から高級住宅街の半山区（ミッドレベルズ）までをつなぐ。

✈ Access
重慶大厦へは地下鉄「尖沙咀」駅より徒歩約1分。ミッドレベル・エスカレーターへは地下鉄「中環」駅より徒歩約5分。

Cinema Data
監督：王家衛（ウォン・カーウァイ）
出演：梁朝偉（トニー・レオン）、王菲（フェイ・ウォン）、林青霞（ブリジット・リン）、金城武ほか
公開：1994年／製作：イギリス領香港
上映時間：100分

1 世界一長いといわれる全長約800mのミッドレベル・エスカレーター。朝の通勤時間帯のみ下りとなる 2 中環の蘭桂坊（ランカイフォン）にはフェイが働くデリと警官663号が待ち合わせたバー「カリフォルニア」があったが、デリは現在コンビニに、バーは改装された 3 香港の複雑な民族構成を象徴する重慶大厦

ℹ ウォン・カーウァイ監督は、『恋する惑星』を製作するにあたって、当初は3つのエピソードを描く予定だったが割愛されることになり、後にそのエピソードを基にした『天使の涙』を製作した。その作品でも金城武が主役のひとりを務めている。

1

香港
萬佛寺（沙田）

インファナル・アフェア
Infernal Affairs

ドラマ／クライム

　潜入捜査官としてマフィア組織に入った警察官と、スパイとして警察内部に潜り込んだマフィア。それぞれの組織で頭角を現していくふたりの男の対照的な姿を描いた3部作の第1作。原題の『無間道』は、仏教における八大地獄の"無間（阿鼻）地獄"に由来し、絶え間なく責め苦にあう地獄のような壮絶な物語を示唆している。

　この作品で一躍有名になった場所のひとつが、沙田地区の萬佛寺。20世紀中頃に月溪法師により創設された寺院で、作中冒頭、マフィアのボスが本堂で若者たちを激励するという厳かな場面で登場するが、実際は陽気なポーズが笑いを誘う独特な容姿の金ピカの像が境内に1万体以上ずらりと並ぶユニークな寺院である。

1 ユニークな萬佛寺の境内。本堂と塔は歴史的建造物に指定されている　2 オーディオショップがある深水埗。物価が安く、いつも混み合っている

🎬 *More Info*

ふたりの男がお互いの素性を知らず出会うオーディオショップは、古きよき下町情漂う深水埗（シャムシュイポー）の電気街・鴨寮街（アプリウストリート）にある。麻薬取引のスリリングなシーンは、旺角（モンコック）の花園街と山東街の交差点にある古いビル「百祥大廈」。また、ふたりが銃を向け合うクライマックス・シーンは北角政府合署の屋上が使用されたが、同ビルからある重要人物が落ちてくるショッキングなシーンは編集され、地上のカットは上環（ションワン）のビル「粵海投資大廈」となっている。

© 2002 Media Asia Films (BVI) Ltd. All Rights Reserved

Cinema Data
監督：劉偉強（アンドリュー・ラウ）
出演：劉德華（アンディ・ラウ）
　　　梁朝偉（トニー・レオン）ほか
公開：2002年
製作：香港
上映時間：102分
発売元：カルチュア・パブリッシャーズ
販売元：ポニーキャニオン
DVD&Blu-ray発売中

✈ Access
萬佛寺へは「沙田」駅より徒歩約7分。

📋 『インファナル・アフェア』は、2006年にはハリウッドでリメイクした『ディパーテッド』がアカデミー賞やゴールデングローブ賞など各賞を受賞。日本では2012年に本作をモチーフにしたTVドラマ『ダブルフェイス』が放送された。

境内の撮影場所には等身大パネルがある

Cinema Data 監督：ロバート・クローズ／出演：李小龍（ブルース・リー）、ジョン・サクソンほか 公開：1973年／製作：イギリス領香港、アメリカ／上映時間：102分／発売元：ワーナー・ブラザース ホームエンターテイメント／販売元：NBCユニバーサル・エンターテイメント／Blu-ray 2619円(税込)、DVD ディレクターズカット特別版 1572円(税込)

🌸 香港
青山禪院（屯門）

燃えよドラゴン
Enter the Dragon

`アクション`

世界中にカンフー・ブームを巻き起こした伝説のアクションスター、ブルース・リーの代表作。武術の達人リーは、妹の仇討ちと麻薬密造工場の壊滅のため、悪党ハンが所有する島で開催される武術大会に乗り込む。本作で有名なのが、リーが弟子に説いた「Don't think. Feel!（考えるな、感じろ）」の名言で、その場面の撮影地は、屯門にある青山禪院。靈渡寺、凌雲寺と並び、香港三大古刹のひとつとして知られる寺院だ。

🎥 More Info
無名時代のジャッキー・チェンとサモ・ハン・キンポーも出演している。

✈ Access
「屯門」駅より車で約5分。

🌸 香港
旧水上警察本部（尖沙咀）

プロジェクトA
Project A

`アクション／コメディ`

時計台からの落下シーンなど、ジャッキー・チェンの渾身のスタントが話題を呼んだ痛快アクション・コメディ。20世紀初頭のイギリス領香港。主人公のドラゴンが属する水上警察は、陸上警察と火花を散らしていたが、やがて和解し、海賊逮捕のため協力し合う。1884年から1996年まで尖沙咀にあった水上警察本部は、現在、コロニアル建築はそのままに、複合施設「1881ヘリテージ」へと変貌を遂げている。

1994年に香港の建築物文化遺産に認定

Cinema Data 監督：成龍（ジャッキー・チェン）出演：成龍（ジャッキー・チェン）、洪金寶（サモ・ハン・キンポー）元彪（ユンピョウ）ほか／公開：1983年／製作：イギリス領香港／上映時間：106分／発売元：ツイン／販売元：NBCユニバーサル・エンターテイメント／Blu-ray&DVD発売中

🎥 More Info
ドラゴンが飛び降りたあの時計台は撮影用に造られたセットである。

✈ Access
地下鉄「尖沙咀」駅L6出口より徒歩約3分。

この吹き抜けに電飾ポールが設けられた

🎥 More Info
『プロジェクトA』と並び絶賛される、ジャッキー・チェンの代表作。

✈ Access
地下鉄「尖東」駅P1出口よりすぐ。

Cinema Data 監督：成龍（ジャッキー・チェン）出演：成龍（ジャッキー・チェン）、林青霞（ブリジット・リン）ほか／公開：1985年／製作：イギリス領香港／上映時間：105分／発売元：ツイン／販売元：NBCユニバーサル・エンターテイメント『ポリス・ストーリー／REBORN』公開記念 ポリス・ストーリー／香港国際警察 4K Master Blu-ray発売中

🌸 香港
永安百貨（尖東）

ポリス・ストーリー/香港国際警察
Police Story

`アクション／コメディ`

ジャッキー・チェンが監督・脚本・主演を務めた人気シリーズの第1作。麻薬組織のボスを逮捕したチェン刑事は、裁判で証人となる組織の秘書の身辺警護を命じられ、妨害を企てるギャングたちと激しい戦いを繰り広げる。カーチェイスや2階建てバスでの格闘など見どころ満載だが、目玉はやはりチェンが電飾ポールを滑り降りるシーン。ロケ地は、香港の大手デパート「永安百貨」尖東店で、今も当時の面影が残る。

INFO 『燃えよドラゴン』公開後、ジョン・サクソンは誰に会っても共演者のブルース・リーのことばかり尋ねられノイローゼになったそう。路上で強盗に遭ったときも銃を突きつけられ、ブルース・リーとの共演の感想を求められたのだとか。

おしゃれなバーやショップも入る「大館」

🎬 香港
大館（中環）

男たちの挽歌
A Better Tomorrow

`アクション／クライム`

カンフー全盛期の1980年代香港映画界に"香港ノワール"ブームを起こした作品。マフィアのホーは弟のために黒社会から足を洗う決意するが、トラブルに巻き込まれ逮捕されてしまう。3年後に出所すると、警官となった弟にマフィアであることを責められ……。弟が勤務する旧中央警察署は、現在は香港の法律、司法、刑事制度の歴史を伝える施設「大館」として生まれ変わり、歴史とアートが融合する観光スポットとなっている。

More Info
旧中央警察署、中央裁判所、ビクトリア監獄を含む16の歴史的建造物を改修している。

Access
地下鉄「中環」駅より徒歩約10分。

Cinema Data
監督：呉宇森（ジョン・ウー）／出演：周潤發（チョウ・ユンファ）、狄龍（ティ・ロン）、張國榮（レスリー・チャン）ほか／公開：1986年／製作：イギリス領香港／上映時間：96分／発売・販売元：ツイン／4Kリマスター版 4K ULTRA HD+Blu-ray（2枚組）9680円（税込）※発売中

© 2010 Fortune Star Media Limited. All Rights Reserved.

🎬 香港
中華基督教会長老堂（太子）

メイド・イン・ホンコン
Made in Hong Kong

`ドラマ`

フルーツ・チャン監督による「返還3部作」の第1作で、中国返還に揺れる香港を舞台に、社会の底辺で生きる若者たちの姿を描く。舞台は1997年、中国返還直前の香港。借金取りを手伝うチャウと弟分のロンは少女ペンと出会う。自殺した女子学生の遺書を拾ったことから、3人の間に奇妙な友情が芽生え……。女子学生が飛び降りるショッキングなシーンで映る十字架は、九龍半島の繁華街・太子にある中華基督教会長老堂のもの。

十字架が印象的な中華基督教会長老堂

More Info
香港では仏教・道教に次ぎ、イギリス統治の影響でキリスト教も比較的広く信仰されている。

Access
地下鉄「太子」駅より徒歩約6分。

Cinema Data
監督：陳果（フルーツ・チャン）出演：李璨琛（サム・リー）ほか／公開：1997年／製作：香港上映時間：109分／発売元：ユナイテッドエンタテインメント販売元：ハピネット・メディアマーケティング／Blu-ray 5280円（税込）、DVD 4290円（税込）※4Kレストア・デジタルリマスター版Blu-ray&DVD発売中

© Teamwork Production House Ltd./Nicetop Independent Ltd.

風水的にも好立地のレパルスベイ

🎬 香港
レパルスベイ

慕情
Love Is a Many-Splendored Thing

`恋愛／戦争／ドラマ`

ベルギーと中国の血を引く女医ハン・スーインの自伝的小説を実写化したロマンス映画。1949年、第2次世界大戦後の香港で、時代に翻弄されながらも惹かれ合う、未亡人女医とアメリカ人特派員との恋の物語。ハイソな恋の舞台となった淺水灣は、香港屈指のビーチ・リゾート。周辺に高級マンションやショッピングモールが建ち並ぶほか、香港らしい派手な色づかいの神様が集まる鎮海楼公園がある。

Cinema Data
監督：ヘンリー・キング
出演：ジェニファー・ジョーンズ
ウィリアム・ホールデンほか
公開：1955年
製作：アメリカ
上映時間：102分

More Info
このエリアにはビーチを眺めながら食事を楽しめることで人気のレストラン「ザ・ベランダ」がある。

Access
銅鑼湾よりミニバスもしくは車で約20分。

INFO 『プロジェクトA（原題：A計劃）』とは、当時アイデアの盗用が多かった香港の映画業界で、作品の内容が知られないようにつけられた撮影時の仮タイトルだったが、音の響きがよかったことから、正式タイトルに採用されたといわれている。

☆ 香港

北角、鰂魚涌、鯉魚門など

コンフィデンスマン JP ロマンス編
The Confidenceman JP

クライム／コメディ

Cinema Data
監督：田中亮
出演：長澤まさみ、東出昌大、小日向文世ほか
公開：2019年／製作：日本／上映時間：116分／発売元：フジテレビジョン／販売元：ポニーキャニオン／通常盤Blu-ray 5170円（税込）、DVD 4180円（税込）※発売中

© 2019「コンフィデンスマンJP」製作委員会

巧妙に仕組まれたうそをどこまで見抜けるか!?　大人気TVシリーズ『コンフィデンスマンJP』の初の映画版。香港の謎めいた女帝・氷姫を狙い、詐欺師たちのコン・ゲームが始まる！

奇想天外な展開はもちろん、香港の観光スポットをおさえた舞台にも注目した作品。香港仔の水上レストランや九龍の目抜き通り彌敦道、廟街といった定番の観光地から始まり、主人公ダー子たちの拠点となる鰂魚涌のアパート群「益昌大廈」や、主人公が恋愛詐欺師ジェシーと会う黄埔のホテル「ハーバー・グランド九龍」の屋上プール、氷姫とジェシーの回想で映るプロムナードと時計塔、銃撃シーンの舞台の鯉魚門の漁村、ダー子がジェシーと姿を消す北角の春秧街など、ディープでフォトジェニックな場所が次々と登場する。

🎬 *More Info*

主人公たちが泊まる宿の外観は益昌大廈だが、屋上は九龍側の土瓜湾にある益豊大廈A座の屋上で撮られている。どちらも住民がいる建物なので訪れる際はマナーを守って。また、水上レストラン（残念ながら2020年に閉店。2022年に撤去）の場面は次作『プリンセス編』の伏線となっている。

✈ Access

市街地へは香港国際空港よりエアポート・エクスプレスで「九龍」駅まで約22分、「香港」駅まで約24分。

1 数々の映像作品が撮られるフォトジェニックな益昌大廈　**2** 銃撃シーンの舞台となった鯉魚門は海鮮で有名　**3** トラムが市場を走り抜ける北角の春秧街

INFO 日本版『スティング』(P.164)と例えられる『コンフィデンスマンJP』。ロマンス編では『ゴースト/ニューヨークの幻』(P.151)の陶芸シーンや、『ローマの休日』(P.114)のベスパにふたり乗りするシーンなど名作を彷彿する場面が出てくる。

台湾
九份

悲情城市
A City of Sadness

歴史／戦争／ドラマ

　日本統治時代が終わりを迎えた1945年から国民党政府が樹立された1949年までの激動に揺れる台湾を、4兄弟の生き様を通じ描く。船間屋の林家の長老には、台湾が日本統治から解放された日に息子をもうけた長男、ルソン島と上海に徴用されたきり音信不通の次男と三男、そして写真館を営む聾唖の四男がいた。解放の喜びも束の間、やがて大陸を追われた国民党が台湾人を抑圧し始め……。

　舞台である九份は台湾北部の山間の町。19世紀末に金の採掘で発展し、日本統治時代に最盛期を迎えたという歴史がある。金鉱は1971年に閉山し衰退したが、本作をきっかけに九份ブームが起こり、現在では細い路地や石段に堤灯が灯る、ノスタルジックで幻想的な風景が魅力の台湾屈指の人気の観光地となっている。

More Info
1980年代の台湾ニューシネマを代表する監督のひとり、侯孝賢の代表作。当時タブー視されていた二・二八事件を題材にしたことでも話題を呼んだ。舞台となった九份の地名は、かつてこの地でクスノキから樟脳を作っていた頃、樟脳のかまどが9人分（九份）あったことに由来している（諸説あり）。

Access
台北の「忠孝復興」駅より基隆客運1062番のバスで約2時間、もしくは西門町より高速バス台北客運965番で約70分。どちらも「九份老街」下車。

1 日暮れとともに幻想的に浮かび上がる九份の町　2 石畳の細い階段路地と赤い提灯がこの町の特徴　3 九份老街の高台からは海が見渡せる

Cinema Data
監督：侯孝賢（ホウ・シャオシェン）
出演：李天祿（リー・ティエンルー）、陳松勇（チェン・ソンヨン）、高捷（カオ・ジエ）、梁朝偉（トニー・レオン）　ほか
公開：1989年／製作：台湾、イギリス領香港
上映時間：159分

『戯夢人生』、『好男好女』とあわせて侯孝賢監督の台湾現代史3部作と呼ばれる『悲情城市』。この作品に出演したトニー・レオンは香港人俳優で、台湾語が話せなかったため、聴覚障害者の役を演じることになったそう。

🇹🇼 台湾

菁桐駅（新北市）

あの頃、君を追いかけた
You Are the Apple of My Eye

（恋愛）

　1994年、台湾中西部の町・彰化。主人公のコートンは、おバカな仲間たちと気楽な毎日を過ごす能天気な高校生。ある日、コートンの悪戯を見かねた担任は、優等生チアイーをお目つけ役に任命する。真面目な彼女を疎ましく思いつつも、しだいに惹かれてゆくコートンだったが、告白できないままふたりは別々の大学へと進学する。

　遠距離になったふたりがクリスマスに再会したのは、新北市平溪区を走る平溪線の終着駅である菁桐駅。ノスタルジックな街を歩き、ふたりで天燈を飛ばすシーンは印象的だが、天燈上げができることで有名なのは4つ隣の十分駅。ちなみに、平溪線の線路は、侯孝賢の映画『恋恋風塵』のロケ地としても知られている。

📽 More Info

映画に出てきた、天燈に願い事を書いて空に飛ばす風習は、台湾では「天燈上げ」と呼ばれ、菁桐駅から4つ手前の十分駅は、年中天燈上げができることで有名。また、十分駅では列車がこない時間帯に駅から約300mの線路沿いへの入場が許され、線路の上を歩くことができる。線路沿いには、およそ140軒の飲食店や民芸品店などが軒を連ね、線路ギリギリにせり出しているのも、この駅の名物風景となっている。

1 ふたりが待ち合わせた菁桐駅は、台湾歴史建築百景のひとつに選ばれている
2 1929年に建てられた白い木造の駅舎
3 願い事が書かれた天燈が上がる十分

✈ Access

「台北」駅より電車で約1時間40分。

Cinema Data

監督：九把刀（ギデンズ・コー）
出演：柯震東（クー・チェンドン）
　　　陳妍希（ミシェル・チェン）ほか
公開：2011年／製作：台湾
上映時間：110分

『あの頃、君を追いかけた』で、前半の高校時代の舞台となったのは彰化。サツマイモや片栗粉の皮で肉の餡を包んだ台湾の名物料理「肉圓（バーワン）」発祥の地といわれ、作中でも主人公たちが肉圓屋にたむろするシーンがある。

写真提供：Chelsia

満潮時には道に海水が押し寄せる白水湖寿島は一度は見たい絶景

🇹🇼 台湾
白水湖寿島（嘉義縣）

1秒先の彼女
My Missing Valentine

`恋愛／コメディ／ファンタジー`

　"台湾ニューシネマの異端児"と呼ばれたチェン・ユーシュン監督が、20年間あたためていた脚本を基に撮り上げたちょっぴり不思議なラブストーリー。台北で冴えない毎日を送るアラサーのシャオチーは、ハンサムなダンス講師とバレンタインにデートの約束をするが、目覚めるとその翌日になっていて!?　消えたバレンタインを探す手がかりは一枚の写真。背景に写り込んだ牡蠣の貝殻をヒントに、牡蠣の養殖で有名な嘉義縣を目指す。ロケ地となったのは、同縣の海沿いの町・東石郷の白水湖壽島。満潮時には一帯が海水で覆われ、映画ではシャオチーを乗せたバスがまるで海の上を走るような絶景が映る。

📷 *More Info*
東石郷は牡蠣などの養殖が盛んな場所。2000年代に入ってからは海岸線の地盤沈下が始まり、徐々に養殖場や道路などが海に侵食されるようになった。なお、東石郷は、ユーシュン監督のデビュー作『熱帯魚』の舞台でもある（ロケ地は台南県大甲）。誘拐犯家族が膝の辺りまで冠水した自宅で食事をするシーンはシュールでインパクトがある。

✈ Access
嘉義市街より車で約50分。

Cinema Data
監督：陳玉勲（チェン・ユーシュン）／出演：李霈瑜（パティ・リー）、劉冠廷（リウ・グァンティン）ほか／公開：2020年／製作：台湾／上映時間：119分／発売・販売元：TCエンタテインメント／Blu-ray 5280円(税込)、DVD 4180円(税込)

© MandarinVision Co, Ltd

どこか懐かしい雰囲気の銅鑼駅

Cinema Data
監督：侯孝賢（ホウ・シャオシェン）
出演：王啓光（ワン・チークァン）
　　　李淑楨（リー・ジュジェン）ほか
公開：1984年
製作：台湾
上映時間：98分

© A MARBLE ROAD PRODUCTION 1984

🇹🇼 台湾
銅鑼駅（苗栗縣）

冬冬の夏休み
A Summer at Grandpa's

`ドラマ`

　田舎の美しい自然のなかで友情を育む子供たちのひと夏を描いた郷愁を誘う物語。台北の小学校を卒業した冬冬は、母親が入院したため、夏休みに叔父に連れられ妹と田舎の祖父の家に預けられる。電車で向かう途中、叔父とはぐれてしまった兄妹は、先に到着した駅で地元の子供たちと仲良くなり……。ロケ地となった銅鑼駅は1903年に建てられたレトロな駅舎が魅力で、今も撮影当時の面影を残す。

📷 *More Info*
祖父の家として撮影された「重光診所」は、駅前の道を左に曲がった突き当たりにある。

✈ Access
台北より電車で約1時間15分。

INFO　『風櫃の少年』、『童年往事 時の流れ』、『恋恋風塵』とあわせ侯孝賢監督の"青春4部作"と呼ばれる『冬冬の夏休み』。作中で『恐怖分子』や『ヤンヤン 夏の想い出』などを手がけたエドワード・ヤン監督が父親役で登場している。

公園での撮影はブランコの近くで行われた

🇹🇼 台湾
富錦一號公園（台北市）

藍色夏恋
Blue Gate Crossing

`恋愛／ドラマ`

軽やかなピアノの旋律にのせてさわやかに綴られる、高校生の切ない三角関係。17歳のモンは親友のユエチェンに頼まれ、彼女が片思いしている水泳部のチャンにラブレターを渡すが、チャンはモンに好意を寄せていて……。物語の舞台である台北は、亜熱帯の土地ならではの緑あふれる町並みが特徴的。なかでも緑豊かな富錦一號公園は、モンがチャンに手紙を渡すシーンなど、重要な場面で何度も登場する。

Cinema Data
監督：易智言（イー・ツーイェン）
出演：桂綸鎂（グイ・ルンメイ）
陳柏霖（チェン・ボーリン）ほか
公開：2002年
製作：台湾、フランス
上映時間：84分

📹 More Info
ふたりが自転車で信号待ちをするシーンは、公園の前の民生東路五段と民生東路五段69巷の交差点。

✈ Access
地下鉄「松山機場」駅より徒歩約15分。

🇹🇼 台湾
北投駅（台北市）

ターンレフト・ターンライト
Turn Left, Turn Right

`恋愛／コメディ`

台湾の人気絵本作家、幾米による作品『君のいる場所』を実写化。右に進むのが癖の音楽家のジョンと、左に進むのが癖の翻訳家のイブは、アパートの隣同士に住んでいるが、なかなか出会えない。じれったい展開の末、迎えるご当地色あふれるラストは笑いか感動か!? 作中では、台北の繁華街の西門や新光三越などいくつもの名所が映るが、物語の展開を示唆する掲示が張られたMRT北投駅のホームは特に印象的だ。

ロケ地はMRT北投駅の4番ホーム

Cinema Data
監督：杜琪峯（ジョニー・トー）、韋家輝（ワイ・カーファイ）／出演：金城武、梁詠琪（ジジ・リョン）ほか／公開：2003年／製作：香港、シンガポール／上映時間：99分／発売元：ワーナー・ブラザース ホームエンターテイメント／販売元：NBCユニバーサル・エンターテイメント／DVD 3278円(税込)

📹 More Info
ふたりが出会うのは北投公園の噴水池。北投は温泉地として有名。

✈ Access
「台北」駅より「北投」駅までMRTで約22分。

檜意森活村の家屋はおみやげショップや飲食店となっている

🇹🇼 台湾
嘉義市 ※ゆかりの地：檜意森活村

KANO 1931海の向こうの甲子園
KANO

`歴史／ドラマ／スポーツ`

1931年夏、日本統治下の台湾代表として甲子園決勝まで進出した嘉義農林学校野球部の実話に基づく物語。多民族で構成された弱小チームの選手と監督との絆を描く。当時の雰囲気を感じられる場所としてファンに人気なのが「檜意森活村」。約30棟の日本家屋が移築された場所で、監督の家シーンは敷地内にある一軒で撮影されたそう。なお、この近くには、阿里山森林鉄道の始発駅だった旧北門駅がある。

Cinema Data
監督：馬志翔（マー・ジーシアン）
出演：永瀬正敏、大沢たかおほか
公開：2014年
製作：台湾
上映時間：180分

📹 More Info
日本人、台湾人（漢人）、台湾原住民で構成されるチームのため、作中では、日本語、台湾語、客家語、原住民語（アミ語）が話されている。

✈ Access
「嘉義」駅より車で約5分。

絵本の世界観を守りつつアレンジを加えた『ターンレフト・ターンライト』。ストーリーを歌詞にのせた主題歌『向左走・向右走』とともにアジアで大ヒットを飛ばし、2004年には中国で、2020年にはタイでTVドラマ化された。

🏔🦅 モンゴル

ウルギー

イーグルハンター 1000年の歴史を変えた「鷹匠」少女
The Eagle Huntress

ドキュメンタリー

　ひとりの少女が1000年以上続く鷹匠の歴史を変える！　モンゴルのウルギーで1999年に開催されたイーグル・フェスティバルに出場した、史上初の女性鷹匠を追うドキュメンタリー。13歳のアイショルパンは、夏はモンゴル西部のアルタイ山脈のゲルで、冬は町の家で過ごす遊牧民の娘。彼女の家は7世代にわたる鷹匠の血筋で、彼女も鷹匠になることを夢見ていた。しかし鷹匠は男の世界。女がなるという発想すらないなか、それでも娘の才能に気づいた父親は、長老たちの批判を受けながらも彼女を厳しく鍛え、鷹匠の名手たちが競い合う年に一度の大会を目指すのだった。

　ウルギーは、ワシの狩猟で有名な土地。毎年10月に開催されるイーグル・フェスティバルは、モンゴルのイーグル・ハンター協会が運営する大会で、各地から腕に自信のある者たちが名乗りを上げる。

1 モンゴルの西部に広がるアルタイ山脈。夏には麓に遊牧民のゲルが並ぶ
2 毎年盛り上がりを見せるウルギーのイーグル・フェスティバル

🎬 More Info

モンゴルの最西端、標高1710mに位置するウルギーはバヤンウルギー県の県都。人口はおよそ3万人で、その多くがカザフ族だ。カザフの刺繍と芸術と音楽、そしてワシの狩猟で知られ、毎年10月の第1週に、イーグル・フェスティバルが開催されている。

Cinema Data

監督：オットー・ベル
出演：デイジー・リドリー
　　　ほか
公開：2016年／製作：イギリス、モンゴル、アメリカ
上映時間：87分／ソニー・ピクチャーズ エンタテインメント／デジタル配信中

✈ Access

ウランバートルより飛行機で約1時間30分。

「イーグルハンター 1000年の歴史を変えた「鷹匠」少女」で映るアルタイ山脈は、西シベリア、モンゴル、カザフスタンにまたがる山脈で、モンゴル側にはアルタイ系カザフ人、ウリャンカイ人、キルギス人などが住む。

1

★✦ 中国

紫禁城（北京）

ラストエンペラー

The Last Emperor

歴史／ドラマ

　2歳で即位し清朝最後の皇帝となった愛新覚羅溥儀の波乱に満ちた生涯を、壮大なスケールで描いた歴史大作。物語は1950年、ソ連での抑留を解かれた中国人戦犯たちが、中ソ国境の駅に運ばれてくるシーンから始まる。そこには中国王朝最後の皇帝である溥儀の姿があった。集団から離れ自殺を図った溥儀は、薄れてゆく意識のなかで、初めて紫禁城に足を踏み入れた幼き日を思い出す……。

　メインの舞台である紫禁城は、皇族退去後は"故宮"と呼ばれるようになった。撮影は中国政府の全面協力により、実際に故宮を借り切って行われている。72ヘクタールもの敷地内に980余りの建物を有し、世界最大の皇宮と謳われたそのスケールの大きさは、太和殿での即位式で家臣たちがかしずく圧巻のシーンからも感じられる。

2

1　現在は「故宮博物院」となっている紫禁城。清朝の文物を含む180万点の収蔵品を有する　2　紫禁城内の庭園シーンで使用された頤和園

© Recorded Picture Company

📷 More Info

　故宮は「北京と瀋陽の明・清王朝皇宮」のひとつとして世界文化遺産に登録されており、現在では映画の最後に見られるように博物館として世界中から観光客が訪れる観光名所となっている。また、紫禁城内の庭園のシーンには、同じく世界文化遺産の頤和園（いわえん）が使用されている。

✈ Access

　故宮博物院へは地下鉄「天安門西」駅または「天安門東」駅より徒歩約18分。

Cinema Data

監督：ベルナルド・ベルトルッチ
出演：ジョン・ローン
　　　ジョアン・チェンほか
公開：1987年
製作：イタリア、中国、イギリス、フランス、アメリカ
上映時間：163分
発売・販売元：キングレコード
Blu-ray 2750円（税込）

ⓘ ベルナルド・ベルトルッチ監督による『ラストエンペラー』は、1987年度のアカデミー賞で作品、監督、撮影、美術、衣装などノミネートされた9部門すべてを受賞。音楽を担当した坂本龍一は日本人初となるアカデミー作曲賞を受賞した。

夜はライトアップされ、表情を変える北京駅

中国
北京駅（北京）

北京ヴァイオリン
Together

`ドラマ`

中国の田舎町で暮らす父と息子。母の形見のヴァイオリンを巧みに弾きこなす息子の才能を育てるため、父は息子を連れて北京へ向かう。しかし、実力だけでは渡り歩けない中国のクラシック業界の裏側を知り、有力な師に息子を預け、自分は田舎に帰ることを決意する。息子が父に向け演奏するクライマックスシーンの舞台は北京駅。国内列車のほか、ロシアやモンゴル、韓国への列車も乗り入れる大型駅である。

Cinema Data
監督：陳凱歌（チェン・カイコー）
出演：唐韻（タン・ユン）
　　　劉佩琦（リウ・ペイチー）ほか
公開：2003年／製作：中国
上映時間：116分

More Info
世界遺産の天壇公園の柵の上を少年がヴァイオリンを持って歩く場面は、作品ポスターになった。

Access
北京首都国際空港より車で約30分。

中国
北京

さらば、わが愛/覇王別姫
Farewell My Concubine

`ドラマ／歴史`

親を失い、日中戦争や文化大革命など時代の大波に翻弄されながらも、生涯を京劇に捧げたふたりの役者の物語。同性愛や文化大革命の混乱を描いたことから、本国では当初、上映禁止となり、修正のうえ再上映された。撮影は、当時の北京の街並みを再現した北京映画製作所内のセットで行われており、中庭を中心に東西南北を4棟の建物で囲む中国北部の伝統的な住宅様式、四合院と思われる建物も見られる。

北京の伝統的な住宅様式である四合院

Cinema Data
監督：陳凱歌（チェン・カイコー）
出演：張國榮（レスリー・チャン）
　　　張豊毅（チャン・フォンイー）ほか
公開：1993年
製作：中国、イギリス領香港
上映時間：172分

More Info
女形を演じたレスリー・チャンの妖艶な魅力も話題となった。

Access
北京市街へは北京首都国際空港より車で約35分。

© 1993 Tomson Films Co.,Ltd. (Hong Kong)

1952年にオープンしたレトロな映画館「衡山電影院」

中国
衡山電影院（上海）

真夜中の五分前
Five Minutes to Tomorrow

`恋愛／ミステリー`

同じ容姿と記憶をもつ人物をどう見分ける？　上海で時計修理士として働く日本人リョウが恋心を抱いた女性には、瓜ふたつの双子の妹がいたが……。原作では東京だった舞台を異国情緒漂う上海に移すことで、物語はよりミステリアスな雰囲気に。石庫門の時計店がたたずむノスタルジックな張園は、建物保護のため住民らは退去し、今ではあの生活感漂う空気はないが、デートシーンの映画館「衡山電影院」は健在だ。

Cinema Data
監督：行定勲
出演：三浦春馬、劉詩詩（リウ・シーシー）、
　　　張孝全（チャン・シャオチュアン）ほか
公開：2014年／製作：日本、中国
上映時間：129分

More Info
石庫門とは1860年代からある上海の中洋折衷型の伝統的な建築様式のこと。

Access
地下鉄「徐家匯」駅より徒歩約5分。

INFO 「真夜中の五分前」で主演を務めた三浦春馬は、行定監督から「滞在1年半くらいの中国語の語学力」をリクエストされていたが、クランクインまでのわずか3カ月の勉強で想像以上の語学力を身につけ、「上手すぎる」と、周りを驚かせた。

1 世界遺産としても有名な九寨溝。自然保護のため1日の入場者数が制限されている　2 紅葉が舞うなかでのアクションシーンのロケ地は内モンゴル

中国

九寨溝（四川省）

英雄 ～HERO～

Hero

アクション／歴史／ドラマ

　始皇帝の時代のあるエピソードを、圧倒的な映像美と華麗なアクションで綴った歴史フィクション。紀元前227年の中国戦国時代末期、後に始皇帝となる秦王のもとに、王の命を狙う最強の3人の刺客を倒したという男が現れる。秦王に謁見を許された男は、刺客を始末した経緯を語り始めるが、その話には多くの謎が含まれていた。

　5つのエピソードで構成される物語には、それぞれテーマカラーが設けられ、衣装や小道具はもちろん風景の色彩も揃えている。なかでも印象的なのは青をテーマにした湖でのアクションシーン。ロケ地の九寨溝箭竹海は、水中の石灰岩の成分や湖底の苔、水深、光の屈折などが影響し、神秘的な青い湖となっている。

More Info

九寨溝では、湖面を鏡のように静止した状態で撮るために約3週間を費やしたそう。また、内モンゴルで撮られた紅葉のなかでのアクションシーンは、葉が最もきれいに色づくタイミングを待ち、さらに地面を黄色い葉で覆い尽くすため、地元の遊牧民を雇い紅葉した葉を集める徹底ぶりだったという。そのほかのロケ地には、甘粛省の敦煌や浙江省の杭州などがある。

Access

成都より長距離バスで約10時間30分もしくは、九寨黄龍空港より車で1時間30分〜2時間30分。現地ツアーもあるが、言葉に不安がある場合は、日本の旅行会社が催行する日本語ガイドが案内するツアーに参加するのがおすすめ。

Cinema Data
監督：張芸謀（チャン・イーモウ）
出演：李連杰（ジェット・リー）、梁朝偉（トニー・レオン）、張曼玉（マギー・チャン）、章子怡（チャン・ツィイー）、甄子丹（ドニー・イェン）ほか
公開：2002年／製作：中国
上映時間：99分
発売元：カルチュア・パブリッシャーズ
販売元：TCエンタテインメント
Blu-ray 2750円（税込）

『英雄 ～HERO～』は、2004年にアメリカで公開され、初登場週の興行成績1位を達成。豪華なキャストと映像美が話題となり、中国映画の興行成績を塗り替えた。また、香港のアカデミー賞と称される香港電影金像奨では7部門を受賞した。

三国赤壁古戦場。諸葛連弩など当時の武器の展示もある

中国

赤壁山（湖北省）※撮影は北京と河北省のスタジオ

レッドクリフ
Red Cliff

歴史／戦争／アクション／ドラマ

『三国志』の超有名エピソードのひとつである後漢末期に起こった曹操軍と孫権・劉備連合軍の「赤壁の戦い」を、暴力的かつ華麗な独特の映像美で"バイオレンスの詩人"と呼ばれるジョン・ウー監督が製作費100億円をかけて映画化。金城武をはじめアジアのトップスターを揃えたことでも話題を呼んだ。撮影は北京と河北省のスタジオで行われたが、戦いの舞台となった場所は湖北省赤壁市（旧・蒲圻市）にある赤壁山という説が有力で、そこには当時を再現した三国赤壁古戦場がある。

More Info

映画はPartⅠとPartⅡの2部構成で展開されている。PartⅠは赤壁の戦いに至るまでの物語で、孔明の奇策"九宮八卦の陣"など見どころが多い。PartⅡでは決戦の様子を迫力満点の映像で描いている。

✈ Access

武漢より「赤壁北」駅まで高速鉄道で約30分。そこから三国赤壁古戦場へは車で約1時間。

Cinema Data（PartⅠ）

監督：呉宇森（ジョン・ウー）
出演：梁朝偉（トニー・レオン）、金城武ほか
公開：2008年／製作：中国、香港、日本、韓国、台湾、アメリカ／上映時間：145分
販売元：エイベックス・ピクチャーズ

©2008 Three Kingdoms Ltd.

中国

麗江古城（雲南省）

単騎、千里を走る。
Riding Alone for Thousands of Miles

ドラマ

中国映画界を代表するチャン・イーモウ監督の熱烈なオファーにより、中国でも人気の高倉健を主演に迎えた作品。長年疎遠の息子が余命わずかと知った父親が、息子が守れなかった中国の京劇役者との再会の約束を代わりに果たそうと、単身雲南省麗江へと渡る。原題の『千里走単騎』は京劇の演目名で、宿敵・曹操の手に落ちた関羽が忠義を貫き、ひとり主の劉備のもとへ帰還する『三国志』のエピソードを描いたもの。息子のためにひとりで異国の地を訪れるまっすぐな父の姿は関羽を彷彿させ、麗江の異国情緒あふれる町並みが、物語をよりドラマチックに盛り上げる。

世界遺産に文化遺産として登録された旧市街の麗江古城

More Info

かつてナシ族の都だった麗江古城は、現在はナシ族をはじめ複数の少数民族が暮らしている。1997年には「麗江旧市街」として世界遺産に登録された。

✈ Access

麗江三義空港より車で約50分。

Cinema Data

監督：張芸謀（チャン・イーモウ）
出演：高倉健
公開：2005年／製作：中国、日本
上映時間：108分
発売・販売元：東宝／DVD 5280円（税込）※発売中

© 2005 ELITE GROUP(2004)ENTERPRISE INC.

INFO 高倉健は中国で人気の高い日本人俳優のひとり。中国の巨匠、張芸謀監督も高倉健のファンで、『君よ憤怒の河を渉れ』を観て魅了されたそう。『単騎、千里を走る。』は張監督にとって憧れの俳優を迎えた夢の作品である。

広大な草原。映画では白樺の林が印象的

Cinema Data　監督：張芸謀（チャン・イーモウ）
出演：章子怡（チャン・ツィイー）
ほか
公開：1999年／製作：中国
上映時間：89分／発売・販売
元：ソニー・ピクチャーズ エンタテインメント／デジタル配信
中、DVD 1408円（税込）

■ **中国**

三合屯
※撮影は河北省承徳市豊寧満族自治県の壩上草原

初恋のきた道
The Road Home

恋愛／ドラマ

中国北部の三合屯という小さな村に初めてできる小学校の教師として、町から20歳の青年チャンユーがやってくる。凛々しい彼にひと目惚れした18歳の村娘チャオディは、あの手この手で彼の気を引こうとするが……。初恋の甘酸っぱさが詰まったこの物語は、河北省承徳市豊寧満族自治県に広がる壩上草原で撮影された。季節ごとに色づく風景が、彼女の恋心がどれだけ長く一途に育まれてきたかを物語る。

More Info
女優チャン・ツィイーの初主演作であり、出世作となった作品。

Access
北京より車で約4時間20分。

■ **中国**

三峡（重慶市）

長江哀歌
Still Life

ドラマ

国家プロジェクトとして2009年に完成した、長江の中流域にある三峡ダム。本作は、ダム建設にともない水没を余儀なくされた重慶市の奉節県を舞台に、16年前に別れた妻子を探す炭鉱夫と、三峡の工場に働きに出たまま2年間音信不通となった夫を探す看護師のそれぞれの物語を描く。激変する環境下でひたむきに生きる人々の姿が胸を打つ作品。メガホンを取ったのは中国映画界の第6世代を担うジャ・ジャンクー監督。

三峡ダムの上流、奉節県の瞿塘峡（くとうきょう）の風光明媚な風景

Cinema Data
監督：賈樟柯（ジャ・ジャンクー）
出演：趙濤（チャオ・タオ）
　　　韓三明（ハン・サンミン）ほか
公開：2006年／製作：中国
上映時間：108分

More Info
『三国志』で劉備が没した奉節県の白帝城はこのダムの建設により孤島化した。

Access
長江三峡クルーズのツアーに参加するのがおすすめ。

高層ビルの建設が進む長春の町

Cinema Data　監督：ルル・ワン
出演：オークワフィナ、ツィ・マー、ダイアナ・リン、
チャオ・シューチェンほか
公開：2019年／製作：アメリカ
上映時間：100分
発売・販売元：インターフィルム
DVD 4180円（税込）

■ **中国**

長春（吉林省）

フェアウェル
The Farewell

ドラマ／コメディ

末期がんで余命わずかと診断された祖母に会うため、親族が各地から長春に帰郷。中国の伝統に従い病状を伏せようとする親戚一同に対し、アメリカ育ちの主人公は伝えることが本人のためだと反発。ときにぶつかり合い、ときに励まし合う親族の絆をコミカルに描く本作の舞台は、中国北部吉林省長春。ビルの建設が進む一方、屋台が並ぶ古い町並みも残り、新旧の考えがぶつかり合う物語にマッチしている。

More Info
物語はルル・ワン監督自身の体験をベースにしている。

Access
長春龍嘉国際空港より市街地まで車で約50分。

『初恋のきた道』は章子怡（チャン・ツィイー）のデビュー作。この作品を機に知名度を上げた彼女は、2000年頃に徐静蕾（シュー・ジンレイ）、周迅（ジョウ・シュン）、趙薇（ヴィッキー・チャオ）とともに四小花旦（四大若手女優）と呼ばれた。

1

🇨🇳 中国

ラサ（チベット自治区）※撮影はアルゼンチンなど

セブン・イヤーズ・イン・チベット
Seven Years in Tibet

歴史／戦争／ドラマ

オーストリアの世界的な登山家ハインリヒ・ハラーと若き日のダライ・ラマ14世との交流を描いた、ハラーの自伝に基づく物語。1939年、ヒマラヤ山脈のナンガ・パルバット登頂を目指していたハラーは、第2次世界大戦の影響でイギリス植民地のインドで捕られるも収容所を脱出。たどり着いたチベットで当時14歳だったダライ・ラマ14世と出会い、友情を深めていく。しかし、中国共産党の人民解放軍による軍事侵攻が始まり、平和な日々は終わりを告げるのだった。

本作の舞台はラサだが、中国から撮影許可が下りず、ロケはアルゼンチンのラプラタやメンドーサのアンデス山脈、カナダ、オーストリア、チリ、ヒマラヤ山脈で行われた。

2

1 舞台となったポタラ宮がある歴史地区は世界遺産に登録されている　2 ハラーが目指したパキスタンにある標高8126mのナンガ・パルバット

🎬 More Info

本作の公開は香港返還の1997年。同年には同じくダライ・ラマ14世とその時代を描いた『クンドゥン』も公開され、両作とも中国での上映は禁止された。本作の監督と主演俳優は中国への入国を無期限で禁止とされたが、ブラッド・ピットは2016年に出演作の宣伝で中国を訪れている。

✈ Access

日本からラサへは成都を経由し飛行機で8〜9時間。なお、チベットへの旅では入域許可書を取得する必要があり、許可書がないとラサへの航空機やバス、列車のチケットが購入できないことになっている。

© 1997 Mandalay Entertainment. All Rights Reserved.

Cinema Data

監督：ジャン＝ジャック・アノー
出演：ブラッド・ピット
　　　デヴィッド・シューリスほか
公開：1997年／製作：アメリカ／上映時間：139分／発売・販売元：ソニー・ピクチャーズエンタテインメント／Blu-ray 2619円(税込)、DVD 1551円(税込)

 『セブン・イヤーズ・イン・チベット』でブラッド・ピットが演じたハインリヒ・ハラーは、アイガー北壁の初登頂を果たした有名な登山家。ちなみに、アイガー北壁の過酷さは2008年の映画『アイガー北壁』でうかがい知れる。

201

アジア

東アジア　中国

1

🇰🇷 韓国

国際市場（釜山）

国際市場で逢いましょう
Ode to My Father

戦争／ドラマ

　韓国のアカデミー賞と呼ばれる大鐘賞で10部門を受賞した作品。朝鮮戦争が始まった1950年。戦乱のなかで父と妹とはぐれてしまったドクスは、父に「俺がいなければお前が家長だ。家長はどんなときも家族が優先だ」と言い聞かせられていたことから、幼いながらに母と弟妹を守ることを心に誓う。その後、釜山の国際市場で小売店を営む叔母のもとに身を寄せ大人になったドクスは、家族のために西ドイツの炭鉱へ出稼ぎに出たりベトナム戦争に従軍したりと、何度も命を危険に晒しながらも働き、父との約束を守り抜く。

　釜山の広域市中区新昌洞にある国際市場は、商店や屋台が並ぶ活気あふれる場所。朝鮮戦争後に米軍軍用物資と釜山港を通じて密輸入された物資が流通し拡大した。映画では現代と過去が交互に映し出され、時代とともに栄えていく市場の変化が感じられる。

1 左にそびえるのは釜山ダイヤモンドタワー。国際市場はその右にある　2 西ドイツの過酷な暮らしのなかで束の間の癒やしの時を過ごしたヴィシェフラド城

📽 *More Info*

国際市場は通常、午前9時30分から午後7時30分まで営業している。近くには釜山ダイヤモンドタワーがそびえる龍頭山公園や路上に韓国スターの手形が埋め込まれたBIFF広場（釜山国際映画祭広場）がある。ちなみに、ドクスの故郷の興南は現在の北朝鮮・咸鏡南道咸興市。

✈ Access

地下鉄「チャガルチ」駅より徒歩約8分。

© 2014 CJ E&M CORPORATION,
ALL RIGHTS RESERVED

Cinema Data

監督：ユン・ジェギュン
出演：ファン・ジョンミン、キム・ユンジンほか
公開：2014年／製作：韓国
上映時間：127分
発売・販売元：ツイン／Blu-ray&DVD発売中

INFO 1980年代の韓国を描く『サニー 永遠の仲間たち』（P.203）は、舞台を90年代のコギャル全盛期の東京に移した『SUNNY 強い気持ち・強い愛』としてリメイクされた。また『八月のクリスマス』（P.204）も『8月のクリスマス』のタイトルで日本版が製作された。

ギウが友人と飲み語ったのは店の角

Cinema Data

監督：ポン・ジュノ
出演：ソン・ガンホ、イ・ソンギュン、チョ・ヨジョン、チェ・ウシク、パク・ソダムほか
公開：2019年／製作：韓国
上映時間：132分／発売元：バップ／Blu-ray&DVD発売中

More Info
社長宅の外観が撮られた高級住宅街は城北洞。

Access
地下鉄「忠正路」駅より徒歩約6分。

 韓国
ソウル

パラサイト 半地下の家族
Parasite

サスペンス／ドラマ／コメディ

半地下に暮らす貧しい一家の長男ギウが、友人の紹介でIT企業の社長の娘の家庭教師となったことから、次々にその家に自分の家族を送り込み寄生していく。韓国の格差社会を、ユーモラスかつスリリングに描いた問題作。"寄生"するきっかけとなった、大学生の友人からの家庭教師の誘いを受けた場所は、ソウル市内の阿峴洞にある「テジスーパー」。その横の路地の先にある階段も作中で登場している。

韓国
ソウル

サニー 永遠の仲間たち
Sunny

ドラマ

40代の主婦のナミが、余命わずかな親友の望みをかなえるため、高校時代の仲良しグループのメンバーを探し出す。1970〜80年代のヒットナンバーにのせて映し出される回想シーンは、誰もが経験したであろうまぶしい青春時代を思わせ、特にナミが初恋の相手にヘッドホンをかけられる音楽喫茶のシーンにはキュンとさせられる。当時東大門にあったこの店は、薬水駅に移転。水槽はなくなったが、壁一面のLP盤に面影を感じる。

移転後も壁一面のレコードはそのまま

Cinema Data

監督：カン・ヒョンチョル
出演：ユ・ホジン、シム・ウンギョンほか
公開：2011年
製作：韓国
上映時間：124分

More Info
映画では「ヤングスター」という店名だが、実際の名は「音楽の森LP時代」。

Access
移転した店は地下鉄「薬水」駅2番出口よりすぐ。

『酔画仙』の撮影地としても有名な席毛島

Cinema Data

監督：イ・ヒョンスン
出演：イ・ジョンジェ、チョン・ジヒョンほか
公開：2000年／製作：韓国
上映時間：105分

More Info
2017年に江華島と席毛島をつなぐ席毛大橋が開通し、江華島から席毛島まで車で行けるようになった。

Access
金浦国際空港より電車とバスで約3時間。

韓国
席毛島

イルマーレ
Il Mare

恋愛／ファンタジー

時空を超えて届いた手紙が紡ぐロマンティックなラブストーリー。1999年、海辺の家"イル・マーレ"を出ていくヒロインが、次の住人に宛てて郵便受けに手紙を残すと、なぜか2年の時を遡り1997年の住人のもとに届き、ふたりの奇妙な文通が始まる。海辺の家は、席毛島の北西にある貯水池のあたりに建てられたが、撮影後に台風の被害に遭い損壊。今ではその姿を見られないが、背景の土手などに映画の雰囲気を感じる。

INFO 韓国で大ヒットした『イルマーレ』は、2006年にハリウッドでキアヌ・リーブスとサンドラ・ブロック主演でリメイクされた。舞台は海辺から湖畔へと変更され、タイトルは『The Lake House』となったが、邦題は『イルマーレ』のまま。

ソヨンの家からは海岸と灯台が見える

Cinema Data

監督：イ・ヨンジュ／出演：オム・テウン、ハン・ガイン、イ・ジェフン、ペ・スジほか／公開：2012年／製作：韓国／上映時間：117分／発売元：ショウゲート／アットエンタテインメント／販売元：東宝／スペシャルプライス版Blu-ray 3080円(税込)※発売中

© 2012 LOTTE ENTERTAINMENT All Rights Reserved

🇰🇷 韓国
ソヨンの家（済州島）

建築学概論
Architecture 101

`恋愛`

　建築家のスンミンのもとに、学生時代に思いを寄せたソヨンが現れ、実家がある済州島に家を建ててほしいと依頼する。過去の記憶を交えながら、変化するふたりの関係を描いたラブストーリー。作中の家は撮影後に解体されたが、作品が大ヒットしたため再建され、2013年に「カフェ ソヨンの家」としてオープン。済州島を訪れる際には、ふたりが辛いスープを注文したセヨン橋の近くの漁港にもあわせて立ち寄りたい。

> 🎥 **More Info**
> 済州島のほか、ソウルの慶熙大学や昌信洞も本作のロケ地として有名。
>
> ➤ **Access**
> 「ソヨンの家」へは西帰浦市内より車で約20分。

🇰🇷 韓国
シュリの丘（済州島）

シュリ
Shiri

`アクション／ドラマ／恋愛`

　韓国秘密情報機関に所属する主人公は、多発する暗殺事件の裏に北朝鮮から派遣された女スパイの影を感じていた。そんな折、韓国と北朝鮮両首脳が列席するサッカーの交流試合が開催されるタイミングで、液体爆弾が強奪され……。本国で『タイタニック』の動員記録を塗り替えた話題作。ラストシーンのロケ地、済州の海沿いの丘は"シュリの丘"と呼ばれ、撮影で使われたベンチとともに人気の観光スポットとなった。

ラストシーンの"シュリの丘"からの眺め

Cinema Data
監督：カン・ジェギュ
出演：ハン・ソッキュ、キム・ユンジンほか
公開：1999年
製作：韓国
上映時間：124分

> 🎥 **More Info**
> "シュリの丘"があるのは済州島最大のリゾートエリア、中文観光団地。
>
> ➤ **Access**
> 済州新羅ホテルとパルナスホテル済州の間の遊歩道沿いにある。

山深い忠清北道永同郡

Cinema Data
監督：イ・ジョンヒャン
出演：キム・ウルブン
　　　ユ・スンホほか
公開：2002年
製作：韓国
上映時間：87分

> 🎥 **More Info**
> おばあちゃんの家があるのは忠清北道永同郡上村面弓村里。
>
> ➤ **Access**
> おばあちゃんの家へはファンガンバスターミナルよりバスで約1時間。

🇰🇷 韓国
忠清北道永同郡

おばあちゃんの家
The Way Home

`ドラマ`

　ソウルで母とふたりで暮らす7歳の少年サンウは、失業中の母が次の仕事を見つけるまでの間、祖母の家に預けられることになる。都会育ちのわがまま少年と、田舎で素朴な生活を送る祖母のひと夏の生活を描いたハートフル・ドラマ。舞台は忠清北道永同郡の山里で、ゲーム機やファストフードとは無縁の場所。不便で退屈な田舎暮らしに不満を募らせ当たり散らすサンウに、おばあちゃんは静かに無償の愛を与え続ける。

ℹ️ 『おばあちゃんの家』で祖母を演じたキム・ウルブンは、ロケ地の村で暮らしていたところをスカウトされ、演技経験がまったくなかったが、韓国のアカデミー賞と呼ばれる大鐘賞映画祭において過去最高齢で新人女優賞にノミネートされた。

作中では写真館の四季折々の風景が映る

More Info
群山には日本関連の近代文化遺産が多く残る。

✈ Access
ソウルよりバスで約2時間30分。

Cinema Data

監督：ホ・ジノ
出演：ハン・ソッキュ、シム・ウナほか
公開：1998年／製作：韓国／上映時間：97分／発売元：ツイン／販売元：NBCユニバーサル・エンターテイメント／DVD発売中

:韓国

群山

八月のクリスマス
Christmas in August

`恋愛`

　不治の病に侵され余命わずかの主人公と素直で純粋でちょっぴり勝ち気なヒロインのすれ違う恋という、韓国恋愛映画の王道要素が満載の作品。小さな写真館を営む主人公は、難病を抱えながらも残された時間を明るく過ごそうと努めていた。そんなある日、現像の依頼でやってきた交通警官の女性と親しくなり……。ロケ地として一躍有名になった群山のチョウォン写真館は、ほぼ映画の姿のまま残されている。

:韓国

JSA ※撮影は南楊州総合撮影所

JSA
Joint Security Area

`戦争／ドラマ／ミステリー`

　朝鮮半島を南北に分断する38度線。その上にある共同警備区域「JSA（Joint Security Area）」の北朝鮮側の詰所で、北朝鮮軍の将校と兵士が韓国軍兵士に殺された。現場に居合わせた両国の軍兵士の供述が異なるため、中立国監視委員会はスイス軍法務科将校に調査を依頼するが、そこには予想だにしない真実が隠されていた！　舞台である板門店のJSAの撮影は、南楊州総合撮影所に忠実に再現されたセットで行われた。

軍事境界線上にある実際の板門店

Cinema Data

監督：パク・チャヌク／出演：イ・ビョンホン、イ・ヨンエ、ソン・ガンホ、シン・ハギュン、キム・テウほか／公開：2000年／製作：韓国／上映時間：108分／発売元：ショウゲート／販売元：アミューズソフト／Blu-ray 4180円（税込）※発売中

More Info
JSAのセットがある南楊州総合撮影所は2019年に惜しまれつつ閉園した。

✈ Access
JSAに行くにはツアーに参加するのが一般的。

韓国南部に位置する光州広域市

Cinema Data

監督：チャン・フン／出演：ソン・ガンホ、トーマス・クレッチマンほか／公開：2017年／製作：韓国／上映時間：137分／発売元：クロックワークス／販売元：TCエンタテインメント／Blu-ray 5280円（税込）、DVD 4180円（税込）

:韓国

光州広域市（旧：光州市）

タクシー運転手 約束は海を越えて
A Taxi Driver

`歴史／ドラマ`

　1980年5月に起きた光州事件の惨状を世界に伝えた、ドイツ人記者とタクシー運転手の実話を基にした物語。高額の運賃目当てにドイツ人記者を乗せ、光州へと向かったソウルのタクシー運転手マンソプ。厳しい検問をかいくぐり光州市内へとたどり着くが、そこで市民を武力弾圧する軍の姿を目にし、事の重大さと報道の必要性を知る。光州市（現：光州広域市）は湖南地方の中心都市。市内の5.18記念公園には祈念碑が建てられている。

More Info
撮影では長さ200mほどのオープンセットを組み、当時の光州市錦南路を再現している。

✈ Access
仁川国際空港より光州空港まで飛行機で約50分。

`INFO` 『タクシー運転手 約束は海を越えて』の記者はユルゲン・ヒンツペーター氏、韓国人タクシー運転手マンソプはキム・サボク氏がモデル。ヒンツペーター氏はサボク氏を探し続けたが、行方をつかめないままこの世を去った。

● 日本
東京

ロスト・イン・トランスレーション
Lost in Translation

ドラマ／恋愛

　外国人から見た日本は、奇妙で不思議でどこかユニーク？　日本人には見慣れた風景に新しい気づきをくれるこの作品は、CM撮影のため日本を訪れた中年のハリウッド俳優ボブと、写真家の夫に同伴して来日したシャーロットの物語。仕事相手やパートナー、そして異国の町に距離を感じるふたりが出会い、しだいに心を通わせていく。

　ふたりが出会うのは、滞在先である新宿「パーク ハイアット 東京」にある「ニューヨーク バー」。ドラマティックな夜景を眺めながら、多彩なカクテルとジャズを楽しめる大人の空間だ。ホテルを抜け出したふたりは、渋谷や中目黒、代官山、歌舞伎町などを彷徨う。カラフルなネオンに彩られたにぎやかな歓楽街の風景は、情緒を盛り上げると同時に、彼らの孤独を効果的に浮かび上がらせる。

🎬 More Info
本作では、ゲームセンターやカラオケボックスなど東京のにぎやかな場所のほかにも日本らしい場所が映る。ボブが富士山を見ながらゴルフをしたのは山梨県にある河口湖カントリークラブ。シャーロットが京都で白無垢の花嫁行列を見たのは南禅寺、その後訪れたのは平安神宮。

✈ Access
渋谷のスクランブル交差点へは「渋谷」駅すぐ。パーク ハイアット 東京へはJR「新宿」駅南口より徒歩約12分、もしくは地下鉄都営大江戸線「都庁前」駅より徒歩約8分。

写真提供：パーク ハイアット 東京

1 東京の象徴的な場所として登場する渋谷のスクランブル交差点　2 ふたりが語り合った「ニューヨーク バー」は「パーク ハイアット 東京」の52階にある　3 にぎやかなネオンの新宿歌舞伎町

Cinema Data
監督：ソフィア・コッポラ
出演：ビル・マーレイ
　　　スカーレット・ヨハンソンほか
公開：2003年／製作：アメリカ
上映時間：102分

低予算作品ながら多くの米映画賞を受賞した『ロスト・イン・トランスレーション』は、ソフィア・コッポラ監督自身が日本に滞在した体験を基にした半自伝的作品。この映画により渋谷のスクランブル交差点が世界中に知れ渡った。

作中では今はなきキリンプラザが映る

Cinema Data 監督：リドリー・スコット／出演：マイケル・ダグラス、アンディ・ガルシア、高倉健、松田優作ほか／公開：1989年／製作：アメリカ／上映時間：125分／発売元：NBCユニバーサル・エンターテイメント／Blu-ray 2075円（税込）、DVD 1572円（税込）

🎞 **More Info**
撮影地は当初、東京の歌舞伎町を予定していたが、規制が多かったため大阪に変更された。

➤ **Access**
地下鉄「心斎橋」駅より徒歩約8分。

● 日本
道頓堀（大阪）

ブラック・レイン

Black Rain

アクション／クライム

マイケル・ダグラス、アンディ・ガルシア、高倉健、松田優作による夢の共演。NY市警の刑事ニックとチャーリーは日本のヤクザの佐藤を殺人の現行犯で逮捕するが、護送先の大阪に着くなり逃してしまう。大阪のギラギラのネオンが独特のムードを醸し出す本作。撮影は、グリコの看板でおなじみの大阪のシンボル道頓堀の戎橋をはじめ、建て替え前の梅田阪急ビルのコンコースや、大阪市中央卸売市場などで行われた。

● 日本
書写山圓教寺（兵庫）

ラスト サムライ

The Last Samurai

戦争／アクション

かつて南北戦争を戦ったオールグレン大尉は、戦争の虚しさから自堕落な日々を送っていたところ、近代化を目指す軍隊の教官として雇われ日本に渡ることに。その先で武将・勝元と出会い、近代化に抗い武士道を貫く姿に感銘を受ける。勝元の拠点として登場するのは、姫路市にある966年に創建された書写山圓教寺。勝元の祖先が千年前に建てたという設定にふさわしい古刹で、おもに三之堂で撮影された。

常行堂・食堂・大講堂が並ぶ三之堂

Cinema Data 監督：エドワード・ズウィック／出演：トム・クルーズ、渡辺謙ほか／公開：2003年／製作：アメリカ／上映時間：154分／発売元：ワーナー・ブラザース ホームエンターテイメント／販売元：NBC ユニバーサル・エンターテイメント／デジタル配信中、Blu-ray 2619円（税込）、DVD 1572円（税込）

🎞 **More Info**
村や戦の場面はニュージーランドで撮影された。

➤ **Access**
書写山ロープウェイ「山上」駅より圓教寺三之堂まで徒歩約25分。

富士山を望む絶景で人気の富士川橋梁

Cinema Data 監督：クリストファー・ノーラン／出演：レオナルド・ディカプリオ、渡辺謙ほか／製作：アメリカ、イギリス／上映時間：148分／発売元：ワーナー・ブラザース ホームエンターテイメント／販売元：NBCユニバーサル・エンターテイメント／Blu-ray 2619円（税込）、DVD 1572円（税込）

● 日本
富士川橋梁（静岡）

インセプション

Inception

SF／アクション

他人の夢に侵入し脳内のアイデアを抜き取る産業スパイのコブは、日本人実業家のサイトーから、他人の脳にある意識を植え付ける"インセプション"の仕事を依頼されるが……。奇想天外な物語の始まりは日本。夢から現実世界に引き戻された主人公たちが乗る新幹線が駆け抜けるシーンは、静岡県富士市の富士川に架かる富士川橋梁で撮影された。その後舞台は、東京、パリ、モンバサ、LAへと大きく移ってゆく。

🎞 **More Info**
東京のアークヒルズやLA、ロンドン、パリ、タンジェ、カルガリーもロケ地となった。

➤ **Access**
JR「富士川」駅より車で約5分。

 『ラスト サムライ』のロケ地となった圓教寺では、ほかに映画『源氏物語 千年の謎』、『駆け込み女と駆け出し男』、『天地明察』、『本能寺ホテル』、『3月のライオン』や、NHK大河ドラマ『武蔵 MUSASHI』など多くの作品が撮られている。

★ ベトナム

ハロン湾

インドシナ

Indochine

恋愛／歴史／ドラマ

　1930年代のフランス領インドシナ。亡くなった親友の幼い娘であり、アンナン皇女であるカミーユを養女に引き取り、ゴム園の経営を引き継いだフランス人女性エリアーヌは、若きフランス人将校ジャンと出会い恋に落ちるが、父親の反対により破局する。それから数年後、町で発砲事件に巻き込まれたカミーユは、偶然居合わせたジャンに助けられたことで彼に激しい恋心を抱き……。同じ男性を愛した母娘の恋を、独立運動が高まる激動のインドシナを舞台に描く。

　物語中盤、カミーユの恋に反対したエリアーヌに手を上げたことから、ジャンはハロン湾に浮かぶドラゴン島の警備に左遷されてしまう。クアンニン省ハロン市の南、数々の奇岩が浮かぶハロン湾は、世界自然遺産に登録される風光明媚な場所。作中では不穏な空気が漂うが、現在ではベトナム屈指の人気の観光名所である。

More Info

市街地のホテルでのシーンが撮影されたのは、1880年のフランス統治時代に創業した老舗ホテル「ホテル コンチネンタル サイゴン」。このホテルが建つドンコイ通りには、フランス植民地時代のコロニアル様式の建物が多く、"ベトナムのシャンゼリゼ通り"と呼ばれている。

Access

現地ではハロン湾を巡る日帰りや宿泊のさまざまなツアーがある。

1 大小約3000もの奇岩や島々が幻想的な景色を織りなすハロン湾　2 改装を経た今でも当初の様式を守る「ホテル コンチネンタル サイゴン」　3 コロニアル様式の建物が並ぶドンコイ通り

Cinema Data

監督：レジス・ヴァルニエ
出演：カトリーヌ・ドヌーヴ、ヴァンサン・ペレーズ、リン・ダン・ファンほか
公開：1992年／製作：フランス
上映時間：159分

『インドシナ』の舞台となったハロン湾は、カットバ島をはじめ大小3000もの奇岩、島々が点在する。この風景には、中国がベトナムに侵攻した際、龍の親子が中国軍を破り、口から吐き出した宝玉が島々になったという言い伝えがある。

仏領時代の名残を感じるホーチミン市

★ ベトナム

ホーチミン（旧サイゴン）※撮影はパリ

青いパパイヤの香り

The Scent of Green Papaya

`ドラマ`

　ベトナムが生んだ奇才トラン・アン・ユン監督のデビュー作であり、ベトナムの美しさを詰め込んだ作品。1951年、10歳の少女ムイが奉公に上がったサイゴンの屋敷には、何もしない主人と働き者の妻、3人の息子、孫娘を亡くして以来引きこもりの祖母がいた。ある晩、屋敷を訪れた長男の友人クェンに、ムイは淡い恋心を抱き始め……。撮影はパリ郊外に再現した屋敷のセットで行われたが、エキゾチックな映像からはベトナム特有の湿度や空気が感じられる。舞台のサイゴンは1976年よりホーチミンに改名され、フランス領時代の建物が残る町並みが魅力の人気の観光都市となっている。

> ### More Info
> ホーチミン市は"東洋のパリ"と呼ばれ、町には19世紀の仏領時代にフランスから輸入した資材で建設されたサイゴン大教会や中央郵便局など、当時の建物が残っている。また、現地では今も旧名の"サイゴン"が使われることが少なくない。

Access
ホーチミン市街へはタンソンニャット国際空港より車で約20分。

Cinema Data
監督：トラン・アン・ユン
出演：トラン・ヌー・イエン＝ケーほか
公開：1993年／製作：フランス、ベトナム／上映時間：104分／発売元：カルチュア・パブリッシャーズ／販売元：ハピネット・メディアマーケティング
Blu-ray 5170円(税込)、DVD 4180円
(税込) ※HDニューマスター版Blu-ray&DVD発売中

© 1993 LES PRODUCTION LAZENNEC

映画で見られるとおり高い波が魅力のフィリピンのベーラー湾

Cinema Data
監督：フランシス・フォード・コッポラ
出演：マーロン・ブランド、ロバート・デュヴァル、マーティン・シーン、デニス・ホッパーほか
公開：1979年／製作：アメリカ
上映時間：153分

★ ベトナム

※撮影はフィリピンのベーラー湾など

地獄の黙示録

Apocalypse Now

`戦争／ドラマ`

　巨匠フランシス・フォード・コッポラが戦争の狂気を描いた超大作。ベトナム戦争が激化するなか、米陸軍のウィラード大尉は、軍規を無視しカンボジアの奥地で"王国"を築くカーツ大佐を暗殺する特殊任務を命じられる。「朝のナパームは格別だ」の台詞でおなじみの、兵士たちが爆撃のなかでサーフィンをするシーンは、フィリピンのルソン島中部アウロラ州のサーフ・スポットであるベーラー湾で撮影された。

> ### More Info
> ベーラー湾のサーフ・シーズンは9月中旬から3月上旬。

Access
ロケ地のベーラー湾へはマニラより車で約5時間。

 『地獄の黙示録』で爆撃のなかでのサーフ・シーンが撮影されたフィリピンのベーラー湾は、撮影クルーが地元の人々のためにサーフボードを残した影響で、1997年以降毎年行われるオーロラ・サーフィン・カップの本拠地となった。

1 ミャンマー国境に面するケーンクラチャン国立公園。総面積は約2915㎢ 2 モデルになった小学校があるメー・ピン国立公園 3 コムローイが夜空を舞うチェンマイのローイ・クラトーン祭り

▬ タイ
メー・ピン国立公園 ※撮影はケーンクラチャン国立公園

すれ違いのダイアリーズ
The Teacher's Diary

恋愛／ドラマ

僻地の水上学校の教師として臨時採用された主人公ソーンは、悪戯好きだが純粋な子供たちに振り回されながらも充実した毎日を送っていた。ある日、前任の女性教師エーンが置き忘れた日記を見つけ、そこに綴られた心の内を読むうち、面識もない彼女に親しみと恋心を覚え始める。

チェンマイにあるメー・ピン国立公園内に実在する水上学校をモデルに、撮影はタイ最大の国立公園、ケーンクラチャン国立公園（撮影後の2021年に世界遺産に登録）で行われたほか、チェンマイ市街でも実施。コムローイ（天燈）を夜空に飛ばすローイ・クラトーン祭りのシーンは幻想的だ。

🎬 More Info
作中に出てくる「目の前の湖に死体が浮かんでいた」、「学校に蛇が出た」、「嵐が来て学校が大変なことになった」などのエピソードは、すべて実際の水上学校の教師の体験に基づいたものだそう。

✈ Access
〔舞台〕メー・ピン国立公園へはチェンマイより車で約2時間40分。
〔ロケ地〕ケーンクラチャン国立公園へはバンコクより車で約2時間30分。チェンマイへはバンコクより飛行機で約1時間20分。

Cinema Data
監督：ニティワット・タラトーン
出演：チャーマーン・ブンヤサック
　　　スクリット・ウィセーケーオほか
公開：2014年／製作：タイ／上映時間：110分

色づかいもタイらしい涅槃仏

Cinema Data 監督・脚本：大森美香
出演：小林聡美、加瀬亮、伽奈、シッティチャイ・コンピラ、もたいまさこほか
公開：2009年／製作：日本
上映時間：96分
発売元：パップ
Blu-ray&DVD発売中
© プール商会

🎬 More Info
作中、ゲストハウスとして撮影されたのは「ホシハナ・ヴィレッジ」。

✈ Access
チェンマイ国際空港より車で約10分。

▬ タイ
ワット・ムーン・グン・コーン（チェンマイ）

プール
Pool

ドラマ

タイ第2の都市でありながら、ゆるやかな時間が流れる古都チェンマイ。その郊外のゲストハウスで働く母を、女子大生の娘さよが訪ねてくる。ゲストハウスの人たちと家族のように過ごす母にモヤモヤしながらも、少しずつその空気になじんでゆくさよ。旅の始めに訪れたワット・ムーン・グン・コーンの金色の涅槃仏は、知らない土地と母との対面に緊張気味の彼女にリラックスするよう促しているように見える。

INFO 「すれ違いのダイアリーズ」で、僻地の学校に配属されたヒロインが「死んでも発見される前に輪廻してそう」という台詞にあるように、タイでは輪廻転生が信じられており、来世のために善行を積む"タンブン"をする習慣がある。

ピーピー諸島南部にあるピーピー・レー島のマヤ湾。訪れる際はマナーを守って

タイ
ピーピー諸島

ザ・ビーチ
The Beach

サスペンス/アドベンチャー

　自由と刺激を求めタイにやってきたアメリカ人青年が、"地上の楽園"と呼ばれる伝説の島にあるビーチのうわさを耳にする。最初は半信半疑だったが、翌日島の地図を受け取ったことから信憑性を感じ、宿の隣の部屋の男女を誘ってその島を目指す。しかし、そこには危険な秘密があった。

　熱気あふれるバンコクのバックパッカーが集まる安宿街カオサン通りや、リゾート地プーケットを経て、向かうのはピーピー諸島。ビーチでのシーンはピーピー・レー島マヤ湾の砂浜で撮影された。マヤ湾は2018年より環境保護のため閉鎖されていたが、2022年に人数や時間に制限を設け再開された。

 More Info
映画の影響でこのビーチは人気の観光名所となったが、撮影では原状回復を条件に、砂浜が造成されヤシが植えられたほか、CGで崖を造るなどしたため、実際の風景とは印象が少し異なる。

Access
プーケットからピーピー諸島の中心ピーピー・ドーン島までは大型フェリーで約2時間、スピード・ボートなら約50分。ピーピー・ドーン島からピーピー・レー島に行くには、ツアーかボートをチャーター。プーケットからの現地ツアーもある。

Cinema Data
監督：ダニー・ボイル
出演：レオナルド・ディカプリオ、ロバート・カーライル
　　　ヴィルジニー・ルドワイヤンほか
公開：2000年／製作：アメリカ、イギリス
上映時間：119分

クウェー川鉄橋は徒歩でも渡れる

Cinema Data
監督：デヴィッド・リーン／出演：ウィリアム・ホールデン、アレック・ギネス、ジャック・ホーキンスほか／公開：1957年／製作：イギリス、アメリカ／上映時間：161分／発売・販売元：ソニー・ピクチャーズ エンタテインメント／デジタル配信中、Blu-ray 2619円（税込）、DVD 1551円（税込）、4K ULTRA HD&ブルーレイセット 5217円（税込）

 More Info
作中の木製の橋は、スリランカの密林の中に造られた撮影セットである。

Access
「カンチャナブリー」駅より車で約5分。

タイ
クウェー川鉄橋（カンチャナブリー）※撮影はスリランカ

戦場にかける橋
The Bridge on The River Kwai

戦争/ドラマ

　舞台は、第2次世界大戦下のタイとビルマの国境付近にある日本軍管轄の捕虜収容所。所長の斉藤大佐は、捕虜のイギリス軍兵士たちに国境地帯を流れる川をまたぐ鉄道橋を造らせようとするが、イギリス軍大佐は反発。議論の末、それぞれの目的のため橋を造り始める。"戦場にかける橋"とはカンチャナブリーのクウェー（クワイ）川鉄橋のこと。橋が架かるメークロン川は、映画の影響でクウェー・ヤイ川に改名された。

INFO　『戦場にかける橋』のクウェー川鉄橋周辺は観光地となっており、橋を望む水上レストランや連合軍兵士墓地、爆弾モニュメントのほか、観光用トロッコ列車もある。橋は歩いて渡れるが、幅が狭く手すりもないため注意が必要。

シンガポール
ガーデンズ・バイ・ザ・ベイ、チャイナタウンなど

クレイジー・リッチ!

Crazy Rich Asians

恋愛／コメディ／ドラマ

　目もくらむ超セレブの世界を舞台に、アジア系アメリカ人の文化的アイデンティティへの悩みに切り込んだ、現代版シンデレラ・ストーリー。中国系アメリカ人のレイチェルは生粋のニューヨーカー。ある日、親友の結婚式に出席する恋人のニックに同行し、彼の故郷であるシンガポールへと向かうが、実は彼はシンガポール屈指の資産家の御曹司だと発覚！　多民族国家のシンガポールは開けた印象だが、旧家のセレブとなると話は別。"王子様をつかまえた"ことで嫉妬や嫌がらせを受けるレイチェルは、自分らしさと愛を貫けるのか!?

　作中では、結婚パーティ会場となった植物園「ガーデンズ・バイ・ザ・ベイ」など華やかな場所のほか、ミシュラン掲載店もある屋台街やチャイナタウンも登場し、町のさまざまな表情を楽しめる。

1 ド派手なパーティが開かれたガーデンズ・バイ・ザ・ベイ　2 ふたりの滞在先となったホテル「ラッフルズ・シンガポール」　3 チャイナタウンにはパステルカラーのプラナカン建築が並ぶ

More Info

マーライオンやマリーナベイ・サンズなど、シンガポールを象徴する数々の名所が登場する本作だが、主人公の滞在先「ラッフルズ・シンガポール」もそのひとつ。1887年創業の老舗高級ホテルで、サマセット・モームやチャールズ・チャップリンなど数々の著名人が滞在した記録が残る。ジンベースのカクテル「シンガポール・スリング」が生まれた場所としても有名。

Access

チャンギ国際空港より市街地まで車で約20分。

Cinema Data

監督：ジョン・M・チュウ
出演：コンスタンス・ウー、ヘンリー・ゴールディングほか
公開：2018年／製作：アメリカ／上映時間：120分／発売元：ワーナー・ブラザース ホームエンターテイメント／販売元：NBCユニバーサル・エンターテイメント／デジタル配信中、Blu-ray 2619円（税込）、DVD 1572円（税込）

 ハリウッド映画ながら、主演キャストはすべてアジア系の役者を起用した『クレイジー・リッチ！』。ヒロインを演じたコンスタンス・ウーは台湾系アメリカ人、その恋人役のヘンリー・ゴールディングはマレーシア系イングランド人である。

完成までに30年以上の時間を費やしたといわれるアンコール・ワット

🇰🇭 **カンボジア**

アンコール・ワット（シェムリアップ）

地雷を踏んだらサヨウナラ

One Step on a Mine, It's All Over.

`ドラマ／戦争`

　内戦が激化する1972〜73年のカンボジアで、戦場を駆け回ったフリー・ジャーナリストの一ノ瀬泰造の熱い足跡をたどった作品。カンボジアを象徴する遺跡アンコール・ワット周辺は、内戦当時は反政府勢力クメール・ルージュの支配地域であり、近づくことができない危険な場所だったが、一ノ瀬は遠目に見た遺跡の姿に心奪われ、命を顧みず何としても近づこうと試みるが……。心配してくれたカンボジアの親友に「（写真が撮れたら）一番に見せるよ。でも地雷を踏んだらサヨウナラだ」と言い残した台詞にあるように、戦争で多くの地雷が埋められており、その撤去作業は今なお続けられている。

🎦 *More Info*

アンコール遺跡のひとつとして世界遺産に登録されているアンコール・ワットは、クメール語で"王都の寺院"を意味し、クメール建築の傑作といわれている。12世紀にヒンドゥー教寺院として建設され、16世紀に仏教寺院に改修された。この遺跡は『トゥームレイダー』（記事下）にも登場する。

✈ **Access**

シェムリアップ市街より車で約15分。

Cinema Data

監督：五十嵐匠
出演：浅野忠信ほか
公開：1999年／製作：日本
上映時間：111分

ガジュマルの木と一体となった遺跡

Cinema Data

監督：サイモン・ウェスト
出演：アンジェリーナ・ジョリー
　　　ジョン・ヴォイトほか
公開：2001年
製作：アメリカ、イギリス、ドイツ、日本
上映時間：100分

🎦 *More Info*

作中では遺跡群を代表する巨大な寺院アンコール・ワット（記事上）も登場する。

✈ **Access**

シェムリアップ市街より車で約20分。

🇰🇭 **カンボジア**

タ・プローム（シェムリアップ）

トゥームレイダー

Lara Croft: Tomb Raider

`アクション／アドベンチャー`

　大ヒットゲームを、アンジェリーナ・ジョリー主演で映画化。美しきトレジャー・ハンターが、邪悪な秘密結社から世界を守るため、「光のトライアングル」を求め世界を巡る！　「トライアングル」の片割れが隠された場所として出てくるのは、シェムリアップにある遺跡タ・プローム。世界遺産のアンコール遺跡群のひとつで、12世紀末に仏教寺院として建立され、後にヒンドゥー教寺院に改修されたと考えられている。

INFO アンジェリーナ・ジョリーとジョン・ヴォイトの親子共演も話題となった『トゥームレイダー』。意外な血縁関係としては、アンジーはヒラリー・クリントンの遠縁であり、元夫のブラッド・ピットはオバマ大統領の遠い親戚である。

213

黄金に輝くシュエダゴォン・パヤー

■★★ ミャンマー
シュエダゴォン・パヤー（ヤンゴン）

ビルマの竪琴
The Burmese Harp

`ドラマ／戦争`

太平洋戦争末期の1945年7月、ビルマからタイへ向かう井上部隊は、水島上等兵が弾く竪琴に癒やされながら歩を進めていた。やがて戦争は終わり、水島は抵抗を続ける日本軍の残党のもとに降伏の説得に向かうが、そのまま戻ることはなかった。しばらくして、隊は水島に瓜ふたつの僧とすれ違う……。監督の強い意志によりビルマ現地でのロケを敢行した渾身の作品。シュエダゴォン・パヤーの美しさには息をのむ！

Cinema Data
監督：市川崑
出演：三國連太郎、安井昌二ほか
公開：1956年
製作：日本
上映時間：116分

🎥 *More Info*
ビルマロケに同行できたのは水島役の安井昌二のみで、隊が仏塔に入る場面は合成されたもの。

✈ **Access**
「ヤンゴン・セントラル」駅より車で約10分。

▬▬ インドネシア
ジャワ島 ※撮影はクック諸島のラロトンガ島

戦場のメリークリスマス
Merry Christmas, Mr. Lawrence

`戦争／ドラマ`

第2次世界大戦下の1942年、日本統治下にあるジャワ島レバクセンバタの日本軍俘虜収容所を舞台に、日英の兵士たちの愛憎を、巨匠・大島渚が描き出す。デヴィッド・ボウイやビートたけし、坂本龍一といった異色のキャスティングや、テーマ曲『Merry Christmas Mr. Lawrence』も話題を呼んだ。ロケ地となったのは、クック諸島の主島ラロトンガ島で、ジャングルを切り拓き建てられた収容所のセットで撮影が行われた。

撮影地となったクック諸島のラロトンガ島

Cinema Data
監督：大島渚／出演：デヴィッド・ボウイ、トム・コンティ、坂本龍一、ビートたけしほか／公開：1983年／製作：日本、イギリス、オーストラリア、ニュージーランド／上映時間：123分／発売・販売元：紀伊國屋書店／Blu-ray 5800円（税別）、DVD 4800円（税別）※ソフトの商品情報は本書の発売当時のもの

© 大島渚プロダクション

🎥 *More Info*
山岳地帯の収容所として撮影されたラロトンガ島は、周囲約30kmの火山島。

✈ **Access**
ロケ地のラロトンガ島へはオークランド空港より飛行機で約3時間45分。

高層ビル群のすぐ近くに広がるスラム街

▬▬▬ フィリピン
マニラ

ブランカとギター弾き
BLANKA

`ドラマ`

舞台はカラフルでエネルギッシュなフィリピンの首都マニラ。スラム街でスリをしながら生きる孤児のブランカは、ある日"お金でお母さんを買う"ことを思いつく。年老いた盲目のギター弾きピーターに得意の歌でお金を稼ぐことを教わり、ふたりはコンビを組んでレストランでの歌の仕事を手に入れるが……。少女と老人の心の交流を描きながらも、フィリピンの深刻なストリートチルドレン問題に切り込んだ作品。

Cinema Data
監督：長谷井宏紀
出演：サイデル・ガブテロ
　　　ピーター・ミラリほか
公開：2015年
製作：イタリア、フィリピン
上映時間：77分
発売元：トランスフォーマー
DVD発売中

©2015-ALL Rights Reserved Dorje Film

🎥 *More Info*
マニラ北西部のトンド地区は東南アジア最大級のスラム街。

✈ **Access**
トンド地区のスラム街へはマニラ市街より車で約20分。

INFO 1956年のオリジナル版『ビルマの竪琴』を監督した市川崑は、カラー撮影が叶わなかったなど不本意な結果となったことから、1984年に中井貴一を主演に再度製作。その頃ビルマは騒乱状態で治安が悪かったためタイで撮影され、1985年に公開された。

1

🇮🇳 インド

パンゴン湖（ラダック）

きっと、うまくいく

3 Idiots

ドラマ／コメディ

　コミカルな青春劇でありながらインドの社会問題にも切り込んだ大ヒット作。自由で破天荒なランチョーと、実は写真家になりたいファルハーン、迷信深い苦学生のラージューは、インドのエリート工科大学に通う凸凹トリオ。大学生活を通して絆を深めるが、ランチョーは卒業式の直後になぜか突然消息を絶ってしまう。そして10年後、彼の居場所を聞きつけたふたりは、親友探しの旅に出る。

　大学から始まり、イギリス領インド帝国時代に夏の首都だった避暑地シムラ、そしてインドの最北部にある平均標高3500mを超える山岳地帯ラダックへと続く旅は、その風景も見どころ。なかでもラストシーンで現れる底抜けに青いパンゴン湖は、心奪われる絶景だ。ラダックとチベット自治区にまたがるこの湖は標高およそ4300mにあり、世界一高い場所にある塩湖として知られている。

1 周囲を4000〜6000m級のヒマラヤの山々に囲まれた巨大なパンガン湖
2 ランチョーについて聞き込みをしたシムラの広場リッジ。右後ろのキリスト教会が目印

🎞 More Info

全長約150km、面積約604㎢という巨大なパンゴン湖。湖岸は観光シーズンの5〜9月になると開かれる。また、この神秘的な湖は『落下の王国』（P.26）で木の精霊が登場するシーンのロケ地でもある。

✈ Access

ラダックのレー空港より車で約5時間30分。映画のようにシムラからパンゴン湖まで車で行く場合は23時間ほどかかる。

Cinema Data

監督：ラージクマール・ヒラーニ
出演：アーミル・カーン、R・マドハヴァン
　　　シャルマン・ジョシーほか
公開：2009年／製作：インド／上映時間：170分
発売元：ハピネットファントム・スタジオ
販売元：ハピネット・メディアマーケティング
Blu-ray 5720円（税込）、DVD 4620円（税込）
※Blu-ray&DVD好評発売中

INFO 「きっと、うまくいく」で大学生役を演じた主演のアーミル・カーンは当時なんと44歳。「この役をやらせてくれるなら若く見えるように体を絞る」と押し切ったそう。ちなみに当時R・マドハヴァンは39歳、シャルマン・ジョシーは30歳だった。

🇮🇳 **インド**

ブルーシティ（ラージャスターン州ジョードプル）

ダージリン急行

The Darjeeling Limited

`コメディ／ドラマ／ロード・ムービー`

　鬼才ウェス・アンダーソンによる、3兄弟の絆と心の再生をユーモラスに描いたロード・ムービー。父の死から疎遠になっていた3兄弟が、1年後に長男の呼びかけでインド北西部を走る「ダージリン急行」に乗り旅をする。3人は再び兄弟のつながりを強めようとするが、トラブルの連続で列車を降ろされ予想外の展開に……。

　エキゾチックな町並みや寺院、砂漠など、ラージャスターン州の風景が旅心を誘う本作だが、とりわけ印象的なのが3兄弟が降り立つジョードプル。"ブルーシティ"の愛称をもつ青い家々が集まる旧市街は、色彩が美しいウェス・アンダーソン作品にぴったりの場所。なお、この町の家が青いのは、害虫駆除と屋内の気温上昇を防ぐために塗られたライム色の化学塗料が青く変色したためだそう。

1 ブルーシティと丘にそびえるメヘラーンガル城砦　**2** 異国情緒漂うフォトジェニックな青い路地　**3** メヘラーンガル城砦からの眺め

🎬 *More Info*

　ジョードプルは全長約10kmもの城壁に囲まれた城郭都市で、旧市街を見下ろすようにそびえるメヘラーンガル城砦は、ターセム・シン監督によるファンタジー映画『落下の王国』（P.26）で主人公たちが戦いに挑む敵の拠点として登場する。同作では、ブルーシティからの城砦、城砦からのブルーシティのどちらアングルの風景も映る。

✈ Access

ジョードプル空港より車で約20分。

Cinema Data

監督：ウェス・アンダーソン
出演：オーウェン・ウィルソン、エイドリアン・ブロディ、ジェイソン・シュワルツマンほか
公開：2007年
製作：アメリカ
上映時間：91分

INFO　ウェス・アンダーソン監督の作品には、盟友のオーウェン・ウィルソンをはじめ、ビル・マーレイ、アンジェリカ・ヒューストン、シーモア・カッセル、ルーク・ウィルソン、ジェイソン・シュワルツマンなどの常連俳優がいる。

1 幅約100mの神秘的なアティラピリー滝 **2** ギネスに登録されている「ラモジ・フィルム・シティ」

🇮🇳 **インド**

アティラピリー滝（ケーララ州）

バーフバリ 伝説誕生

Baahubali: The Beginning

アクション／ファンタジー／アドベンチャー

　伝説の戦士バーフバリの運命を描いた「バーフバリ2部作」は、壮大な景色とド派手なアクション、そしてインドならではのエキゾチックなダンスに圧倒される超大作。前編となる『伝説誕生』では、巨大な滝の下の村に流れ着いた謎めいた赤ん坊がたくましい青年へと成長し、運命に導かれるように滝の上の世界を目指す。村の大滝として映るのは、"南インドのナイアガラ"と呼ばれるケーララ州最大の滝、アティラピリー滝。大量の水が轟音を立てながらおよそ25mの高さから流れ落ちる様は迫力満点だ。

🎥 *More Info*

アティラピリー滝以外の多くのシーンは、インド南部テランガーナ州ハイダラーバードにある映画スタジオ「ラモジ・フィルム・シティ」で撮影された。世界最大の映画スタジオで、ギネスに登録されている。

✈ **Access**

コーチン国際空港より車で約1時間20分。

Cinema Data

監督：S・S・ラージャマウリ
出演：プラバース、ラーナー・ダッグバーティほか
公開：2015年／製作：インド
上映時間：138分
発売・販売元：ツイン／完全版Blu-ray発売中

🇮🇳 **インド**

チャトラパティ・シヴァージー・ターミナス駅
（マハーラーシュトラ州ムンバイー）

スラムドッグ$ミリオネア

Slumdog Millionaire

ドラマ

　クイズ番組「ミリオネア」に出場した青年ジャマールは、学はないが次々に答えを当てていく。その背景には彼がたどってきた壮絶な人生の物語があった。番組シーンと回想シーンが交互に映し出されるなか、生き別れた幼なじみを探し出し、駆け落ちの約束をするエピソードは印象的。待ち合わせのVT駅はヴィクトリア・ターミナス駅の略称で、現在はチャトラパティ・シヴァージー・ターミナスと改称、CSTの略称で知られる。

🎥 *More Info*

10年近くかけて建てられた駅舎は、ヴィクトリア朝のゴシック・リヴァイヴァル建築とインドの伝統建築が組み合わさった豪奢なデザインが魅力で、2004年にユネスコの世界遺産に登録されている。2008年のムンバイー同時多発テロの襲撃地のひとつでもあり、映画『ホテル・ムンバイ』にも登場する。

✈ **Access**

チャトラパティ・シヴァージー国際空港より車で約50分。

通称CST駅。ムンバイー近郊鉄道や長距離鉄道が乗り入れている

Cinema Data

監督：ダニー・ボイル
出演：デヴ・パテル、マドゥル・ミッタル、フリーダ・ピントほか
公開：2008年／製作：イギリス／上映時間：120分
発売・販売元：ギャガ
Blu-ray 2200円（税込）、DVD 1257円（税込）※発売中

 『スラムドッグ$ミリオネア』で出てくるクイズ番組『コウン・バネーガー・カロールパティ』は、イギリス発祥のクイズ番組『フー・ウォンツ・トゥ・ビー・ア・ミリオネア』のインド版。日本版はみのもんた司会の『クイズ$ミリオネア』。

黄金と白のコントラストが美しい寺院

聖者たちの食卓
Himself He Cooks

`ドキュメンタリー`

　夜明け前、大鍋が火にかけられ、シク教総本山ハリマンディル・サーヒブの共同食堂は新たな1日を迎える。ここでは毎日10万食分の豆カレーが作られ、「宗教やカースト、人種、性別などにかかわらず人々は平等である」という教えのもと、500年以上にわたり巡礼者に無料で食事を提供している。同じ空間で同じものをいただく"大きな団欒"に感銘を受けた監督夫妻が、聖なる厨房の舞台裏を映し出すドキュメンタリー。

Cinema Data

監督：バレリー・ベルトー
　　　フィリップ・ウィチュス
公開：2011年
製作：ベルギー
上映時間：65分
提供：アップリンク

🎬 *More Info*
境内には無料食堂のほか、時計塔、博物館、休憩所、宿坊がある。

➤ **Access**
「アムリトサル・ジャンクション」駅より車で約10分。

めぐり逢わせのお弁当
The Lunchbox

`ドラマ`

　毎日夫に愛情弁当を作る主婦のイラ。しかし弁当箱は、妻に先立たれ早期退職を目前に控えたサージャンのもとに誤って届けられていた。ムンバイーで100年以上の歴史をもつ弁当配達システム「ダッバーワーラー」を題材に、誤配送されたお弁当が取りもつ孤独な男女の心の交流を描く。昼どきにものすごい数のお弁当箱が運ばれていく様子は、ムンバイーの名物風景。物語の舞台はCST駅周辺のビジネス街と推定される。

弁当を運ぶダッバーワーラー

Cinema Data

監督：リテーシュ・バトラ
出演：イルファーン・カーン
　　　ニムラト・カウルほか
公開：2013年／製作：インド、アメリカ、ドイツ、フランス／上映時間：105分／発売・販売元：東宝／Blu-ray 5170円(税込)、DVD 4180円(税込) ※発売中

🎬 *More Info*
毎日17万5000以上の弁当を約5000人のダッバーワーラーが配達する。

➤ **Access**
チャトラパティ・シヴァージー国際空港よりCST駅まで車で約50分。

バルドワンの田舎を走り抜ける汽車

大地のうた
Pather Panchali

`ドラマ`

　世界中の映画人に影響を与えたインドの巨匠サタジット・レイの初監督作品。ベンガルの寒村の貧しい家庭に育つ少年オプーは、両親と姉の4人暮らしだが、父の出稼ぎ中に姉が亡くなってしまう……。姉と遊んだ蓮の池や、汽車を見たすすきの野原など、モノクロでありながら田舎の風景を色彩豊かにみせる詩情あふれる作品。姉と汽車を見る印象的なシーンはバルドワン地区のパルジット村がロケ地といわれている。

Cinema Data
監督：サタジット・レイ
出演：シュビル・バナージ、カヌ・バナージ、コルナ・バナージほか
公開：1955年／製作：インド
上映時間：125分
発売元：アイ・ヴィー・シー
DVD 1980円(税込)

🎬 *More Info*
『大河のうた』、『大樹のうた』へと続く「オプー3部作」の1作目である。

➤ **Access**
コルカタ「ハウラ・ジャンクション」駅より「バルジット」駅まで電車で約2時間。

ℹ️ 各家庭から集めた弁当を、勤務先へほぼ時間どおりに届けるダッバーワーラーは、高度に組織化されたビジネスとして注目度が高い。『めぐり逢わせのお弁当』では配達ミスがあったが、実際は、誤配送は600万個にわずか1個という正確さ。

ヒマラヤ奥地のドルポ。ヤクはキャラバンを支える大切な存在

🎬 ネパール
ドルポ

キャラバン
Himalaya

`ドラマ`

　ネパール北西部、四方を標高5000m級の山々に囲まれた、標高約4000mの高地にある秘境の地ドルポ。長老ティンレは、長年にわたり食料を得るためのキャラバンを率いてきたが、その座を譲った息子が亡くなり隊は分裂。次の長老候補の青年カルマと、自分が再び長老を務めると言い出したティンレは、対立したまま別々のキャラバンを率いて旅立つ。美しくも過酷な自然と共存する人々の暮らしと、老人と若者の対立と和解を描いた物語。

🎬 More Info
食料と交換するための商品（本作では塩）をヤクの背に積み、長期間かけ移動するキャラバンのほか、旅立ちの吉日を決める神託や鳥葬の儀式など、作中ではドルポに伝わる古くからのしきたりが描かれる。

✈ Access
ドルポへ行くには、整備も救助手段も十分ではない5000m級の山を越えなければならず危険をともなうため、カトマンズからのツアーに参加するのがおすすめ。

Cinema Data
監督：エリック・ヴァリ
出演：ツェリン・ロンドゥップ、カルマ・ワンギャルほか
公開：1999年
製作：フランス、ネパール、スイス、イギリス
上映時間：108分

🎬 ブータン
パロ・ゾン

リトル・ブッダ
Little Buddha

`ドラマ`

　ブータンの寺院で教えを説く高僧ノルブのもとに、9年前に亡くなったノルブの師である高僧ドルジェの転生者の少年が見つかったと一報が入る。ノルブたちはその少年ジェシーが住むシアトルに向かいその旨を告げると、両親の動揺とは裏腹に、ジェシーは仏教に興味を示す。ベルトルッチ監督持ち前の映像美で綴る輪廻転生の壮大な物語で、メインストーリーと並行して、キアヌ・リーブス扮するシッダールタ王子の半生記が描かれる。聖地として映るブータンのパロ・ゾンは、行政機能をもつ仏教僧院で、かつては要塞でもあった。

🎬 More Info
シアトルの少年ジェシーがブータンに向かう途中、同じく転生者の少年ラジュと出会ったネパールの仏教寺院スワヤンブナートは、カトマンズにあるネパール最古の仏教寺院で世界遺産でもある。

✈ Access
パロ国際空港より車で約15分。

1 雄大な自然のなかにたたずむ僧院パロ・ゾン（正式名称：リンプン・ゾン）　2 作中に登場するパロ・ゾンへ渡る橋

Cinema Data
監督：ベルナルド・ベルトルッチ
出演：キアヌ・リーブス、アレックス・ウィーゼンダンガーほか
公開：1993年／製作：フランス、イギリス／上映時間：141分

イラン
コケール

友だちのうちはどこ?

Where Is the Friend's Home?

ドラマ

　純朴な少年のひたむきさと不安をていねいに描き、世界にその名を知らしめたアッバス・キアロスタミ監督の「ジグザグ道3部作」の第1作。イラン北部にあるコケール村の小学校に通うアハマッドは、隣の席の同級生モハマッドのノートを間違って持ち帰ってしまう。ちょうどその日、モハマッドは宿題のノートを忘れ、先生から「今度ノートを忘れたら退学だ」と叱られたばかり。ノートがないとモハマッドが退学になってしまうと思ったアハマッドは、ノートを届けにジグザグの坂道を通り、遠い隣村に住む彼の家を探しに行くが……。

　コケールは、イラン北部のカスピ海近くにある村だが、1990年のイラン北西部ルードバール地震で被害を受け、映画で見られる風景は失われてしまった。その後の村の様子は、2作目『そして人生はつづく』と3作目『オリーブの林をぬけて』で知ることができる。

1 コケール村があるギーラーン州は大部分を山地が占める　**2** 2作目『そして人生はつづく』では監督が息子を連れて車でコケール村への山道を行く

© 1987 KANOON

🎬 More Info

「ジグザグ道3部作」の2作目『そして人生はつづく』は、1990年のイラン地震で被害を受けたコケール村へ監督が息子を連れて再訪した体験を再現したセミ・ドキュメンタリー。3作目『オリーブの林をぬけて』は、前作の撮影現場で起きたできごとを下敷きに描いた、雑用係の青年の恋物語。

✈ Access

テヘランより車で約3時間30分。

Cinema Data

監督：アッバス・キアロスタミ
出演：ババク・アハマッドプール
公開：1987年
製作：イラン
上映時間：83分
発売・販売元：TCエンタテインメント
Blu-ray 5280円(税込)、DVD 4180円(税込)

 職業俳優を使わずに撮影をしたといわれる『友だちのうちはどこ?』で、主役のアハマッドを演じたババク・アハマッドプールは、「ジグザグ道3部作」の3作目となる『オリーブの林をぬけて』にも出演している。

テヘランのシンボルであるアーザーディー塔

🇮🇷 **イラン**
テヘラン ※撮影はトルコのイスタンブールなど

アルゴ
ARGO

`サスペンス/ドラマ`

1979年、イラン革命が激化するテヘラン。過激派グループがアメリカ大使館を占拠するなか、何とか逃げ出した6人の大使館員はカナダ大使の自宅に潜伏する。彼らを救出するために練られたのは、前代未聞の作戦だった!? 実際の事件を映像化したサスペンス・ドラマ。映画ではアーザーディー塔などテヘランの景色は映るものの、イランでのロケはされておらず、バザールの場面などはイスタンブールで行われた。

Cinema Data 監督：ベン・アフレック／出演：ベン・アフレック、ブライアン・クランストン、アラン・アーキン、ジョン・グッドマンほか／公開：2012年／製作：アメリカ／上映時間：120分／発売元：ワーナー・ブラザース ホームエンターテイメント／販売元：NBCユニバーサル・エンターテイメント／Blu-rayエクステンデッド・バージョン 2619円(税込)、DVD 1572円(税込)

More Info
手に汗握るテヘランの空港シーンは、オンタリオ国際空港で撮影。

Access
テヘラン市街へはエマーム・ホメイニー国際空港より車で約50分。

🇮🇷 **イラン**
テヘラン

人生タクシー
Taxi

`ドラマ`

世界的な評価を受けているにもかかわらず、自国イランでは映画製作を禁じられているジャファル・パナヒ監督。活動禁止中に考えたのは、タクシー運転手に扮し乗客を拾いながらゲリラ撮影をすること。海賊版DVD業者の男や金魚鉢を抱えて泉へ急ぐ女性など、個性豊かなテヘランの乗客たちのユニークなエピソードや価値観がカメラ越しに伝えられ、それぞれの会話を追ううちに、イランの今が見えてくる!

作中で映るのはテヘランの日常の風景

Cinema Data
監督：ジャファル・パナヒ
出演：ジャファル・パナヒ
公開：2015年
製作：イラン
上映時間：82分
発売元：バップ
Blu-ray&DVD発売中

More Info
本作以外に『これは映画ではない』など、監督は禁止令下でも意欲的に作品を撮っている。

Access
テヘラン市街へはエマーム・ホメイニー国際空港より車で約50分。

靴や鞄を修理するイランの職人

Cinema Data 監督：マジッド・マジディ／出演：ミル=ファロク・ハシェミアン、バハレ・セッデキ、アミル・ナージ ほか／公開：1997年／製作：イラン／上映時間：89分／発売元：NBCユニバーサル・エンターテイメント／Blu-ray 2075円(税込)、DVD 1572円(税込)

🇮🇷 **イラン**
テヘラン

運動靴と赤い金魚
Children of Heaven

`ドラマ`

イランの貧しい家庭に育つ少年アリと妹のザーラ。ある日、アリは修理に出していたザーラの靴を引き取りに行くが帰り道でなくしてしまう。新しい靴を買うことはもちろん、親に言うこともできない兄妹は、兄の靴を共有することに。そんな矢先、学校でマラソン大会が行われることになり、アリは妹のために3等の賞品の運動靴を狙って、大会に出場する。兄妹愛を描いたこの物語は、首都テヘランで撮影された。

More Info
アカデミー賞にノミネートされた最初のイラン映画。

Access
テヘラン市街へはエマーム・ホメイニー国際空港より車で約50分。

INFO アッバス・キアロスタミ脚本の『白い風船』で監督デビューしたジャファル・パナヒは、2009年の大統領選挙で改革派候補を支持し政権と対立。2010年に禁固6年の判決が下り、映画製作やメディアへの出演などを20年間禁止された。

インディ・ジョーンズ 最後の聖戦
Indiana Jones and the Last Crusade

アドベンチャー／アクション

Cinema Data
監督：スティーヴン・スピルバーグ
出演：ハリソン・フォード、ショーン・コネリーほか
製作：アメリカ
公開：1989年
上映時間：127分
発売元：NBCユニバーサル・エンターテイメント
Blu-ray 2075円(税込)、DVD 1572円(税込)

大人気『インディ・ジョーンズ』シリーズの3作目。冒険家であり考古学教授でもあるインディ・ジョーンズが、キリストの聖杯の謎と、それを調査する途中で消息を絶った父を探して旅に出る。

聖杯探しの旅のクライマックスで現れるのは、ヨルダンにある世界遺産ペトラ遺跡。現在でも発掘作業が続くミステリアスな場所だ。撮影は、遺跡のなかでも最も精緻な建築物のひとつで1世紀初頭に造られたナバタイ王の墓と推測されている、エル・ハズネで行われた。エル・ハズネとはアラビア語で「宝物殿」の意味。かつて盗賊がこの場所に宝を隠したという伝説にちなんで名づけられたという説があり、そんな謎めいた背景もストーリーに生きている。

🎥 More Info

ギリシア語で「崖」を意味するペトラ。死海とアカバ湾の間の渓谷にある遺跡で、メインスポットのエル・ハズネを含めたほとんどが、砂岩の岩肌を彫って造られている。砂岩の裂け目"シーク"を通り抜ける先に突如現れる神秘的なエル・ハズネは、古代ギリシア建築の影響を受けた貴重な建造物で、1985年に世界文化遺産に登録されたほか、2007年に「新・世界七不思議」に選出されている。

✈ Access

首都アンマンより車で約3時間。ペトラ遺跡への直行バスもある。

1 少年時代のインディがボーイスカウトで訪れたアメリカ・ユタ州アーチーズ国立公園内のダブルアーチ　2 岩壁を削った幅30m、高さ43mのエル・ハズネ

ペトラ遺跡は、エル・ハズネが『インディ・ジョーンズ 最後の聖戦』で、エド・ディルが『トランスフォーマー/リベンジ』のロケ地となった。また、この遺跡は、アガサ・クリスティの小説『死との約束』の殺人事件の舞台としても有名である。

1

🇯🇴 **ヨルダン**

ワディ・ラム

アラビアのロレンス

Lawrence of Arabia

ドラマ／戦争

　アラブ民族の独立に尽力したイギリス陸軍将校 T・E・ロレンスの自伝を、デヴィッド・リーン監督が映画化した一大戦争スペクタクルで、アカデミー賞で7部門に輝いた作品。時代は 20世紀初頭。オスマン帝国の支配下にあったアラビアに派遣されたロレンス少尉は、アラブ民族をまとめ独自のゲリラ戦法を駆使し反乱軍を指揮。勝利を収め砂漠の英雄と称えられるが……。

　撮影地となったワディ・ラム砂漠は、本作をきっかけにヨルダンで最も人気の観光地のひとつとなった。砂岩と花崗岩でできた壮大な砂漠の風景は、『スター・ウォーズ／スカイウォーカーの夜明け』や『DUNE／デューン 砂の惑星』（P.32）など、数々の映画でも登場する。

2

1 "月の谷"と呼ばれるワディ・ラムではクライミングや砂漠の住人"ベドウィン"のテントでのキャンプが楽しめる　2 ロレンス気分でラクダに乗ろう

🎞 *More Info*

　当初はペトラ遺跡での撮影が計画されていたが、費用の問題やスタッフが体調を崩したことなどから、いくつかのシーンはスペインで撮影されることになった。例えば、作中でダマスカスとして映るのは、セビリアのマリアルイサ公園のムデハル様式の建物。また、イギリス陸軍カイロ司令本部には、同じくセビリアにあるスペイン広場が使用されている。

✈ **Access**

アンマンよりアカバまで飛行機で約1時間、そこからワディ・ラム砂漠まで車で約1時間10分。

Cinema Data

監督：デヴィッド・リーン
出演：ピーター・オトゥール、アレック・ギネス、アンソニー・クインほか
公開：1962年／製作：イギリス／上映時間：207分／発売・販売元：ソニー・ピクチャーズ エンタテインメント／デジタル配信中、Blu-ray 2619円（税込）、DVD 1551円（税込）

 『アラビアのロレンス』でイギリス陸軍カイロ司令本部として撮影されたスペインのセビリアにあるスペイン広場は、『スター・ウォーズ エピソード2／クローンの攻撃』でアナキンたちが惑星ナブーに着いた直後のシーンのロケ地でもある。

1 エルサレムの歴史を感じる古い町並み　2 町の雰囲気とは対照的に現代的なトラムが走る　3 妻がトーマスに会いに訪れたドイツのベルリンの町

🇮🇱 イスラエル

エルサレム

彼が愛したケーキ職人

The Cakemaker

`ドラマ`

　ベルリンのカフェでケーキ職人として働くトーマスは、イスラエルから出張のたび訪れるオーレンと恋人関係になるが、突然連絡がつかなくなり、彼が事故で亡くなったと知る。一方、エルサレムでは、オーレンの妻が悲しみを背負いながら自らが営むカフェを再開させており、トーマスは正体を伏せ彼女の店で働き始める。同じ男を愛した男女の繊細な関係を描いた人間ドラマ。おもな舞台は、ユダヤ人が多く住む西エルサレム。ユダヤ教の戒律は厳しく、教徒が食べて良い「コーシャ」の規定や、非ユダヤ人は店でオーブンを使えないなどさまざまなルールが存在し、トーマスは苦戦することに。

🎬 More Info
標高800mの丘の上に位置するエルサレムは、世界最古の都市のひとつで、ユダヤ教、キリスト教、イスラム教の聖地。ユダヤ人が集まる西エルサレムとおもにアラブ人居住区である東エルサレムで構成されている。イスラエルはエルサレムが首都だと宣言しているが、国際社会やパレスチナ自治政府は認めていない。

✈ Access
エルサレム市街へはベン・ガーオン空港（テルアビブ国際空港）より車で約50分。

Cinema Data
監督：オフィル・ラウル・グレイツァ
出演：サラ・アドラー、ティム・カルコフ、ロイ・ミラーほか
公開：2017年／製作：イスラエル、ドイツ／上映時間：109分／発売元：ニューセレクト／販売元：アルバトロス

ネゲヴ砂漠の壮大な風景を走るバス

🎬 More Info
音楽隊の本来の目的地は、イスラエル中央部の都市ペタハ・ティクヴァ。

✈ Access
砂漠へはベエルシェバからバスかチャーター車で行くのが一般的。

Cinema Data
監督：エラン・コリリン
出演：サッソン・ガーベイ
　　　ロニ・エルカベッツほか
公開：2007年
製作：イスラエル、フランスアメリカ
上映時間：87分

🇮🇱 イスラエル

ネゲヴ砂漠

迷子の警察音楽隊

The Band's Visit

`ドラマ／コメディ`

　演奏旅行でイスラエルに招かれたエジプトの警察音楽隊は、目的地名を間違ったばかりに砂漠近くの辺鄙な町に迷い込んでしまう。戻る手段もなく、町の人の家に泊めてもらうことになるが……。音楽隊内の微妙な人間関係や、異なる民族の地元の人々との距離が縮まっていく様を、ほのぼのとしたタッチで描く。舞台のベイト・ハティクヴァは架空の町で、イスラエル南部のネゲヴ砂漠の近くにある設定となっている。

『彼が愛したケーキ職人』は、『グランド・ブダペスト・ホテル』(P.130)のロケ地であるカルロヴィ・ヴァリでの国際映画祭のコンペティション部門でプレミア上映され、エキュメニカル審査員賞を獲得した。

地中海を望むバト・ヤムのプロムナード

イスラエル

バト・ヤム（テルアビブ）

声優夫婦の甘くない生活

Golden Voices

`ドラマ／コメディ`

　熟年夫婦の波瀾万丈な第2の人生をユーモラスに描いたコメディ・ドラマ。1990年、ソ連からイスラエルに移住した声優夫婦は、新天地で仕事を探すも声優の需要はゼロ。妻は生活費のため夫に内緒でテレフォン・セックスの仕事に就くが、ある日、彼女の"声"に魅了された常連の男から呼び出される……。男が待ち合わせに指定したのはバト・ヤムの海岸。地中海を望む美しいビーチやプロムナードが魅力の地元の人々の憩いの場だ。

Cinema Data
監督：エフゲニー・ルーマン
出演：ウラジミール・フリードマン、マリア・ベルキンほか
公開：2019年
製作：イスラエル
上映時間：88分
配給：ロングライド

More Info
夫婦が住んでいる設定のリション・レジオンからバト・ヤムまでは約10km。

Access
テルアビブ市街より車で約25分。

イスラエル

テルアビブ　※撮影はルクセンブルクやベルギーなど

テルアビブ・オン・ファイア

Tel Aviv on Fire

`コメディ／ドラマ`

　人気ドラマ『テルアビブ・オン・ファイア』の結末をめぐり、イスラエル人とパレスチナ人が対立!?　ドラマの制作現場でヘブライ語指導兼雑用係として働くパレスチナの青年サラームは、自宅があるエルサレムからパレスチナの撮影所へ向かう際に通る検問所で呼び止められ、咄嗟にドラマの脚本家だとうそをついてしまったことから、思わぬ事態に発展する。複雑なパレスチナ情勢を痛烈な風刺と優しいユーモアで包んだ作品。

劇中劇の舞台は1960年代のテルアビブ

Cinema Data
監督：サメフ・ゾアビ／出演：カイス・ナシェフ、ヤニブ・ビトンほか／公開：2018年／製作：ルクセンブルク、フランス、イスラエル、ベルギー／上映時間：97分／発売元：アットエンタテインメント／販売元：TCエンタテインメント／DVD 4180円(税込)

© Samsa Film - TS Productions - Lama Films, Films From There - Artémis Productions C623

More Info
劇中劇は第3次中東戦争前夜を描くメロドラマ。

Access
テルアビブ市街へはベン・ガーオン空港（テルアビブ国際空港）より車で約30分。

パレスチナ

ナブルス

パラダイス・ナウ

Paradise Now

`ドラマ`

　イスラエル占領下のヨルダン川西岸の町ナブルスに暮らす、貧しい青年サイードとハーレド。テルアビブでの自爆攻撃役に選ばれたふたりは、実行に向かうも攻撃は未遂に終わり、引き返す途中ではぐれてしまう。パレスチナ人目線でパレスチナ問題を描き、パレスチナ映画として初めてアカデミー賞にノミネートされた作品だが、自爆テロ被害者の遺族たちからノミネート取り下げの署名運動が起きるなど波紋を呼んだ。

ユダヤ教の隠れた聖地でもあるナブルス

Cinema Data
監督：ハニ・アブ・アサド
出演：カイス・ナシェフ、アリ・スリマンほか
公開：2005年
製作：パレスチナ、フランス、ドイツ、オランダ
上映時間：90分
提供：アップリンク

More Info
ナブルスは、ヨルダン、イスラエルの統治を経て、1995年よりパレスチナ自治区におかれた。

Access
ベン・ガーオン空港（テルアビブ国際空港）より車で約1時間20分。

INFO　『声優夫婦の甘くない生活』では、外国映画が制限されていたソ連でフェリーニ監督の『8 1/2』が上映された話が出てくるほか『ボイス・オブ・ムーン』が登場するため、邦題は同監督の『甘い生活』（P.115）にちなんだのではないかと囁かれている。

要塞を囲むように広がるウチヒサルには洞窟ホテルや岩と一体化した住居がある

トルコ
ウチヒサル（カッパドキア）

雪の轍
Winter Sleep

`ドラマ`

　莫大な遺産を受け継ぎ、洞窟ホテルを経営しながら悠々自適に暮らす元舞台俳優の主人公は、正しく善良であろうとするが、周囲の人々との関係はうまくいかない。閉ざされた冬の観光地でおのおのが心の内をぶつけ合い、終わりなき会話をしながら愛と善と赦しを模索する、重厚かつ濃密な人間ドラマ。火山の噴火によってできた凝灰岩や溶岩層が浸食され、形を成した奇岩群。そんな神秘的な自然の風景に人々の文化が溶け込む世界遺産、カッパドキアがこの映画の舞台。作中ではウチヒサルなどの観光名所が映し出されるが、その表情は陽気で明るい観光シーズンとは異なり、冷たくさびしげだ。

🎬 More Info
ウチヒサルがあるカッパドキアは「ギョレメ国立公園およびカッパドキアの岩石遺跡群」として世界遺産に登録されている。標高約1000m、アナトリア高原の中央に広がるカッパドキアは、夏は猛暑で冬は極寒。ベストシーズンは5〜9月頃だが、7〜8月は日差しが強いので対策は万全にしておこう。

🎬 Access
ネヴシェヒル・カッパドキア空港より車またはバスで約40分。

Cinema Data
監督：ヌリ・ビルゲ・ジェイラン
出演：ハルク・ビルギネル、メリサ・ソゼンほか
公開：2014年／製作：トルコ
上映時間：196分

猫の目線でイスタンブールの町を巡ろう

Cinema Data　監督：ジェイダ・トルン
公開：2016年
製作：トルコ
上映時間：79分
発売元：アンプラグド
販売元：ポニーキャニオン
Blu-ray 5170円（税込）、DVD
4180円（税込）※発売中

© 2016 Nine Cats LLC

トルコ
イスタンブール

猫が教えてくれたこと
Kedi

`ドキュメンタリー`

　ヨーロッパとアジアにまたがるトルコの大都市イスタンブールには、たくさんの猫が暮らし、町を彩っている。本作は、個性豊かな7匹の野良猫に焦点を当て、彼らを取り巻く人間たちとの幸せな関係を映し出すドキュメンタリー。のんびりと日なたでくつろいだり、漁師に魚をもらったり……自由気ままな猫たちの姿は見るだけで頬がほころぶ。観光とは違った目線でイスタンブールの日常に触れられる新鮮な作品だ。

🎬 More Info
冒頭で映るガラタ塔にはボスポラス海峡を一望できるレストランがある。

🎬 Access
ガラタ塔へは地下鉄「シシャーネ」駅より徒歩約6分。

"妖精の煙突"と呼ばれる奇岩やギョレメ、ウチヒサルの岩の要塞など、見どころが満載のカッパドキアでは、気球をはじめ乗馬やサイクリング、ウォーキングなど、さまざまな角度から景色を楽しめるツアーがある。

トルコのゲリボル。軍の名が刻まれている

Cinema Data
監督：ピーター・ウィアー
出演：メル・ギブソン　マーク・リーほか
公開：1981年／製作：オーストラリア／上映時間：112分
発売元：NBCユニバーサル・エンターテイメント
DVD 1572円（税込）

🎬 **トルコ**
ゲリボル　※撮影は南オーストラリア

誓い
Gallipoli

戦争／ドラマ

1915年、第1次世界大戦下のゲリボルの戦いで命を散らした、オーストラリアの若者たちの物語。前半はオーストラリアの雄大な自然を舞台に、短距離走選手のふたりの青年が軍隊に志願するまでのドラマを、後半は激戦地となったトルコのゲリボルでの悲惨な戦争の現実を描く。撮影はほぼ南オーストラリアで行われ、ゲリボル半島として撮影されたエアー半島の浜辺は、本作にちなみ"ゲリボル・ビーチ"と名づけられた。

More Info
前半は南オーストラリアのトレンズ湖やアデレード駅などで撮影された。

Access
〔舞台〕チャナッカレ空港より車で約1時間。
〔ロケ地〕ポートリンカーンより車で約55分。

🎬 **アフガニスタン**
カブール　※撮影は中国ウイグル自治区など

君のためなら千回でも
The Kite Runner

ドラマ

1978年のアフガニスタンの首都カブール。裕福な家庭の息子アミールとハラザ人の召使いの息子ハッサンは兄弟同然の仲だったが、町の一大イベントの凧揚げ大会後に悲劇が起こり、関係は一変する……。ソ連の侵攻、タリバンの台頭など、アフガニスタンの激動の時代を背景に、主人公たちの友情や葛藤を描く。カブールの風景には、中国ウイグル自治区やアメリカのサンフランシスコが代用された。

山岳地帯の盆地にあるカブールの町

Cinema Data
監督：マーク・フォースター
出演：ハリド・アブダラ、ホマユーン・エルシャディほか
公開：2007年／製作：アメリカ
上映時間：128分／発売元：NBCユニバーサル・エンターテイメント／Blu-ray 2619円（税込）、DVD 1572円（税込）

More Info
中国のロケ地はウイグル自治区のカシュガルやタシュクルガンなど。

Access
※2023年4月現在、日本外務省よりアフガニスタン全土に退避勧告が出ている。

作中では衝撃的な爆撃シーンも映る

Cinema Data
監督：レベー・ドスキー
出演：ディロバン・キコほか
公開：2016年
製作：オランダ
上映時間：69分
提供：アップリンク

🇸🇾 **シリア**
コバニ

ラジオ・コバニ
Radio Kobani

ドキュメンタリー

2014年9月よりISの占領下となったシリア北部のクルド人の街コバニは、激戦の末、翌年1月に解放された。本作は、瓦礫と化したコバニでラジオ局を立ち上げた大学生を軸に、再建を図る町の人々を追った記録映画。最低限の装置での手作りのラジオ局から届けられるのは、戦争の記憶を語る人々の声や町の復興の様子など。番組は悲惨な過去のうえに立つ現実を真摯に捉えながら、未来への希望と連携をもたらしていく。

More Info
戦争の凄惨さを伝える本作では、損傷の激しい遺体が映るため注意。

Access
※2023年4月現在、日本外務省よりシリア全土に退避勧告が出ている。

INFO 後に『刑事ジョン・ブック 目撃者』（P.170）や『いまを生きる』などの名作を手がけるピーター・ウィアー監督。1979年の映画『マッドマックス』でメル・ギブソンの才能に目をつけ、『誓い』では主人公のフランク役に抜擢している。

右からふたつ目のビル群がエティハド・タワーズ

Cinema Data

監督：ジェームズ・ワン／出演：ヴィン・ディーゼル、ポール・ウォーカー、ジェイソン・ステイサムほか／公開：2015年／製作：アメリカ／上映時間：137分／発売元：NBCユニバーサル・エンターテイメント／Blu-ray 2075円（税込）、DVD 1572円（税込）

エティハド・タワーズ（アブダビ）

ワイルド・スピード SKY MISSION
Fast & Furious 7

> アクション／アドベンチャー

ド派手なカーアクションで人気の『ワイルド・スピード』シリーズ。なかでも最高傑作と謳われる本作では、なんと車が空からダイブ!? 国際犯罪組織を倒し平穏な毎日を送る主人公たちの前に、組織のボスの兄が復讐に現れる。LA、東京、アゼルバイジャンなど世界を舞台に戦いを繰り広げる息をのむ展開に目が離せない。特に、ヨルダン王子が住む設定のアブダビの超高層ビル「エティハド・タワーズ」の最上階から高級車で隣のタワーに飛び移るシーンには度肝を抜かれる!!

🎬 More Info

5棟のビルで構成される「エティハド・タワーズ」。作中でヨルダン王子が住むのは69階建て高さ277mのタワー1の最上階で、主人公たちはそこで王子の車ライカン・ハイパースポーツを奪い、隣のビルに突っ込むという荒業に出る!

✈ Access

アブダビ国際空港より車で約35分。

メッカ、メディナ ※撮影はモロッコとリビア

ザ・メッセージ 砂漠の旋風
The Message

> ドラマ／戦争／歴史

イスラム教の開祖ムハンマドの半生を描いた歴史スペクタクル。西暦610年、40歳の頃に唯一神アッラーの啓示を受けたムハンマドは、支配階級からの迫害を受けながらも預言者として教義を広めていく。舞台は聖地メッカと、“ヒジュラ”と呼ばれる旅を経てたどり着く第2の聖地メディナ。映画の最後にはメッカの聖モスクでの礼拝の風景が映るが、ロケはモロッコとリビアで行われた。

🎬 More Info

年間約250万人が巡礼に訪れるメッカ。中心にはカアバ神殿があり、それを囲むように聖モスク「マスジド・ハラーム」が建つ。メディナにはムハンマドの霊廟でもある「預言者モスク」がある。

✈ Access

メッカのマスジド・ハラームへはキング・アブドゥルアズィーズ国際空港より車で約1時間10分。メディナの預言者のモスクへはプリンス・モハンマド・ビン・アブドゥルアズィーズ国際空港より車で約25分。

巡礼者で埋め尽くされる聖モスク「マスジド・ハラーム」

Cinema Data

監督：ムスタファ・アッカド
出演：アンソニー・クイン、イレーネ・パパスほか
公開：1976年
製作：レバノン、リビア、クウェート、モロッコ、イギリス
上映時間：178分

📄**INFO** 『ザ・メッセージ　砂漠の旋風』は、自身もイスラム教徒である監督がイスラム教の聖職者に相談しながら慎重に製作した作品。例えばムハンマドの影像を禁じるイスラム教の教義を尊重し、画面にその姿は一切映らないようにしている。

撮影が行われた首都リヤドの住宅街

サウジアラビア
リヤド

少女は自転車にのって
Wadjda

`ドラマ`

女性は自転車も車の運転もひとり歩きも禁止。イスラムの厳格な戒律と習慣を重んじるサウジアラビアを舞台に、女性として生活することの厳しさに直面しながらも、ひたむきに生きる少女の姿を、同国初の女性監督ハイファ・アル＝マンスールが描く。リヤドに暮らす10歳のおてんば少女ワジダは、自転車で幼なじみの少年と競走するのが夢。自転車を手に入れるため、学校でのコーラン暗唱コンテストの賞金を狙うが……。

Cinema Data 監督：ハイファ・アル＝マンスール／出演：ワアド・ムハンマド、リーム・アブドゥラほか／公開：2012年／製作：サウジアラビア、ドイツ／上映時間：97分／発売元：ニューセレクト／販売元：アルバトロス

More Info
公開当時は映画館が禁止されていたが、2018年に解禁。同年に女性の自動車運転も認められた。

Access
リヤド市街へはキング・ハーリド国際空港より車で約30分。

 レバノン
ベイルート

存在のない子供たち
Capernaum

`ドラマ`

"僕を産んだ罪"で両親を訴えた推定12歳のゼインは、出生届が出されておらず社会的には存在しない子供。スラム街で労働を強いられていたある日、妹がむりやり結婚させられた怒りから家を飛び出す。ベイルートを舞台に、貧困から生まれる虐待の負の連鎖や難民問題を描き出した社会派ドラマ。子供の楽園であるはずの遊園地で、ゼインが観覧車から絶望の表情でぼんやり夕暮れの風景を眺めるシーンは胸に迫る。

「ベイルート・ルナ・パーク」の観覧車

Cinema Data 監督：ナディーン・ラバキー／出演：ゼイン・アル・ラフィーアほか／公開：2018年／製作：レバノン／上映時間：125分／発売元：キノフィルムズ／木下グループ／販売元：ハピネット・メディアマーケティング Blu-ray 5280円(税込)、DVD 4290円(税込) ※Blu-ray&DVD発売中

More Info
実際にシリア難民だった少年を主役に起用したことでも話題となった。

Access
ベイルート市街へはラフィク・ハリリ国際空港より車で約10分。

© 2018MoozFilms

レバノン
ベイルート

判決、ふたつの希望
The Insult

`ドラマ`

レバノンの首都ベイルート。住宅補修の現場で働くパレスチナ難民のヤーセルは、アパートのバルコニーからの水漏れの修繕をめぐり、住人であるレバノン人でクリスチャンのトニーと口論に。その対立はやがて社会を揺るがす法廷争いへと発展していく。民族、宗教、歴史など、複雑で繊細な問題を扱った心揺さぶる人間ドラマで、レバノン史上初アカデミー賞外国語映画賞にノミネートされた作品としても注目を浴びた。

レバノン内戦の傷を抱えるベイルート

Cinema Data 監督：ジアド・ドゥエイリ／出演：アデル・カラム、カメル・エル・バシャほか／公開：2017年／製作：レバノン、フランス／上映時間：113分／発売・販売元：ソニー・ピクチャーズ エンタテインメント／提供：バップ、アスミック・エース、ロングライド／Blu-ray&DVDセット 4743円(税別)

More Info
レバノン出身のドゥエイリ監督の実体験に基づいて描かれた作品。

Access
ベイルート市街へはラフィク・ハリリ国際空港より車で約10分。

INFO サウジアラビア初の女性監督ハイファ・アル＝マンスールの長編デビュー作『少女は自転車にのって』は、すべての撮影をサウジアラビアの国内で行い、すべての役をサウジアラビアの俳優が演じた初の長編映画といわれている。

アフリカが舞台の映画23作品

23 movies set in Africa

ロケ地については
各作品のページを
チェック

Africa

18ヵ国

モロッコ
P.232

モーリタニア

カーボベルデ

セネガル
巻頭 P.53

ガンビア

ギニアビサウ

ギニア

シエラレオネ
P.236

リベリア
P.236

巻頭の
インタビュー&特集
で登場した
3作品も
ポイント!

チュニジア
P.235

アルジェリア
P.236

リビア

エジプト
P.234
巻頭 P.43、P.48-49

マリ

ニジェール

チャド

スーダン

エリトリア

ジブチ

ブルキナファソ

ベナン

ガーナ
巻頭 P.53

ナイジェリア
巻頭 P.53

中央アフリカ

南スーダン

エチオピア

ソマリア
P.240

コート
ジボワール

トーゴ

カメルーン

ウガンダ
P.240

ケニア
P.238

赤道ギニア

コンゴ
共和国

ルワンダ
P.241

サントメ・
プリンシペ

ガボン

コンゴ民主共和国

ブルンジ

タンザニア
巻頭 P.50

セーシェル

アンゴラ

マラウイ
P.237

ザンビア

モザンビーク

マダガスカル
P.237

モーリシャス

ジンバブエ

ナミビア
P.243

ボツワナ

エスワティニ

南アフリカ
P.242
巻頭 P.53

レソト

 モロッコ
カサブランカ

モロッコ、彼女たちの朝
Adam

`ドラマ`

　女性監督として初めてアカデミー賞のモロッコ代表に選ばれた作品。カサブランカのメディナ（旧市街）で、女手ひとつでパン屋を営み子供を育てるアブラのもとに、大きなおなかを抱えた未婚の妊婦サミアが働き口を求めてやってくる。未婚での妊娠はタブーとされるイスラム社会で、彼女は行き場を失っていた。一度は冷たくあしらったものの、行くあてもなく路上で眠る姿を見かねて、アブラは彼女を家に招き入れる。夫を事故で亡くして以来、心を閉ざしていたアブラと、子供の将来のため赤ん坊を養子に出そうとするサミア。互いの孤独に寄り添うことで、新しい景色が見え始める。

　モロッコ社会で女性たちが直面する苦難を、繊細な光と豊かな色彩で描き出した、実話から生まれた物語。迷路のようなメディナ、モロッコの伝統的なパンや焼き菓子、音楽など、映像を通じてカサブランカの日常風景がエキゾチックな魅力をもって届けられる。

1　スペイン語で"白い家"を意味するカサブランカ。その名のとおり白い建物が集まっている　2　メディナ（旧市街）のランドマークである時計台

📽 More Info
モロッコの首都ラバトの南西約90kmにあるモロッコ最大の都市カサブランカは、モロッコの経済の中心地であり世界的に人気の観光地でもある。

✈ Access
旧市街の時計台まで「カサ・ポール」駅より徒歩約8分。

©Ali n' Productions – Les Films du Nouveau Monde – Artémis Productions

Cinema Data
監督：マリヤム・トゥザニ
出演：ルブナ・アザバル、ニスリン・エラディほか
公開：2019年
製作：モロッコ、フランス、ベルギー
上映時間：101分
発売元：ニューセレクト
販売元：アルバトロス

📶 モロッコのほとんどの町には、7世紀に進出してきたアラブ人が造ったメディナ（旧市街）がある。外敵の侵入を防ぐための外壁と迷路のように張り巡らされた狭い道が特徴のメディナには、モスクや住宅、商店などが密集している。

ロケ地はアメリカの有名な幽霊ホテル!?

More Info
ここを幽霊ホテルだと言い出したのはジョン・ウェインだといわれている。

Access
〔舞台〕カサブランカへは欧州や中東を経由。〔ロケ地〕フラッグスタッフ・パリアム空港より車で約15分。

Cinema Data

監督:マイケル・カーティス/出演:ハンフリー・ボガート、イングリッド・バーグマンほか
公開:1942年/製作:アメリカ/上映時間:102分/発売元:ワーナー・ブラザース ホームエンターテイメント/販売元:NBCユニバーサル・エンターテイメント Blu-ray 2619円(税込)、DVD特別版 1572円(税込)

★ ■ モロッコ

カサブランカ
※撮影はアメリカのアリゾナ州「ホテル モンテ ビスタ」など

カサブランカ
Casablanca

恋愛／戦争／ドラマ

「君の瞳に乾杯」の名台詞でおなじみの作品。第2次世界大戦下のフランス領モロッコのカサブランカを舞台に、かつて愛し合い別れた男女の再会を描く。実際にはカサブランカでのロケはなく、撮影はほぼカリフォルニアのスタジオで行われた。実在するロケ地としては、カジノの場面が撮られたアリゾナ州の「ホテル モンテ ビスタ」がある。名だたるスターたちが宿泊したことで知られる一方、幽霊ホテルとしても有名だ。

★ ■ モロッコ

マジョレル庭園（マラケシュ）

イヴ・サンローラン
Yves Saint Laurent

ドラマ

20世紀のファッション業界をリードし、"モードの帝王"と称されたイヴ・サンローランの光と影を描く。21歳でクリスチャン・ディオールの主任デザイナーに抜擢された若き天才は、一方でプレッシャーと孤独に苛まれていた。そんな彼が大切にしたのは、公私ともに支えとなる恋人ピエールと過ごしたマラケシュの別荘「マジョレル庭園」での時間。彼の死後はピエールの手により、ふたりが愛したこの庭園に遺灰が撒かれた。

鮮やかなブルーが目を引くマラケシュのマジョレル庭園

Cinema Data
監督:ジャリル・レスペール
出演:ピエール・ニネ
　　　ギョーム・ガリエンヌほか
公開:2014年/製作:フランス
上映時間:106分

More Info
庭園は一般公開されている。また、近くにはイヴ・サンローラン美術館がある。

Access
フナ広場より車で約15分。

世界文化遺産のマラケシュのメディナ(旧市街)

Cinema Data
監督:ギリーズ・マッキノン
出演:ケイト・ウィンスレット
　　　サイード・タグマウイほか
公開:1998年/製作:イギリス
上映時間:98分

More Info
旧市街は20kmに及ぶ城壁で囲まれており、路地は迷路のように複雑に入り組んでいる。

Access
マラケシュ・メナラ空港より車で約15分。

★ ■ モロッコ

マラケシュ

グッバイ・モロッコ
Hideous Kinky

ドラマ／恋愛

1972年、幼いふたりの娘を連れてロンドンからモロッコへとやってきた25歳のシングルマザーのジュリアは、貧しいながらも自由な新天地での日々を満喫するが、娘たちは不自由な生活に不満気。そんなある日、大道芸人の男と出会い、一緒に暮らし始めるが……。おもな舞台はモロッコ第4の都市であるマラケシュ。1985年に世界遺産に登録されたメディナ（旧市街）のエキゾチックな風景が旅情を誘う。

🇪🇬 **エジプト**

ギザ、ルクソール、アブ・シンベルなど

ナイル殺人事件

Death on the Nile

ミステリー／クライム

　ミステリーの女王アガサ・クリスティによる小説『ナイルに死す』を映像化。ナイル川の豪華クルーズ客船で新婚旅行中の大富豪の娘リネットが殺害され、名探偵ポアロは犯人探しに乗り出す。容疑者は彼女の結婚を祝うために集まった乗客全員。真相を追うにつれ、愛憎が複雑に絡み合った人間関係が浮き彫りになっていく。

　謎に満ちたストーリーにハラハラする一方で、ギザの三大ピラミッド（P.48）やルクソールのカルナック神殿（P.43）など、数々の巨大遺跡がさまざまなアングルで映し出され、旅心をくすぐられるが、なかでも砂漠の風が吹きつけるアブ・シンベル神殿は、ミステリアスな物語を盛り上げるのにうってつけの神秘的な舞台となっている。

1 アブ・シンベル神殿をはじめ数々の神秘的な世界遺産が登場する　2 クルーズの出発点はアスワンのホテル「オールド・カタラクト」　3 カルナック神殿の中のアメン大神殿で事件が起こる！

🎥 *More Info*

豪華クルーズの出発点として登場するアスワンの名門ホテル「オールド・カタラクト（現：ソフィテル レジェンド オールド カタラクト アスワン）」は、アガサ・クリスティがこの作品を執筆した場所としても有名。目の前のナイル川に帆船ファルーカが浮かぶ風景がアスワンらしい。

✈ **Access**

ギザの三大ピラミッドへはカイロより車で約30分。ルクソールへはカイロより飛行機で約1時間。カルナック神殿へはルクソール国際空港より車で約15分。なお、現地ではルクソール、アスワン、アブ・シンベルなどを巡るクルーズツアーがある。

Cinema Data

監督：ジョン・ギラーミン
出演：ピーター・ユスティノフ、ロイス・チャイルズ、ミア・ファロー、サイモン・マッコーキンデールほか
公開：1978年
製作：イギリス
上映時間：140分

234 『ナイル殺人事件』は2022年にも映画化。2022年版は2017年の『オリエント急行殺人事件』の続編で、監督・主演をケネス・ブラナーが務めている。なお、2022年版はイギリスのスタジオで撮影され、風景はすべてセットとCGで再現された。

1 透明度が高い紅海。写真はラス・ムハンマド国立公園
2 モーゼが天啓を受けたといわれるシナイ山

エジプト
紅海、シナイ山

十戒
The Ten Commandments

ドラマ／歴史

　旧約聖書の『出エジプト記』をベースに、巨匠セシル・B・デミル監督が手がけた歴史スペクタクル超大作。救世主として誕生し、奴隷となっていたヘブライ人を解放するためエジプト王と戦ったモーゼの運命を、当時の最新特撮技術で描き出す。エジプト軍によってヘブライ人が海岸に追い詰められたとき、モーゼが海を真っ二つに割って道を作るクライマックスシーンはあまりに有名。この海は紅海だといわれている。

More Info
海が割れるシーンは、エジプトの紅海海岸で撮影した風景と、ハリウッドのスタジオに巨大なセットを組み大量の水を滝のように流して撮影してから逆再生したものを合成するという手法で作られている。

Cinema Data
監督：セシル・B・デミル
出演：チャールトン・ヘストン、ユル・ブリンナーほか
公開：1956年／製作：アメリカ／上映時間：232分
発売元：NBCユニバーサル・エンターテイメント
Blu-ray 2075円(税込)、DVD 2750円(税込)

Access
紅海のシナイ半島海岸のラス・ムハンマド国立公園へは、シャルム・エル・シェイク市街より車で約50分。そこからモーゼとゆかりの深いシナイ山麓の聖カタリナ修道院までは車で約3時間。麓から頂上までは徒歩約3時間。

チュニジア
ラクダ岩（サハラ砂漠）

イングリッシュ・ペイシェント
The English Patient

恋愛／ドラマ／戦争

　1944年、砂漠で撃墜された飛行機から全身にやけどを負った記憶のない男が運び出される。献身的な看護師ハナのおかげで徐々によみがえってきたのは、アフリカのサハラ砂漠で地図製作に没頭していた冒険家の男と、イギリスからやってきた人妻との激しい恋の記憶だった。戦時下の男女の愛を壮大なスケールで描いた本作。印象的な砂漠のシーンは、サハラ砂漠のラクダ岩の麓で撮影された。ちなみに、この周辺は『スター・ウォーズ』のロケ地としても有名で、約8.5km西南には「惑星タトゥイーン」の撮影セットが残されている。

1 砂漠のシーンで登場したラクダ岩
2 ピエンツァ市街より車でおよそ15分の場所にある聖アンナ修道院

More Info
ハナが記憶をなくした男の看護のためとどまった教会には、イタリアのシエナの町ピエンツァにある聖アンナ修道院が使われている。なお、ピエンツァ市街の歴史地区は1996年に世界遺産に登録されている。

Access
ラクダ岩へはチュニス・カルタゴ国際空港より車で約7時間。

Cinema Data
監督：アンソニー・ミンゲラ／出演：レイフ・ファインズ、ジュリエット・ビノシュ、クリスティン・スコット・トーマスほか
公開：1996年／製作：アメリカ／上映時間：162分
発売元：NBCユニバーサル・エンターテイメント／Blu-ray 2075円(税込)、DVD 1,572円(税込)

エジプトが舞台の作品はほかに、『レイダース／失われたアーク《聖櫃》』や『ハムナプトラ／失われた砂漠の都』といった人気の冒険映画があるが、前者はチュニジアで、後者はモロッコで撮影されている。

1992年に世界遺産に登録されたカスバ

Cinema Data 監督：ジッロ・ポンテコルヴォ／出演：ブラヒム・ハギアグ、ジャン・マルタンほか／公開：1966年／製作：イタリア、アルジェリア／上映時間：122分／発売・販売元：キングレコード／Blu-ray 2750円(税込)、DVD 2090円(税込)

⊙ アルジェリア
アルジェのカスバ

アルジェの戦い
The Battle of Algiers

`戦争` `ドラマ`

1954年から1962年にかけ、フランス支配下のアルジェリアで起こった独立戦争を描いた作品。脚本は関係者の証言や記録文書を基に書かれ、役者は戦争経験者を含むアルジェリア市民を起用するなどリアリティを追求し、まるで記録映像のように作られている。戦いの中心となった首都アルジェの旧市街カスバは、独立運動に参加する人々が住む町として描かれ、実際にこの町でオールロケが行われた。

▤ リベリア
ウェアラ

リベリアの白い血
Out of My Hand

`ドラマ`

リベリアでゴム生産は重要な産業。ゴム農園で心血を注いで働き家族を養うシスコは、あまりに過酷な労働環境に対し改善を求めて仲間たちと立ち上がるが、状況は一向に変わらず、より豊かな生活のため単身アメリカへ向かうことを決意する。そして、NYのリベリア人コミュニティに身をおきながらタクシー運転手として働き始めるが……。NYを拠点に活動する日本人監督が移民の現実に焦点を当て描いた作品。

白い血のような樹液が採れるゴム農園

Cinema Data 監督：福永壮志／出演：ビショップ・ブレイ、ゼノビア・テイラーほか／公開：2015年／製作：アメリカ／上映時間：88分／発売元：ニコニコフィルム／販売元：オデッサ・エンタテインメント／DVD 3800円(税別)

ビーチのシーンの背景は合成されている

Cinema Data 監督：エドワード・ズウィック／出演：レオナルド・ディカプリオ、ジャイモン・フンスーほか／公開：2006年／製作：アメリカ／上映時間：143分／発売元：ワーナー・ブラザース ホームエンターテイメント／販売元：NBCユニバーサル・エンターテイメント／Blu-ray 2619円(税込)、DVD 1572円(税込)

▤ シエラレオネ
フリータウン ※撮影はモザンビークのマプト

ブラッド・ダイヤモンド
Blood Diamond

`戦争` `ドラマ`

ブラッド・ダイヤモンドとは、紛争の資金調達のため不法に取引されるダイヤモンドのこと。シエラレオネの内戦下で、それぞれの目的のためにダイヤの行方を追う3人の運命を描く。おもな舞台はシエラレオネの首都フリータウンだが、撮影地に選ばれたのは、同じく内戦の古傷を抱えるモザンビークのマプト。海辺に撮影用のバーが造られるなど大規模なロケにより、多額の経済効果がもたらされたといわれている。

INFO アルジェリア市民およそ8万人が撮影に協力した『アルジェの戦い』。ベネチア映画祭で金獅子賞を受賞した際には、フランス代表団が「反仏映画」として反発し、フランソワ・トリュフォーを除く全員が会場を退席した。

高さ30m、直径10mにもなる神秘的なバオバブの木

マダガスカル
バオバブの並木道

マダガスカル
Madagascar

`アニメ` `コメディ`

NYにあるセントラルパーク動物園の人気者、ライオンのアレックス、シマウマのマーティ、キリンのメルマン、カバのグロリア。ある日、野生の王国に憧れたマーティが脱走騒ぎを起こした結果、皆まとめて船でアフリカに送られてしまう。ところが途中でトラブルが発生し、漂着したのはマダガスカルだった!?　神秘的なバオバブの木々やこの島だけに生息するキツネザルなど、見たこともない大自然のなかで都会暮らしが染み付いた動物たちは生きていけるのか?　映画の世界を感じたいなら、ムルンダヴァ近郊のバオバブの並木道や、キツネザルが生息するキリンディー森林保護区がおすすめ。

More Info
島に生息する動植物の約8割がこの島の固有種で、映画に登場するキツネザルはそのひとつ。8月に出産シーズンを迎えるので、それ以降に保護区を訪れれば親子連れのキツネザルに出会える可能性大!

Access
バオバブの並木道へはムルンダヴァより車で約30分。バオバブの並木道とキリンディー森林保護区を巡るツアーもある。

Cinema Data
監督：エリック・ダーネル／トム・マグラス
出演：ベン・スティラー／クリス・ロックほか
公開：2005年／製作：アメリカ
上映時間：86分
発売元：NBCユニバーサル・エンターテイメント
Blu-ray 2075円(税込)、DVD 1572円(税込)

村の多くにはいまだに電気が通っていない

マラウイ
ウィンベ

風をつかまえた少年
The Boy Who Harnessed the Wind

`ドラマ`

世界最貧国のひとつマラウイで、飢餓に苦しむ村を14歳の少年が救う!　発明家ウィリアム・カムクワンバの自伝を基に映画化した作品。2001年、干ばつに襲われた中部の村ウィンベに暮らす少年は、学費が払えなくなり中学を退学するが、図書館で本を読み、廃品を集め、独学で風力発電装置を作り上げる。それは当時、電気普及率がわずか2%だったマラウイで画期的な出来事であり、世界から注目を集めた。

Cinema Data
監督：キウェテル・イジョフォー
出演：マックスウェル・シンバ／アイサ・マイガほか
公開：2019年
製作：イギリス、マラウイ
上映時間：113分
配給：ロングライド
★好評配信中

More Info
マラウイの主要産業は農業で、おもな作物はトウモロコシである。

Access
カマユー国際空港より車で約2時間。

©2018 BOY WHO LTD / BRITISH BROADCASTING CORPORATION / THE BRITISH FILM INSTITUTE / PARTICIPANT MEDIA, LLC

 CGアニメーション映画『マダガスカル』で、NYのセントラルパーク動物園から逃げ出したシマウマのマーティは、5番街、ロックフェラーセンターのスケートリンク、タイムズスクエアを通り、グランド・セントラル駅へと向かう。

🇰🇪 ケニア

カレン

愛と哀しみの果て

Out of Africa

恋愛　ドラマ

　1913年、デンマークの裕福な家の娘カレンは、スウェーデンの男爵と結婚しケニアで酪農を始めようとするが、日々困難に振り回されていた。ある日、ライオンに襲われそうになったところをイギリス人冒険家デニスに助けられ、ふたりは恋に落ちる……。アイザック・ディネーセンの自伝『アフリカの日々』を基に、アフリカに生きる女性の波瀾万丈な半生と情熱的な恋を描いた一大ロマンス。

　物語は「ンゴング山の麓に農場を持っていた」というモノローグで始まるが、撮影も実際にンゴング山近くの地域であるカレンやランガタの大自然のなかで行われた。広大なサバンナを駆ける野生動物の群れや鮮やかなフラミンゴがいっせいに飛び立つダイナミックな風景は壮観！　なお、舞台のカレンという地名はディネーセンの本名カレン・ブリクセンの名前に由来していると考えられている。

1 野生動物が暮らすケニアのサバンナには大自然のエネルギーがあふれている　2 現在は博物館として一般公開されているカレン・ブリクセンの家

🌿 More Info

　カレン地区には、カレン・ブリクセンが実際に住み執筆活動をしていた1920年代築の家が残っており、現在は「カレン・ブリクセン博物館」となっている。屋内には当時使われていた家具がそのまま置かれ、当時のカレンの生活の様子をうかがい知ることができる。

✈ Access

　カレン地区へはナイロビ市街より車で約25分。

Cinema Data

監督：シドニー・ポラック
出演：メリル・ストリープ
　　　ロバート・レッドフォードほか
公開：1985年／製作：アメリカ
上映時間：161分
発売元：NBCユニバーサル・エンターテイメント
Blu-ray 2075円（税込）、DVD 1572円（税込）

  カレン・ブリクセン博物館の近くには、大自然のなかを歩くザ・オルールア・ネイチャー・トレイルや、キリンと触れ合えるジラフ・センター、キリンと過ごせる高級ホテル「ジラフ・マナー」など自然を楽しめるスポットが多くある。

ヌガイという神がすむ山として登場する聖なるケニア山

ケニア
ケニア山

名もなきアフリカの地で
Nowhere in Africa

`ドラマ`

　ナチスの迫害から逃れ、アフリカに移住した
ユダヤ人のレドリッヒー家の激動の人生を描
いたヒューマン・ドラマ。イエッテルと10歳の娘レ
ギーナは、先にケニアのロンガイに渡った夫ヴァル
ターのもとへ向かう。娘はすぐに現地の暮らし
に慣れるが、両親には複雑な事情と思いがあっ
た。作中で神がすむ"聖なる山"として登場するの
はケニア山。同国最高峰の山であり、先住民に
とって重要な存在として映る。

 More Info

ケニア中央にそびえる標高5199mのケニア山は、タ
ンザニアのキリマンジャロに次ぎ、アフリカ大陸第2
位の高さである。標高の3350m以上の地域はケニ
ア山国立公園として世界自然遺産に登録されてい
る。なお、ケニア山という名は、後世にこの地を支配した
ヨーロッパ人に命名されたもので、先住民族キクユ
人は作中にあるように"神の山"と呼びあがめていた。

✈ Access
現地のケニア山の登山ツア　に参加するのがおすすめ。

Cinema Data
監督：カロリーヌ・リンク
出演：ユリアーネ・ケーラー、メラーブ・ニニッゼほか
公開：2001年／製作：ドイツ
上映時間：136分
発売・販売元：ギャガ／DVD 1257円（税込）※発売中

© 2001 Medien & Television Munchen GmbH, Constantin Film GmbH, Bavaria Film GmbH

ケニア
メルー国立公園

野生のエルザ
Born Free

`ドラマ`

　ケニアの動物監視官アダムソンと妻のジョイ
は、射殺された人喰いライオンの残された3頭の
仔ライオンを引き取るが、野生を知らないライオ
ンたちは動物園に送られることに。ジョイのお気
に入りのエルザと名付けられた一頭はそのままメ
ルー国立公園にある家に残るが、エルザは村で騒
ぎを起こし、動物園に送るように提案される。し
かし、ジョイはエルザをアフリカのサバンナで自
由に生きさせたいと、野生に返すことを決意する。

 More Info

ナイロビから約350km離れた所にあるメルー国立公
園は、動物保護活動家のアダムソン夫妻が雌ライオ
ンのエルザを育てた場所。エルザは死後この公園に
埋葬され、ジョイの遺灰の一部もエルザの墓に撒か
れたといわれている。約870k㎡の広大な敷地内には、
ライオンをはじめ、アフリカゾウやクロサイ、シマウ
マ、カバなど、さまざまな野生動物が生息している。

✈ Access
現地のサファリツアーに参加するのがおすすめ。

ケニアではライオンを至近距離で見られるツアーがある

Cinema Data
監督：ジェームズ・ヒル
出演：ヴァージニア・マッケンナ、ビル・トラヴァースほか
公開：1966年／製作：イギリス、アメリカ／上映時間：
95分／発売・販売元：ソニー・ピクチャーズ エンタテイン
メント／デジタル配信中、DVD 1551円（税込）

 『名もなきアフリカの地で』に登場するケニア山は、赤道直下にあるにもかかわらず、山頂部には氷河が見られる。また、
山域には、5199mのバティアン、5189mのネリオン、4955mのポイント・トムソン、4985mのレナナなどのピークがある。

ロケ地となったジブチの砂漠を行く
キャラバン

Cinema Data
監督：シェリー・ホーマン
出演：リヤ・ケベデ
　　　サリー・ホーキンスほか
公開：2009年／製作：ドイツ、オーストリ
ア、フランス／上映時間：127分

★ ソマリア
※撮影はジブチのグラン・バラ砂漠など

デザート・フラワー
Desert Flower

`ドラマ`

　世界的モデル、ワリス・ディリーの自伝
『砂漠の女ディリー』を映画化。ソマリアの
貧しい遊牧民家庭に生まれたワリスは、13
歳のときに60代の男性との結婚を強要さ
れたため、砂漠を抜け出し叔母のいるモガ
ディシュへ逃げ込む。その後ロンドンへと
流れ着くと、一流カメラマンに見出され、
トップモデルへと転身を遂げる。華麗なサ
クセス・ストーリーと同時に、彼女の胸に
秘められた壮絶な過去を描いた衝撃作！

More Info
ソマリア国民の85％を占めるソマ
リ族の3分の2は遊牧民である。

Access
※2023年4月現在、日本外務省よ
りソマリア全土に退避勧告が出
ている。

★ ソマリア
モガディシュ ※撮影はモロッコのラバトなど

ブラックホーク・ダウン
Black Hawk Down

`戦争／アクション`

　1993年、内戦が泥沼化するソマリアに
特殊部隊を送り込んだアメリカは、内戦の
きっかけとなったアイディード将軍と側近
ふたりを捕らえる奇襲作戦を決行。当初は
30分足らずで遂行される予定だったが、軍
用ヘリ「ブラックホーク」が撃墜され、兵士
たちは敵地で孤立してしまう……。失敗に
終わったアメリカのソマリア内戦で実際に
行われた戦闘の顛末をリアルに映画化。首
都モガディシュでの戦闘を生々しく描く。

内戦の傷跡が残るモガディシュの町

Cinema Data
監督：リドリー・スコット
出演：ジョシュ・ハートネット
　　　ユアン・マクレガーほか
公開：2001年
製作：アメリカ
上映時間：145分

More Info
撮影はモロッコのラバトやケニト
ラ空港で行われた。

Access
※2023年4月現在、日本外務省
よりソマリア全土に退避勧告が
出ている。

撮影が行われた首都カンパラの町

Cinema Data
監督：ケヴィン・マクドナルド
出演：フォレスト・ウィテカー
　　　ジェームズ・マカヴォイほか
公開：2006年
製作：イギリス、アメリカ
上映時間：121分

🇺🇬 ウガンダ
カンパラ

ラストキング・オブ・スコットランド
The Last King of Scotland

`ドラマ／歴史／サスペンス`

　1970年、医学部を卒業したばかりのス
コットランド人医師ニコラスは、冒険心か
らウガンダのムガンボ村の診療所にやって
くるが、翌年のある日、たまたまアミン新
大統領の捻挫を治療したことから、主治
医として首都カンパラに招かれる。最初は
人格者に見えたアミンだったが、しだいに
エスカレートする悪行に危機感を覚え始
め……。架空の白人医師の視点から、独裁者
アミン大統領の内実に迫る政治サスペンス。

More Info
カンパラはほぼ赤道直下に位置
するが、標高1190mのため、平
均最高気温は30℃を下回る。

Access
カンパラ市街へはエンテベ国際
空港より車で約1時間。

世界のトップモデルとして活躍してきたワリス・ディリーは、映画『007／リビング・デイライツ』（P.41）に出演した経歴も
ある。幼少期に体験した女性器切除（FGM）の廃止のために国連大使になり、出生地のソマリアを訪れ母親と再会している。

マウンテンゴリラ生息地でダイアンの研究の拠点だった火山国立公園

ルワンダ
火山国立公園

愛は霧のかなたに
Gorillas in the Mist

`ドラマ`

　ルワンダの森林で18年にわたりマウンテンゴリラの調査を行った、アメリカ人動物学者ダイアン・フォッシーの半生を映画化。絶滅の危機に瀕するマウンテンゴリラに深い関心をもつダイアンは、著名な動物学者の助手として中央アフリカに向かい、さまざまな困難に見舞われながらもゴリラ生息地であるルワンダの火山国立公園のカリシンビ山とヴィスーク山の間にカリソケ研究センターを設立する。主人公ダイアンを演じたシガニー・ウィーバーは、実際にルワンダの山奥で本物のマウンテンゴリラの群れのなかに入り撮影を行ったという。リアリティを追求した映像に脱帽！

🎥 More Info
絶滅危惧種のマウンテンゴリラを研究するカリソケ研究センターは、ダイアン・フォッシーにより1967年にルワンダの火山国立公園内に設立されたが、2012年にはムサンツェに移転。マウンテンゴリラに関する展示が一般公開されている。

🏁 Access
ダイアン・フォッシーが設立した当初のカリソケ研究センターがあった火山国立公園へはキガリ国際空港より車で約3時間。そこからムサンツェの研究センターまでは車で約40分。

Cinema Data
監督：マイケル・アプテッド／出演：シガニー・ウィーバー、ブライアン・ブラウンほか／公開：1988年／製作：アメリカ／上映時間：129分
発売元：ワーナー・ブラザース ホームエンターテイメント／販売元：NBCユニバーサル・エンターテイメント／DVD2750円（税込）

112の客室、バー、プールなどがある4つ星ホテル

Cinema Data
監督：テリー・ジョージ
出演：ドン・チードル、ソフィー・オコネドー、ニック・ノルティほか
公開：2004年／製作：アメリカ、イギリス、南アフリカ、イタリア／上映時間：122分

🎥 More Info
ホテル名の「ミル・コリン」とはフランス語で「千の丘」の意味で、ルワンダの別称である。

🏁 Access
キガリ国際空港より車で約20分。

ルワンダ
オテル・デ・ミル・コリン（キガリ）
※撮影はキガリと南アフリカのヨハネスブルグ

ホテル・ルワンダ
Hotel Rwanda

`ドラマ／戦争`

　ルワンダの首都キガリにある4つ星ホテル「オテル・デ・ミル・コリン」は、1994年のルワンダ虐殺で避難民を匿ったことで知られる。この作品は、当時ホテルの支配人だったポール・ルセサバギナが、ホテルのステイタスや培ってきたコネクションなどあらゆる手段を使い、1268人の避難民の命を守り抜く姿を描く。本作により、彼の功績は世界的に認知され、2005年にはアメリカ大統領自由勲章が授与された。

『ホテル・ルワンダ』で有名になったポール・ルセサバギナは、その後、ポール・カガメ政権と対立。2020年にテロの疑いでルワンダに連れ戻されると翌年に禁錮25年が言い渡されたが、2023年3月に恩赦によって解放された。

🇿🇦 南アフリカ
プレトリア、ケープタウン、ヨハネスブルグなど

インビクタス/負けざる者たち
Invictus

`ドラマ` `スポーツ`

　黒人をはじめ白人やインド系など、多くの人種が暮らす多民族国家・南アフリカ。1994年に初の黒人大統領となったネルソン・マンデラは、アパルトヘイト撤廃後も根強く残る人種間対立の意識をなくし国をまとめるためには、自国で開催されるラグビー・ワールドカップでの活躍が有用であると考え、代表チーム「スプリングボクス」のキャプテンであるピナールを官邸に招き、語り合う。

　おもな舞台は、政府庁舎兼大統領官邸があるプレトリアをはじめ、ワールドカップの会場のひとつであり、かつてマンデラが収監されていたロベン島が沖合に浮かぶケープタウン、そして、ワールドカップの決勝戦の会場となったエリス・パーク・スタジアムがあるヨハネスブルグなど。とりわけ、選手たちが乗った飛行機がケープタウンへ向かうシーンで映るテーブル・マウンテンは印象的だ。

1 テーブル・マウンテンの麓に広がるケープタウン　2 プレトリアの政府庁舎ユニオンビルと庭園　3 アパルトヘイトの記憶を伝える負の世界遺産として有名なロベン島のかつての刑務所

🎥 More Info
　ラグビーチームのメンバーが訪れるロベン島の刑務所へは、ケープタウンより高速船で約30分。この島は、アフリカのアパルトヘイトの歴史を物語る史跡として、1999年に世界遺産に登録されている。マンデラがこの刑務所に収監されていた頃の様子については、2007年の映画『マンデラの名もなき看守』で描かれている。

✈ Access
　ヨハネスブルグよりプレトリアへは車で約50分、ケープタウンへは飛行機で約2時間。

Cinema Data

監督：クリント・イーストウッド
出演：モーガン・フリーマン、マット・デイモンほか
公開：2009年／製作：アメリカ、南アフリカ共和国／上映時間：132分／発売元：ワーナー・ブラザース ホームエンターテイメント／販売元：NBCユニバーサル・エンターテイメント／デジタル配信中、Blu-ray 2619円（税込）、DVD 1572円（税込）

　マンデラは自伝出版時に記者から「映画化されるなら誰に演じてもらいたいか」と聞かれ、モーガン・フリーマンの名を挙げた。それを聞いたフリーマンは自伝の映画化権を買い『インビクタス/負けざる者たち』を製作し主演した。

時間や場所によって表情を変える広大なナミブ砂漠

ナミビア
ナミブ砂漠

マッドマックス 怒りのデス・ロード

Mad Max: Fury Road

アクション／アドベンチャー

　前作から30年ぶりに公開された人気シリーズ第4弾。荒廃し砂漠化した未来を舞台に、凶悪な独裁者イモータン・ジョー率いる暴走軍団とマックスやフュリオサの決死のバトルを、ド派手なアクションと迫力満点の映像で映し出す！　ロケ地のナミブ砂漠は、約8000万年前に誕生した現存する最古の砂漠といわれ、世界遺産に登録されている。5万㎢に及ぶ砂漠は、北は岩石砂漠、南は砂丘が連なり、間に岩石丘陵が存在。映画ではそんな砂漠のさまざまな表情が見られる。

More Info
『マッドマックス』シリーズの前3作はすべてオーストラリアで撮影されたが、4作目では予定していた同国のブロークン・ヒルの荒野が大雨の影響で緑化したため、ナミビアのドロブ国立公園やケープタウンのスタジオなどで撮影することになったそう。

✈ Access
ウィントフーク市街より車で5〜6時間。

Cinema Data
監督：ジョージ・ミラー／出演：トム・ハーディ、シャーリーズ・セロン、ニコラス・ホルトほか／公開：2015年／製作：オーストラリア、アメリカ／上映時間：120分／発売元：ワーナー・ブラザース ホームエンターテイメント／販売元：NBCユニバーサル・エンタ テイメント　デジタル配信中、Blu-ray 2619円(税込)、DVD 1572円(税込)

ナミビア
スピッツコップ

2001年宇宙の旅

2001: A Space Odyssey

SF／アドベンチャー

　スタンリー・キューブリック監督が、アーサー・C・クラークの原作を壮大で哲学的な映像で実写化したSF映画の金字塔。猿人の時代 "人類の夜明け" から物語は一気に時空を超え、月そして木星へ……人類に進化をもたらす謎の黒石板 "モノリス" の正体とは？　"人類の夜明け" が撮影されたスピッツコップは、1億2000万年以上前にできた花崗岩の岩峰群。ちなみに、初期の人類である猿人は、約700万年前にアフリカ大陸に出現し、約130万年前まで生息していたと考えられている。

More Info
ナミビア西部、ナミブ砂漠の中央近く、ウサコスとスワコプムントの間に位置する花崗岩の岩峰群であるスピッツコップは、ドイツ語で「尖ったドーム」の意味。最も高い峰は海抜およそ1728mを誇り、"ナミビアのマッターホルン" とも呼ばれている。

✈ Access
ウィントフークより車で約7時間30分。

猿人が "モノリス" と初めて接触するスピッツコップ

Cinema Data
監督：スタンリー・キューブリック／出演：キア・デュリア、ゲイリー・ロックウッド、ウィリアム・シルベスターほか／公開：1968年／製作：イギリス、アメリカ／上映時間：142分／発売元：ワーナー・ブラザース ホームエンターテイメント／販売元：NBCユニバーサル・エンターテイメント／Blu-ray 2619円(税込)、DVD 1572円(税込)

『マッドマックス』はオーストラリアの俳優メル・ギブソンの出世作であり、過去3作で主演を務め上げているが、4作目となる『マッドマックス 怒りのデス・ロード』では、主人公マックスをトム・ハーディに引き継いだ。

大洋州が舞台の
映画8作品

8 movies set in Oceania

ロケ地については
各作品のページをチェック

Oceania

3ヵ国

ミクロネシア連邦

パラオ

マーシャル諸島

キリバス

ナウル

パプア
ニューギニア

ソロモン諸島

ツバル

バヌアツ

フィジー

オーストラリア
P.246
巻頭 P.34、P.45、P.53

ニュージーランド
P.251
巻頭 P.22-25

巻頭の
インタビュー&特集
で登場した
6作品も
ポイント！

サモア

ニウエ

トンガ

↑タヒチ
巻頭 P.53

クック諸島

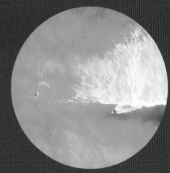

オーストラリア
タスマニア

LION/ライオン 〜25年目のただいま〜
LION

ドラマ

© 2016 Long Way Home Holdings
Pty Ltd and Screen Australia

Cinema Data

監督：ガース・デイヴィス
出演：デーヴ・パテール、ルーニー・マーラ
ニコール・キッドマンほか
公開：2016年／製作：オーストラリア
上映時間：119分／発売・販売元：ギャガ
Blu-ray 2200円（税込）、DVD 1257円（税込）
※発売中

1986年、インド中部カンドワ地区の町ガネッシュ・タライのスラムに暮らす5歳の少年サルーは、ある晩、兄についていった駅で誤って回送列車に乗ってしまい、1600km離れたコルカタで迷子になる。言葉も通じない町で途方に暮れていたところを保護され、オーストラリア人夫妻の養子として育てられた彼は、大人になると断片的な記憶を頼りに故郷の場所を調べ始める。サルー・ブライアリーのノンフィクション本を原作とした事実に基づく衝撃の物語。

前半では、大都市コルカタの喧騒がサルーに強い孤独感を与えるが、舞台がオーストラリアに移る後半では、タスマニアの自然が日々を彩り始める。里親とのクリケットのシーンはマリオン・ベイが、恋人と山に登るシーンはウエリントン山がロケ地となった。

More Info

里親がサルーを迎えたホバートはタスマニア州の州都であり、オーストラリア第2の古い都市である。また、サルーが迷子になったコルカタは、西ベンガル州の州都であり、インド第3の大都市。公用語はベンガル語で、ヒンディー語を話すサルーにとっては外国も同然だった。

✈ Access

ホバートよりマリオン・ベイへは車で約50分。ウエリントン山へは車で約30分。

1 インドで迷子になったサルーが夜を明かしたコルカタのハウラー橋 2 エメラルドグリーンの美しいタスマン海と果てしなく続く道に心癒やされる

『LION/ライオン 〜25年目のただいま〜』の主人公サルーのように、インドで迷子になる子供は毎年8万人以上いるといわれている。映画では最後に、世界中のストリートチルドレンの救済組織への支援を呼びかけている。

オーストラリア
ウルル

奇跡の2000マイル
Tracks

> アドベンチャー／ロードムービー

　1977年に、オーストラリア西部の砂漠およそ3200kmを4頭のラクダと愛犬を引き連れ、たったひとりで横断した女性の回顧録を基にした過酷な旅のロードムービー。どこへ行っても居場所がないと感じていたロビン・デヴィッドソンは、オーストラリア中央部の町アリススプリングスから砂漠を横断し、インド洋を目指す旅に出る。

　ロビンが旅を始めて29日目にたどり着いたのは、一枚岩の巨大な山ウルル。ラクダ連れのため入場を断られたウルル－カタジュタ国立公園は、ウルルと、同じ種類の岩石の山カタジュタを有する壮大な風景が見られる場所。先住民の聖地で、古来の先住民の痕跡を残す文化的な場所でもあり、世界遺産に登録されている。

More Info
「ウルル」とはオーストラリア先住民による呼び名で、イギリスの探検家が名付けた英名「エアーズロック」でも広く知られている。ウルル－カタジュタ国立公園は、作中では英語表記の「エアーズロック オルガ山国立公園」の名前で登場する。なお、ウルルは西オーストラリア州のマウントオーガスタスに次ぐ世界第2の大きな一枚岩である。

1　先住民の言葉で"偉大な石"を意味するウルル。聖地のためラクダを連れたロビンは入場を断られた　2　旅の出発点となったアリススプリングス　3　まだらに生える植物や岩場、砂地など、さまざまな砂漠の表情が見られる

Access
ウルル－カタジュタ国立公園へはエアーズロック空港より車で約10分。映画のようにアリススプリングスから向かう場合は、車で約4時間30分。
※2019年10月より、ウルルへの登山は禁止されている。

Cinema Data
監督：ジョン・カラン
出演：ミア・ワシコウスカ、アダム・ドライバーほか
公開：2014年
製作：オーストラリア
上映時間：112分

ウルル（エアーズロック）は、"世界の中心"という意味合いで"大地のヘソ"もしくは"地球のヘソ"と呼ばれることもある。日本では、片山恭一の小説で映画化もされた『世界の中心で、愛をさけぶ』の舞台としても有名。

1

オーストラリア
マーガレットリバー

ドリフト 神がサーフする場所

Drift

スポーツ／ドラマ

　1970年代の西オーストラリアの小さな町でサーフ・ショップを立ち上げた、サーファー兄弟の夢と絆を描く、実話に基づく物語。幼少期に海辺の町に引っ越して以来、サーフィンに夢中のアンディとジミーの兄弟は、ある日、町にやってきた流れ者のカメラマンの男とハワイの女性サーファーの自由な生き方に影響を受け、大好きなサーフィンをビジネスにしようと、自宅のガレージでショップを開く。サーファー目線で作られた商品はたちまち評判となるが……。

　見どころは何といっても大迫力のビッグ・ウェーブ！　胸がすくダイナミックなサーフ・シーンは、世界的に有名なサーフィンの名所、西オーストラリアの町マーガレットリバーで撮影された。

2

3

🎬 More Info

西オーストラリア州南西端のマーガレットリバーは、州都パースの南277kmに位置する町。毎年サーフィンの世界大会「マーガレットリバー・プロ」が開催されるサーファーの聖地で、およそ130kmの海岸線には約75のサーフ・ブレイクがある。青く澄んだ海には、映画同様に野生のイルカが泳ぐ姿も見られる。また、周辺地域はワインの生産地として有名で、緑豊かな丘の上には受賞歴のあるワイナリーが点在している。

1 澄んだ海とビッグ・ウェーブが魅力のサーファーの天国、マーガレットリバー　2 白砂のビーチも美しい　3 水平線に沈む夕日が海をオレンジに染める

Cinema Data

監督：モーガン・オニール、ベン・ノット
出演：マイルズ・ポラード、ゼイヴィア・サミュエルほか
公開：2013年
製作：オーストラリア
上映時間：114分

✈ Access

マーガレットリバーのサーファーズ・ポイントへはパースより車で約3時間。

248　オーストラリアでは各地でサーフィン大会があるが、『ドリフト 神がサーフする場所』の舞台であるマーガレットリバーでは、そのすばらしさを広く知られないように地元サーファーが反対したため、1969年まで大会が開催されなかった。

100mを超えるキングスキャニオンの絶壁

Cinema Data
監督：ステファン・エリオット
出演：テレンス・スタンプ、ヒューゴ・ウィーヴィングほか
公開：1994年
製作：オーストラリア
上映時間：103分

🇦🇺 **オーストラリア**
キングスキャニオン

プリシラ

The Adventures of Priscilla, Queen of the Desert

〔ロードムービー／音楽／ドラマ〕

シドニーで暮らす3人のドラァグ・クイーンが、砂漠の町アリススプリングスのホテルでのショーに出るため、おんぼろバス"プリシラ号"で約3000kmの旅に出る。長い道のりをともにするうちにそれぞれの悩みが明かされ、少しずつ心の距離を縮めていく彼女たち。田舎町で保守的な人々から差別を受けたり、砂漠で先住民に助けられたりと、さまざまな体験を経て絆を深めた3人が、旅の最後にド派手な衣装を身に纏い、キングスキャニオンの岩の上に立つシーンは胸熱！

🎥 More Info
オーストラリア中央部にあり、7万1000ヘクタールもの広さをもつワタルカ国立公園の一部であるキングスキャニオン。ここには2万年以上にわたり、オーストラリア先住民のルリジャ族が暮らしている。

✈ Access
エアーズロック空港より車で約3時間15分。またはアリススプリングス空港より車で約3時間30分。

🇦🇺 **オーストラリア**
グッズ百貨店（シドニーの架空のデパート）
※撮影はシドニーのダウニング・センター

しあわせの百貨店へようこそ

Ladies in Black

〔ドラマ／コメディ〕

舞台は、ヨーロッパからの移民と自由に目覚め始めた女性たちにより変化しつつあった、1959年のオーストラリア。高校卒業を控えたリサは、シドニーの名門デパート「グッズ百貨店」のドレス売り場でアルバイトを始め、職場の魅力的な女性たちとの出会いを通じて、人生観が大きく変わっていく。ピアノの生演奏に当時の流行ファッションなど、華やかな世界が魅力の「グッズ百貨店」は架空のデパート。外観にはニューサウスウエールズ州の歴史遺産ダウニング・センターが使用された。

🎥 More Info
現在は裁判所のダウニング・センターの前身は、百貨店「マーク・フォイズ」で、1885〜1980年まで営業していた。近くにはオーストラリア最古の公共公園ハイド・パークがあり、リサが休憩時間に本を読む場所として登場。アーチボルドの噴水と、聖マリア大聖堂が映る。

✈ Access
地下鉄「ミュージアム」駅より徒歩約1分。

1 地方裁判所や法律図書館を備えるダウニング・センター
2 ハイド・パークにあるアーチボルドの噴水

Cinema Data
監督：ブルース・ベレスフォード
出演：ジュリア・オーモンド、アンガーリー・ライス、レイチェル・テイラーほか
公開：2018年／製作：オーストラリア／上映時間：109分／販売元：ソニー・ピクチャーズ エンタテインメント／デジタル配信中

 シドニーは『マトリックス』（P.34）では仮想現実世界として登場。なお、同作で東洋的なワイヤーアクションの指導にあたったのは、『キル・ビル』や『グリーン・デスティニー』も担当した香港アクション映画の雄、ユエン・ウーピン。

カメラガンジャとして撮影された同じニューサウスウエールズ州のオーブリー

![オーストラリア国旗] **オーストラリア**
カメラガンジャ ※撮影はオーブリー

ソウルガールズ
The Sapphires

`ドラマ／音楽`

　オーストラリア先住民の女性ボーカルグループ「サファイアズ」の実録ドラマ。先住民への偏見が強かった1968年、先住民居留地に暮らす歌が得意な3姉妹は、実力はあるが差別のせいでコンテストに落選してしまう。だが、そんな彼女たちの才能に目をつけた自称ミュージシャンの男にソウルミュージックをたたき込まれると、同じく歌好きの従姉妹を誘い、ベトナム戦争の米軍兵の慰安のために歌う仕事を手に入れる。居留地として出てくるカメラガンジャは、ニューサウスウエールズ州とビクトリア州との州境にあり、先住民のヨルタヨルタ族が古くから住むエリアとして知られている。

 More Info
オーストラリア先住民には1967年まで市民権がなく、居留地に集められ差別を受けていた。かつて肌の白い先住民の子供は施設や白人家庭で育てられ、後に"盗まれた世代"と呼ばれた。盗まれた世代を題材にした作品には本作以外に、『裸足の1500マイル』（記事下）がある。

✈ **Access**
〔舞台〕カメラガンジャへはメルボルン空港より車で約2時間30分。〔ロケ地〕オルベリーへはメルボルン空港より車で約3時間10分。

Cinema Data
監督：ウェイン・ブレア
出演：デボラ・メイルマン、クリス・オダウドほか
公開：2012年／製作：オーストラリア
上映時間：99分
発売・販売元：ポニーキャニオン／Blu-ray 2750円（税込）、DVD 1980円（税込）※発売中

©2012 The Sapphires Film Holdings Pty Ltd, Screen Australia, Goal Post Pictures Australia, A.P. Facilities Pty Ltd and Screen NSW

砂漠地帯が広がるピルバラ地区

Cinema Data
監督：フィリップ・ノイス
出演：エヴァーリン・サンピ
　　　ケネス・ブラナーほか
公開：2002年
製作：オーストラリア
上映時間：94分

![オーストラリア国旗] **オーストラリア**
ピルバラ地区ジガロング

裸足の1500マイル
Rabbit-Proof Fence

`ドラマ`

　オーストラリア先住民の"盗まれた世代"の実話に基づく物語。舞台は1931年の西オーストラリア州ピルバラ地区。先住民居住地ジガロングに暮らす白人の父と先住民の母から生まれた3姉妹は、国の政策により保護施設に強制収容され、白人社会に適応するための教育を受けさせられるが、耐えきれず脱走。家へ帰る唯一の手がかりであるウサギよけのフェンスを伝い、約2400kmの道のりを歩き出すのだった。

 More Info
西オーストラリア州には、南北を貫く約1822kmとその西を走る約1158km、東西に延びる約256kmの3つのウサギよけフェンスがある。

✈ **Access**
ジガロングへはポートヘッドランド国際空港より車で約7時間30分。

  "盗まれた世代"を描いた『ソウルガールズ』と『裸足の1500マイル』。オーストラリア政府は、白豪主義的同化政策により先住民の家族から引き離され都市部で教育を受けさせられた"盗まれた世代"に対し、2008年に公式に謝罪した。

1

🇳🇿 ニュージーランド

カレカレ・ビーチ（オークランド）

ピアノ・レッスン

The Piano

恋愛／ドラマ

　19世紀半ば、入植者スチュアートに嫁ぐため、スコットランドから幼い娘フローラと一台のピアノとともにニュージーランドへやってきたエイダ。口の聞けない彼女にとってピアノは感情を表現する大切な存在だが、船が到着後、夫は重すぎて運べないとピアノを浜辺に放置。地元の粗野な男ベインズは、自分の土地とピアノの交換をスチュアートにもちかけ、さらにエイダのピアノのレッスンを望む。こうしてふたりのピアノレッスンが始まるが……。

　ピアノが置かれた浜辺の幻想的な風景が撮影されたのは、オークランド西部のカレカレ・ビーチ。ワイタケレ国立公園にあり、タスマン海の荒波が黒砂のビーチに押し寄せるワイルドな景色が魅力だ。

1 黒い砂浜が美しいオークランドのカレカレ・ビーチ　2 波に洗われた砂浜に空が反射する景色はドラマチック！

🎬 More Info

　カレカレ・ビーチは、ワイタケレ山脈を中心とするワイタケレ山脈公園の中にあるオークランド屈指の美しい黒砂のビーチ。近くにはファティプ、ピハのビーチがあり、いずれもオークランド西海岸らしい荒波が打ち寄せるワイルドな風景で知られる。また、カレカレ・ビーチ周辺には遊歩道がいくつかあるが、なかでもおよそ6mの高さがあるカレカレ滝につながる道は、歩きやすいことから特に人気が高い。

✈ Access

オークランドより車で約50分。

Cinema Data

監督：ジェーン・カンピオン
出演：ホリー・ハンター、ハーヴェイ・カイテル、
　　　サム・ニールほか
公開：1993年
製作：オーストラリア、ニュージーランド、フランス
上映時間：121分
発売元：カルチュア・パブリッシャーズ
HDリマスター版Blu-ray＆DVD発売中

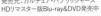

INFO　『ピアノ・レッスン』で登場する先住民はマオリ族。マオリの戦士は戦いの前にハカという民族舞踊を踊る習慣があり、現在ではラグビー・ナショナルチームのオールブラックスが試合前に踊るダンスとして世界的に有名である。

INDEX

地球の歩き方 W29

世界の映画の舞台&ロケ地
422作品の物語の聖地を旅の雑学とともに歩こう

2023年7月18日　初版第1刷発行
2023年9月20日　初版第2刷発行

著作編集 ● 地球の歩き方編集室

発行人 ● 新井 邦弘
編集人 ● 宮田 崇
発行所 ● 株式会社地球の歩き方
〒 141-8425
東京都品川区西五反田 2-11-8

発売元 ● 株式会社Gakken
〒 141-8416
東京都品川区西五反田 2-11-8

印刷製本 ● 株式会社ダイヤモンド・グラフィック社

編集・執筆 ● 清水 真理子

デザイン ● アトリエ タビト（三橋 加奈子、房野 聡子、滝澤 しのぶ、
近藤 麻矢）
表紙 ● 日出嶋 昭男
校正 ● 株式会社東京出版サービスセンター、河村 保之
撮影・写真協力 ● 坂脇 卓也、有馬 雄太、石輪 勇介、浅野 貴彦、
Carmen Chan、Clayton Frederick、
Catarina Wang、Pian Pang、
小葉、Chelsea、れとろ駅舎、植平 朋子、
iStock、PIXTA
地図 ● 高棟 博（ムネプロ）

制作担当 ● 福井 由香里

本書の内容について、ご意見・ご感想はこちらまで
https://www.arukikata.co.jp/guidebook/toukou.html

●この本に関する各種お問い合わせ先
・本の内容については、下記サイトのお問い合わせフォームよりお願いします。
URL ▶ https://www.arukikata.co.jp/guidebook/contact.html
・在庫については　Tel ▶ 03-6431-1250（販売部）
・不良品（乱丁、落丁）については　Tel ▶ 0570-000577
学研業務センター　〒 354-0045　埼玉県入間郡三芳町上富 279-1
・上記以外のお問い合わせは　Tel ▶ 0570-056-710（学研グループ総合案内）
※本書に掲載している情報は 2022 年 2 〜 5 月時点に調査したものです。
・発行後の更新・訂正情報は　URL ▶ https://book.arukikata.co.jp/support/